国家高端智库综合开发研究院（中国·深圳）出品

数字经济时代

数字经济的历史演进与发展趋势

刘国宏　马朝良　李恩汉　王申辰　吴伟杰◎著

中国经济出版社
CHINA ECONOMIC PUBLISHING HOUSE
北京

图书在版编目（CIP）数据

数字经济时代 ：数字经济的历史演进与发展趋势 / 刘国宏等著 . -- 北京 ：中国经济出版社，2025. 6.
ISBN 978-7-5136-8162-9

Ⅰ. F49

中国国家版本馆 CIP 数据核字第 202541C1X4 号

责任编辑　赵静宜
责任印制　李　伟
封面设计　久品轩

出版发行　中国经济出版社
印 刷 者　宝蕾元仁浩（天津）印刷有限公司
经 销 者　各地新华书店
开　　本　710mm × 1000mm　1/16
印　　张　17.5
字　　数　305 千字
版　　次　2025 年 6 月第 1 版
印　　次　2025 年 6 月第 1 次
定　　价　99.00 元
广告经营许可证　京西工商广字第 8179 号

中国经济出版社　**网址** http://epc.sinopec.com/epc/　**社址** 北京市东城区安定门外大街 58 号　**邮编** 100011
本版图书如存在印装质量问题，请与本社销售中心联系调换（联系电话：010-57512564）

序言

当今世界，数字经济浪潮正以前所未有的深度与广度重塑全球发展格局。从农业经济的田园牧歌，到工业经济的机器轰鸣，再到数字经济的数据洪流，这不仅是一场无声却震撼的数字集成技术革命，也是一次资源配置优化、经济效率提升的重大历史变迁，更是一个催生重大范式创新，开启新一轮长波增长的伟大开端。

一、数字时代未来已来

30 多年前，我的一位初中老师曾跟我们说，“这是信息爆炸时代”，并神神秘秘地谈到他的某位同学在深圳“炒股票”赚了很多钱。至今，我还记得这位老师说过的话和他当时的神态。后来上大学，读研究生，来深圳工作，知道了“信息不对称”“信息差”“信息茧房”等概念，也知道了为什么那么多的人“炒股票”。现在“数字经济”的提法“横空出世”，这难道是一次针对“信息爆炸”的“炒冷饭”？

事实上，我们对比 30 年前后就会得到答案。30 年前“信息爆炸”强调的是信息增量传递传播的价值，如今数字经济强调的是数据存量挖掘利用的价值；30 年前“信息爆炸”依赖的是容量有限的信息通道与计算技术，如今数字经济依赖的是超级海量的信息通道、计算及人工智能技术；30 年前“信息爆炸”所生成的众多信息绝大部分是给人类看，如今数字经济所生成的众多数据绝大部分是给机器看；30 年前“信息爆炸”重点提升的是市场主体的业务流程效率，如今数字经济重点提升的是市场主体的组织系统效率；30 年前“信息爆炸”并不影响产业之间、市场之间的清晰边界，如今数字经济则推动了产业和市场的相互渗透与赋能，催生了组织形态、市场消费、政府治理等领域的重大变化。

从这个意义上说，数字经济带来了经济发展质量、效率、动力的三大变革。世界各国均敏锐察觉到了数字经济所蕴含的巨大潜力，纷纷把发展数字经济作为提升竞争力的关键，我国更是把数字经济发展提升至国家战略的高度，一系列高瞻远瞩的规划与政策相继出台，一个全新经济时代的大幕徐徐拉开。

二、数字经济“烟雨朦胧”

然而，当前数字经济仍如同那云雾缭绕中的山峦，“横看成岭侧成峰，远近高低各不同”，从不同角度去观察、解读就会呈现出形态各异的面貌和特点。

首先，从数据要素角度来看，数据被誉为数字经济时代的“石油”，但大量数据的堆积就能成为驱动发展的动力吗？其实远非如此。这需要数据权益清晰明确，数据价值充分发挥，数据资产交易流转，唯有如此，才能带动数据要素的大量生产和积累，并在流转中最大限度发挥数据的规模效用，同时又可有效控制其可能带来的法律合规、隐私安全等各种风险。

其次，从数字技术角度来看，那些用于生成与处理数字的技术特别值得我们重点关注。超大规模数据支撑的生产组织和市场交易需要一个更加可信的环境，区块链以其去中心化、不可篡改等特性，为数据可信传递和存储提供了可靠保障。云计算打破传统数据存储和计算的时空限制，让超级计算和海量数据资源获取更为便捷、高效。量子计算有望实现更加难以想象的计算能力的质的飞跃，为更加复杂问题的解决提供了新的可能。人工智能让机器看懂数据、用好数据并智慧运行，是数字经济高效运转的中枢支撑。Web3 以及新一代通信等技术，则极大提升了网络安全，扩展了信息通道，扩大了数字经济的边界和场景。

再次，从企业组织角度来看，数字经济时代的企业必须拥抱数据、创新模式，才能在激烈的市场竞争中脱颖而出。数字科技使企业科技创新与迭代发展更加高效迅捷，业务布局的边际成本极小乃至为零成为可能，极大扩大了企业的发展空间与边界范围。数字经济企业，特别是平台型企业的多边网络效应，打破了传统产业链供应链格局，改写了市场价值评估的底层逻辑，孕育了丰富多元的商业模式创新和跨界融合发展。

最后，从治理监管角度来看，数字经济的发展也使市场垄断、隐私保护、网络安全、数字鸿沟等治理难题随之而生。“没有规矩不成方圆”，数字经济可持续发展离不开合理有效的治理监管。必须平衡好鼓励创新与规范市场的关系，保障数字经济的活力与创造力，同时防范各类风险，营造数字经济发展的良好环境。

三、数字经济全景洞察

为识数字经济的“庐山真面目”，我们团队用了一年多时间，从多个维度审视研究了风起云涌的数字经济，完成了本书。理论篇，探讨了数字经济概念及内涵、本质和形态，介绍了数字经济相关理论及拓展、研究现状和发展趋势。要素篇，分析了数据要素以及数据确权、数据资产和数据交易。技术篇，介绍了区块链、人工智能、云计算、量子计算、Web3 技术、新一代移动通信技术六大数字科技发展情况。企业篇，分析了数字经济时代企业发展的一些重大变化，介绍了数字企业“巨无霸”们都在做什么。治理篇，在分析数字经济重大治理挑战和架构的基础上，探讨了对要素、技术和平台的三大治理。

如今，我国已然站在了数字经济的时代潮头。我们虽然试图一窥数字经济全貌，但数字经济作为一个新兴、复杂而充满无限活力、无限可能的领域，仍有诸多亟待探索与攻克的难题与不解之谜。加之，受我们团队的见识和能力所限，本书不足之处、疏漏之处在所难免，接下来还需要不断跟踪研究和探讨分析。希望本书能为数字经济发展提供些许建议和智慧，借以抛砖引玉，以小见大，助力政界、业界、学界的决策者与研究者驾驭数字浪潮，把握时代脉搏，穿越层层迷雾，避开暗礁险滩，驶向繁荣彼岸，开启未来发展新篇章。

刘国宏

2025 年 1 月

目录

壹 理论篇

贰 要素篇

叁　技术篇

伍 治理篇

壹

理论篇

第1章 理解数字经济：概念及内涵

数字经济发展速度之快、辐射范围之广、影响程度之深前所未有，已成为世界各国经济发展的重点领域。数字经济概念来源于现代信息技术、数字技术所催生的系列新经济现象，并带动与之相关的众多制度建立或重构，乃至加剧组织形态、社会生活等方面的变化，其数字化、融合性、高附加性、外部经济性等特征越发明显。

1.1 从何而来：数字经济概念仍在不断演化

数字经济概念经历了萌芽期、思考爆发期、内涵成型期三个阶段。

1.1.1 概念提出的萌芽期（1996—2008年）

20世纪末，随着信息技术爆发，社会发展进入了信息互联网时代，理论界和企业界开始意识到信息技术及网络智能正在改变人们的生产生活。1996年，美国学者唐·泰普斯科特（Don Tapscott）在《数字经济：网络智能时代的前景与风险》中首次提出了数字经济的概念，数字经济此后得到了迅速传播、应用和发展[①]。唐·泰普斯科特虽然没有直接界定数字经济，但已将其称为“智能网络时代”，强调数字经济能够解释新经济、新业务、新技术之间的关系，不仅仅是网络技术的智能化。1997年，日本通产省将这一概念引入政府文件中，日本成为较早使用数字经济概念的国家之一。Gary和Scott（1998）提出数字经济将在国家和地区经济增长中扮演重要的角色，这一观点得到了多数学者的认可[②]。

---

① Tapscott D. The Digital Economy：Promise and Peril in the Age of Networked Intelligence［M］. New York：McGraw-Hill，1996.

② Gary Madden，Scott J Savage. CEE Telecommunications Investment and Economic Growth［J］. Information Economics and Policy，1998，10（2）：173-195.

这一阶段数字经济范围主要是广义的电子商务，包括支撑电子商务发展的信息技术产业和电子商务业。根据美国商务部报告及英国国家统计局的口径，数字经济具体包括基础设施（包括软硬件）、电子商务流程以及电子商务贸易三部分。1998年，美国商务部发布了《浮现中的数字经济》系列报告，详细叙述了美国的数字革命、互联网建设、电子商务、数字时代的消费者和劳动者以及未来挑战等内容。随后，美国商务部还发布了《浮现中的数字经济Ⅱ》以及《数字经济2000》《数字经济2002》《数字经济2003》等一系列报告，并在2010年提出“数字国家”概念，深入探讨了数字经济发展的前沿和热点问题。

此阶段学者们对数字经济进行了初步研究，主要从信息技术角度开展分析。Kling和Lamb（1999）指出，数字经济完全依赖数字化技术，这种数字化技术可以为制造、销售或供给等方面的商品和服务提供有利条件[①]。Jorgenson（2001）指出，信息技术属于外生性的技术进步，能够提升全要素生产率，还能作为生产要素直接推动经济增长[②]。Oliner等（2007）认为，信息技术能通过资本深化和替代效应来推动经济增长[③]。Brynjolfsson等（2003）认为，信息技术可以减少信息沟通成本，进而提升全要素生产率，促进经济增长[④]。Quah（2003）认为，数字产品（digital good）是与支付相关的比特流（二进制数据流，即数字0与1构成的数据流），并能影响到交易主体的效用，数字经济的范畴扩展到利用互联网进行商品及服务交易的所有经济活动[⑤]。

1.1.2　概念思考爆发期（2008—2018年）

信息互联网持续向消费互联网演进，学者们开始从社会生活及生产的各方面深度思考数字化带来的影响，包括商务、交通、教育、政务等领域数字

---

① R Kling，R Lamb.IT and Organizational Change in Digital Economies：A Socio-Technical Approach［J］. ACM SIGCAS Computers and Society，1999，29（13）：17–25.

② Jorgenson D W. Information Technology and the U.S. Economy［J］. The American Economic Review，2001（11）：1–32.

③ Oliner S D，et al. Explaining a Productive Decade［J］. Brookings Papers on Economic Activity，2007（1）：81–137.

④ Erik，Brynjolfsson，Lorin，et al. Computing Productivity：Firm-Level Evidence［J］. Review of Economics & Statistics，2003，85（4）：793–808.

⑤ Quah D .Digital Goods and the New Economy［J］. LSE Research Online Documents on Economics，2003，167（3）：401.

化应用所带来的革新。数字经济开始作为新一轮经济体系架构的重要支柱，驱动全球科技革命和产业革命向更高级形态演进，成为全球技术创新、产业变革以及现代化经济体系建设的重要引擎（Knickrehm et al.，2016）①。

发达国家纷纷制定了数字经济发展战略规划，明确数字经济的发展目标。国际组织也开始针对数字经济开展研究，初步明确数字经济的范围。经济合作与发展组织（OECD）在2010年用《互联网经济展望》替代了《信息技术展望》，对互联网的发展趋势、使用情况、具体内容以及安全与隐私等问题进行了系统研究阐释，并在2017年将其更名为《数字经济展望》（*Digital Economy Outlook*）。OECD认为，数字经济是一个由数字技术驱动、在经济社会领域发生持续数字化转型的生态系统，包括大数据、物联网、人工智能和区块链四个组成部分。

为把握数字化带来的历史性机遇，中国作为2016年二十国集团（G20）主席国，首次将“数字经济”列为G20创新增长蓝图中的一项重要议题。G20峰会通过的《二十国集团数字经济发展与合作倡议》对数字经济概念进行了界定：数字经济是指以使用数字化的知识和信息作为关键生产要素、以现代信息网络作为重要载体、以信息通信技术的有效使用作为效率提升和经济结构优化的重要推动力的一系列经济活动。

针对数字经济的范围，学者们也进行了研究。Bukht和Heeks（2017）将数字经济分为核心部门、狭义范围和广义范围三个层面，其中，核心部门是数字经济（IT/ICT）部门，主要包括硬件制造、信息服务、软件和IT咨询、电信四个方面；狭义范围还包括数字服务、平台经济、分享经济等；广泛范围是指数字化经济，还包括工业4.0、算法经济、电子商业等形式的经济②。

1.1.3 概念内涵成型期（2018年至今）

消费互联网时代向产业互联网时代演进，学者们逐步将之前的研究成果提炼为更加成熟的数字经济概念及定义，并进一步研究数字经济的作用范围

---

① Knickrehm M，Berthon B，Daugherty P. Digital Disruption：The Growth Multiplier［M］. Dublin：Accenture，2016.

② Bukht R，Heeks R .Defining，Conceptualising and Measuring the Digital Economy［J］.SSRN Electronic Journal，2017.

和运作机制。随着数字技术的应用范围不断扩大，数字经济开始被泛化为所有数字化的经济活动。

一般而言，数字经济有两大类别，即数字产业化和产业数字化。数字产业化指一些新型的、与数据和技术有关的业务发展出了新产业，包括以存储器和云计算的设备制造业为代表的电子信息制造业、软件和信息服务业、信息通信业等数字相关产业。产业数字化指以新一代信息技术为支撑，传统产业及其产业链上下游全要素的数字化改造，通过与信息技术的深度融合，实现效率更高、风险更可控、规模经济效应更加突出。这也是目前常见的数字形态，如数字农业、数字制造、数字中国等。

裴长洪等（2018）认为，数字经济能够代表先进生产力，实质上是一种技术手段①。2018年国际货币基金组织（IMF）在《数字经济测度》中将数字经济分为两类，狭义定义为网络平台以及基于这种平台的活动；广义定义为使用数字化信息的所有活动，侧重于以数字化在线平台为核心的生产、平台支持和商品服务的提供。2018年美国经济分析局（BEA）发布报告《数字经济定义及测度》，从互联网和相关信息与通信技术的角度定义了数字经济，认为数字经济包括计算机网络和运行所需的数字基础设施、使用该系统进行的数字交易（电子商务）以及数字技术使用者接触和创造的内容（数字媒体）。

作为一种新经济形态，数字经济有着不同于农业经济和工业经济的重要特征，如网络化、数字化、智能化等。数字经济初期主要涵盖计算机、信息通信技术、电子商务、数字支付等领域，随着大数据、云计算、区块链、人工智能等数字技术的发展，数字经济的理论内涵进一步延伸。中国信息通信研究院（2021）将数字经济定义为以数字化的知识和信息作为关键生产要素，以数字技术为核心驱动力，以现代信息网络为重要载体，通过数字技术与实体经济深度融合，不断提高数字化、网络化、智能化水平，加速重构经济发展与治理模式的新型经济形态，包括数字产业化、产业数字化、数字化治理、数字价值化“四化”。2021年国家统计局发布《数字经济及其核心产业统计分类（2021）》，明确了数字经济的三要素是数据资源、现代信息网络和信息通信技术，也明确了数字经济的二元结构，即核心产业为数字产业化，非核心产业为产业数字化。《“十四五”数字经济发展规划》对数字经济概念进行了明确，指出数字经济是继农业经济、工业经济之后的主要经济形态，是以

---

① 裴长洪，倪江飞，李越．数字经济的政治经济学分析［J］．财贸经济，2018（9）：5-22.

数据资源为关键要素，以现代信息网络为主要载体，以信息通信技术融合应用、全要素数字化转型为重要推动力，促进公平与效率更加统一的新经济形态。

1.1.4 数字经济概念的主要分类和共性

总结以上对数字经济概念的界定，主要观点如下：一是认为数字经济以数据为核心要素，是经济增长的重要推动力。二是突出数字经济的组织结构和架构体系，认为数字经济是在数字技术基础上搭建生产组织网络。三是聚焦经济效率，强调数字经济能够提升经济增长水平和效率。四是强调数字经济的运行过程。

虽然目前尚未形成标准的数字经济概念，但学者、政府部门、研究机构对数字经济的定义存在一些共性。

第一，数字基础设施是数字经济发展的支撑。这一点在全球范围内已得到广泛认可。数字基础设施包括但不限于网络基础设施、数据中心、云计算平台、物联网（IoT）设备、人工智能（AI）系统等，它们共同构成了数字经济运行的基石。随着 5G、6G 等新一代通信技术的发展，高速、稳定、广泛的网络连接确保了信息的快速流通和资源的高效配置，使得数据可以实时、准确地传输到各个角落，为远程办公、在线教育、电子商务等领域数字经济发展提供了基础支持。同时，数字基础设施还为数据的存储和处理提供了强大的支撑。数据中心、云计算平台等设施通过集中化的计算和存储资源，为各行各业提供灵活、可扩展的计算服务，推动各行各业的数字化转型升级。

第二，数字产业化是数字经济发展的源驱动，产业数字化是数字经济发展的主战场。数字产业化通过推进数字化和工业化深度融合，不断催生新产业、新业态、新模式，形成新增长点和新动能。其中，涵盖了 5G、集成电路、人工智能、大数据、云计算、区块链等新型技术应用和产业化发展。产业数字化则是依托传统产业与数字技术的深度融合，提升传统产业的效率和竞争力，推动经济结构的优化和升级。数字产业化和产业数字化是数字经济发展的两个重要方面，两者相辅相成、相互促进，共同推动经济结构的优化和产业的升级。

第三，数据是数字经济发展的重要要素，也是经济增长的重要驱动力。数据是数字经济的核心资源，数据在数字经济中的重要性不言而喻，被誉为“新时代的石油”。通过大数据分析，企业和政府机构能够更准确地理解市场趋势、消费者行为和需求，从而做出更为科学的决策，提高资源配置效率。

数据还可以推动创新和研发并提高生产效率，加速新技术、新产品的研发进程。企业通过对海量数据的收集、分析和挖掘，可以发现新的商业机会、开发新的应用场景，推动产品和服务的创新，实现生产流程的优化，提高生产效率和产品质量。此外，数据的流通和共享也为共享经济、平台经济等新业态的发展提供了更多支撑，这些新业态已经成为经济增长的新动力。

1.2 数字经济的内涵

根据国务院印发的《"十四五"数字经济发展规划》，数字经济是以数据资源为关键要素，以现代信息网络为主要载体，以信息通信技术融合应用、全要素数字化转型为重要推动力的新经济形态。数字经济作为继农业经济、工业经济之后的又一次技术—经济范式升级，重构了经济运行的底层逻辑。

1.2.1 宏观层面：改变传统生产函数

以索洛经济增长模型为基础，重建数字经济生产函数 $Y=T\times F(D, A\times L, K)$，$Y$ 代表 GDP 产出，T 代表全要素生产率，F 为生产函数，D 为数据要素，$A\times L$ 为劳动力要素，K 为资本要素。

首先，数据要素扩大了生产要素投入。数据要素作为新的经济增长要素被纳入生产函数，重构了生产要素体系，扩展了传统经济增长理论的边界。数据要素通过和劳动力要素、资本要素等传统生产要素结合，可以扩大生产要素投入规模，引发对经济增长的倍增效应[①]。

其次，改善生产关系配比和资源配置效率。基于数字技术的数字经济，一般遵循梅特卡夫定律、摩尔定律、达维多定律等规律，数据技术应用于生产、分配、流通和消费的各个环节，不仅改变了生产方式和生产效率，还改变了生产函数中劳动、资本等要素的配置和效率，提高了生产函数的边际报酬增长率。

最后，提升了生产技术水平。数字经济具有高度数字化和智能化的特点，催生了一系列创新技术的产生和应用，对科技进步起到了重要的推动作用，提升了生产函数的综合技术水平，改进了数据以及其他生产要素的配置效率，通

---

① 谢康，夏正豪，肖静华. 大数据成为现实生产要素的企业实现机制：产品创新视角［J］. 中国工业经济，2020（5）：42-60.

过技术进步提升了生产函数的全要素生产率，进而实现了经济效率变革。

1.2.2 中观层面：颠覆产业演进规律

首先，数字经济能够赋能传统产业数字化转型升级。数字经济赋予了传统产业更多的智能化和自适应能力，改变了传统产业的生产方式、经营模式和价值链组织结构，促使产业组织模式由封闭化、流程化，向开放化、智能化、高附加值转变。例如，制造业可以通过物联网、大数据、云计算等数字化技术实现数字化、网络化、智能化发展，零售业可以通过数字技术拓展线上销售渠道。

其次，数字经济塑造新的商业模式，催生新产业、新业态、新模式，拓宽了传统的产业组织边界。在传统产业组织理论中，产业是指生产同类或有密切替代关系产品、服务的企业集合（杨公仆，2005）①。数字经济为互联网经济、共享经济、智能经济等以数字技术为基础的新兴产业发展提供了有利条件，打破了传统产业的内涵边界和空间范围。利用数字技术实现了“不求所有，但求所用”“不求所在，但求所为”“不见其人，但闻其声”等，获得了新的发展动力和竞争优势，带来了网约车、在线办公、远程医疗、在线教育、在线直播等新业态、新模式、新产品、新服务。

最后，数字经济助推形成新型的产业集聚模式。在数字经济和数字贸易的带动下，一些协同式地理集聚开始转向分离式地理集聚，农业、旅游业、交通运输业、本地生活性服务业等行业开始呈现“线上集聚而地理分散”，降低了传统产业集聚需要的高额物流成本和运输成本，提高了交易匹配效率和信息选择效率。

1.2.3 微观层面：改变微观主体行为

一是改变生产者行为。数字经济具有规模经济效应、范围经济效应和长尾效应，促进了市场供需动态平衡机制的形成，降低了企业信息搜寻成本、匹配成本等交易成本，同时为企业提供了拓展长尾客户的新盈利模式。随着数字技术的广泛应用，信息数据的搜集和分析能力提升，资源整合效率大幅提高，决策者的决策路径不断可视化，使科技研发更加高效，产业创新效应得以扩大。数字经济通过降低企业经营成本，激励企业将更多资源用于产品

---

① 杨公仆. 产业经济学［M］. 上海：复旦大学出版社，2005.

的创新研发，赋予企业更多创新机遇（刘启雷等，2022）①。同时，数字技术的应用能够打通企业生产、流通以及交易等各个环节，提高产业链与供应链的资源配置效率。

二是改变消费者行为。从消费者行为理论来看，数字经济的数据依赖、共享普惠等特点能够增强消费品供需之间的匹配性，精准识别和激发消费者需求，改变消费者行为和预期。数字经济不仅为就业创造了新的机会，也为个人生活、工作、学习带来了重大变化，使每一个人既是参与者，也是推动者。例如，网络直播等新经济模式不仅拉近了生产者与消费者的空间距离，深刻影响了消费者购物行为和模式，实现即时性、互动性、娱乐化、社交化购物消费，而且可让消费者随时转换身份，参与网络直播，扩大销售网络，形成生产与消费的强大互动循环。

1.3 数字经济的“一化三性”特征

一是数字化。随着信息转向数据、数字，实体也不断向虚拟方向拓展，经济活动、组织等都开始建立在数字化、虚拟化的基础上，一些传统区位因素逐渐被削弱。一方面，数据成为新的关键生产要素。经济活动的过程和结果呈现数字化。全球数据正以年均 50% 左右的增速呈非线性几何级数增长。《全国数据资源调查报告（2023 年）》显示，2023 年我国数据生产总量达到 32.85ZB。与传统要素相比，数字或数据资源具有虚拟化特征，使得现有经济规制和关系正在发生重大改变。另一方面，数据资源也成为人们进行生产决策以及贯穿社会生活的重要部分，已成为一种全新的管理、决策手段，助力人们不断创造新的价值。

二是融合性。在传统经济关系中，生产资料配置和生产活动开展均在产业链上下游间或产业集群内部进行。一方面，数字经济通过数据的开放、共享与流动，组织内各部门间、价值链上各企业间甚至跨价值链跨行业的不同组织间开始大规模协作和跨界融合。另一方面，数实融合促进工业经济向数字经济演进。数字化转型是传统经济适应技术创新的必经之路，信息与通信技术已深入渗透第二产业和第三产业，三次产业的边界逐渐模糊。技术与新

---

① 刘启雷，张媛，雷雨嫣，等. 数字化赋能企业创新的过程、逻辑及机制研究［J］. 科学学研究，2022，40（1）：150–159.

旧经济融合、三次产业融合是一个长期过程，也是数字经济的显著特征。

三是高附加性。数字经济中的电子商务、数字交付服务等提供的服务产品均以信息化、数字化的形态存在，数字产品的主要投入要素为知识或技术。技术壁垒造成了供求双方的信息不对称，突破了传统经济学中的线性供求关系，数字产品的定价也就很难遵循传统经济学的定价机制。知识技术水平越高的产品，附加价值越高，成本回收周期越短。

四是外部经济性。数字经济的外部性主要体现在两个方面：首先，数字经济具有显著的网络外部性。每个用户从使用某产品或服务中得到的效用与用户的总数量有关。由于数字经济下的产品和服务往往具有社交性和互动性，用户之间的连接和互动能够产生额外的价值，随着用户人数增加，每个用户得到的效用也会相应提高。例如，社交媒体平台上的用户可以通过分享、交流和合作来扩大自己的社交圈，获取更多的信息和资源。其次，数字经济还通过优化资源配置、提高生产效率、降低交易成本等方式产生外部经济性。数字技术的应用使得信息流通更加便捷，市场反应更加迅速，企业和个人更容易获取和分享知识，从而提高整个社会的创新能力和生产效率。数字经济通过电子市场和在线平台降低交易成本，使得买卖双方能够更高效交易。数字技术的生产特点决定了它实际上是以更高的固定成本去换取极低的边际成本，在低边际成本上获得收益能否抵消固定成本甚至取得较高利润的关键在于潜在市场规模大小（邱斌等，2024）[①]。

1.4 政策层面了解数字经济：政策梳理

1.4.1 国家层面：根据顶层设计明确发展方向

发展数字经济已经上升为国家战略。党的十八大以来，我国先后印发《数字经济发展战略纲要》《“十四五”数字经济发展规划》《数字中国建设整体布局规划》等多个政策文件，加快推进数字产业化和产业数字化，数字经济对经济社会发展的引领支撑作用日益凸显。尤其是“十四五”时期以来，数字经济领域的政策文件众多，从数字产业化、产业数字化、数据要素价值

① 邱斌，张群，孙少勤. 服务业开放、数字化赋能与国际循环质量提升［J］. 开放导报，2024（1）：26–40.

释放等角度充分展示了数字经济的价值和重要性。

1. 逐步构建数字经济顶层设计

国家层面近年来出台了一系列政策文件，从数字中国到数字化转型，数字经济发展的重点越发明确。《数字经济及其核心产业统计分类（2021）》《“十四五”数字经济发展规划》等明确了数字经济的内涵和定义，已在前文介绍，不再赘述。除明确数字经济的内涵外，相关政策文件构建了我国数字经济战略的顶层设计，明确了发展数字经济的核心范围。

（1）党和国家高度重视数字经济发展。2015 年，党的十八届五中全会提出，实施网络强国战略和国家大数据战略。2016 年 5 月，中共中央、国务院出台了《国家创新驱动发展战略纲要》，将数字经济作为发展主攻方向之一。2017 年 3 月，数字经济首次被写入《政府工作报告》，体现了国家层面对数字经济的高度关注，也表明数字经济已逐步上升到国家战略层面。党的十九大提出，推动互联网、大数据、人工智能和实体经济深度融合。2018 年 8 月，中共中央办公厅、国务院办公厅印发《数字经济发展战略纲要》，这是首个国家层面的数字经济整体战略。从 2017 年第一次提出数字经济，到 2022 年将“促进数字经济发展”作为单独一章，再到 2024 年强调“深入推进数字经济创新发展”，中央政府的工作报告不断强化关于数字经济的表述，释放发展数字经济的强烈信号。

（2）顶层设计和协调机制不断完善。2020 年 4 月，中共中央、国务院发布《关于构建更加完善的要素市场化配置体制机制的意见》，明确将数据作为一种新型生产要素写入政策文件，提出要加快培育数据要素市场，培育数字经济新产业、新业态和新模式。2021 年 3 月，《中华人民共和国国民经济和社会发展第十四个五年规划和2035年远景目标纲要》将“打造数字经济新优势”作为一章，明确提出发展数字经济，推进数字产业化和产业数字化，推动数字经济和实体经济深度融合，打造具有国际竞争力的数字产业集群。2022 年 1 月，国务院印发《“十四五”数字经济发展规划》，从国家层面部署推动数字经济发展。2022 年 7 月，国务院同意建立由国家发改委牵头的数字经济发展部际联席会议制度，统筹推动数字经济重大工程和试点示范。联席会议由 20 个部门组成，国家发改委为牵头单位。党的二十大报告强调，加快发展数字经济，促进数字经济和实体经济深度融合，打造具有国际竞争力的数字产业集群。2023 年 2 月，中共中央、国务院印发《数字中国建设整体布局规划》，对于数字经济的基础建设、数字能力、发展环境等作了进一步细化明确，明确数字中国建设按照“2522”的整体框架进行布局。

（3）数字经济统计范围逐步明确。《数字经济及其核心产业统计分类（2021）》明确数字经济的基本范围包括数字产品制造业、数字产品服务业、数字技术应用业、数字要素驱动业、数字化效率提升业五大类。2023年3月，国家知识产权局印发《数字经济核心产业分类与国际专利分类参照关系表（2023）》，依据《数字经济及其核心产业统计分类（2021）》，将国际专利分类与数字经济核心产业分类进行对照，指出数字经济核心产业范围包括数字产品制造业、数字产品服务业、数字技术应用业和数字要素驱动业四个大类。

国家层面的部分数字经济政策文件及重点内容如表1.1所示。

表1.1　国家层面的部分数字经济政策文件及重点内容

序号	时间	文件名称	印发部门	重点内容
1	2016年	《二十国集团数字经济发展与合作倡议》	G20杭州峰会	数字经济是指以使用数字化的知识和信息作为关键生产要素、以现代信息网络作为重要载体、以信息通信技术（ICT）的有效使用作为效率提升和经济结构优化的重要推动力的一系列经济活动
2	2021年	《数字经济及其核心产业统计分类（2021）》	国家统计局	数字经济是以数据资源作为关键生产要素、以现代信息网络作为重要载体、以信息通信技术的有效使用作为效率提升和经济结构优化的重要推动力的一系列经济活动
3	2022年	《“十四五”数字经济发展规划》	国务院	数字经济是继农业经济、工业经济之后的主要经济形态，是以数据资源为关键要素，以现代信息网络为主要载体，以信息通信技术融合应用、全要素数字化转型为重要推动力，促进公平与效率更加统一的新经济形态
4	2023年	《数字中国建设整体布局规划》	国务院	数字中国建设按照“2522”的整体框架进行布局，即夯实数字基础设施和数据资源体系“两大基础”，推进数字技术与经济、政治、文化、社会、生态文明建设“五位一体”深度融合，强化数字技术创新体系和数字安全屏障“两大能力”，优化数字化发展国内国际“两个环境”
5	2023年	《数字经济核心产业分类与国际专利分类参照关系表（2023）》	国家知识产权局	数字经济核心产业是指为产业数字化发展提供数字技术、产品、服务、基础设施和解决方案，以及完全依赖于数字技术、数据要素的各类经济活动

2. 稳步推进数字产业化和产业数字化

为协同推进数字产业化和产业数字化，赋能传统产业转型升级，培育新产业、新业态、新模式，国家部委也出台了一系列政策文件。

（1）加快新型基础设施建设，推动数字产业化。

国家层面出台了多个支持工业互联网、云计算、虚拟现实、车联网、5G、区块链等新型基础设施发展的政策，如《“十四五”信息通信行业发展规划》《工业互联网创新发展行动计划（2021—2023年）》《云计算服务安全评估办法》《5G应用“扬帆”行动计划（2021—2023年）》等，为提升数字技术创新水平奠定了坚实基础。

此外，国家层面还出台了相关文件，支持平台经济、数字产业、数字文化等发展。2019年8月，国务院办公厅发布《关于促进平台经济规范健康发展的指导意见》，强调鼓励发展平台经济新业态，加快培育新的增长点；大力发展“互联网＋生产”，促进数字经济和数字产业发展，深入推进智能制造和服务型制造。2021年6月，《“十四五”文化发展规划》强调，推动数字文化产业高质量发展，培育壮大线上演播、数字创意、数字艺术、数字娱乐，沉浸式体验等新型文化业态。2024年4月，国家发改委、国家数据局印发《数字经济2024年工作要点》，其中第一条就是要适度超前布局数字基础设施，深入推进信息通信网络建设，加快建设全国一体化算力网，全面发展数据基础设施。

（2）促进数字技术和各个行业深度融合，推动产业数字化。

2017年12月，习近平总书记在中央政治局第二次集体学习时指出，做好信息化和工业化深度融合，推动制造业加速向数字化、网络化、智能化发展。此后，国务院及各部委出台了《关于深化制造业与互联网融合发展的指导意见》《“十四五”智能制造发展规划》《关于支持新业态新模式健康发展 激活消费市场带动扩大就业的意见》等系列文件，积极推进“数实融合”，加快产业转型升级。2023年12月，国家发改委、国家数据局印发《数字经济促进共同富裕实施方案》，提出通过数字化手段促进解决发展不平衡不充分问题，不断缩小区域、城乡、群体、基本公共服务等方面差距，推进全体人民共享数字时代发展红利，助力在高质量发展中实现共同富裕。

1.4.2 地方层面：依据地方特色发展特色产业

梳理各省市关于数字经济领域的相关政策，发现各地在积极响应中央政策的同时，也在根据自身优势有所侧重。京津冀、长三角、粤港澳大湾区、川渝等城市群已成为我国数字经济发展的前沿地区，不仅出台明确的政策支持数字经济发展，而且加快了新型基础设施建设，推动数字经济相关技术创新发展。

1. 北京：首创多项标杆政策，加快建设全球数字经济标杆城市

北京市建立以《北京市数字经济促进条例》为核心的数字经济治理体系，以地方数字经济立法为统领，进一步强化数字经济治理能力，还在全国率先出台《关于更好发挥数据要素作用进一步加快发展数字经济的实施意见》（以下简称“北京数据 20 条”）等，不断探索数字经济改革发展模式。

《北京市数字经济促进条例》是北京市为促进数字经济发展而制定的地方性法规，强调了以数据资源作为关键要素，以信息网络作为主要载体，以信息通信技术的融合应用和全要素数字化转型作为推动力。“北京数据 20 条”提出培育发展数据要素市场，加快建设全球数字经济标杆城市的目标。《北京市关于加快建设全球数字经济标杆城市的实施方案》提出，要打造引领全球数字经济发展的“六个高地”，包括城市数字智能转型示范高地、国际数据要素配置枢纽高地、新兴数字产业孵化引领高地、全球数字技术创新策源高地、数字治理中国方案服务高地以及数字经济对外合作开放高地。北京市还创建了全国首个数据基础制度先行区，发布《北京数据基础制度先行区创建方案》和政策清单，进一步夯实了数据发展底座。北京市相关部门还出台了《北京市促进数字经济创新发展行动纲要（2020—2022 年）》《北京市数字经济全产业链开放发展行动方案》《北京市促进数字人产业创新发展行动计划（2022—2025 年）》等文件，细化产业方向，推进智慧城市建设，促进场景开放。2024 年 10 月，《关于北京市加快建设国际绿色经济标杆城市的实施意见》印发，国际绿色经济标杆城市将与北京市正在建设的全球数字经济标杆城市形成“双标杆引领、双引擎驱动”。

2. 长三角：加快数字长三角建设，以数字经济协同创新助力长三角科技创新和产业创新深度融合

数字长三角建设已经成为长三角高质量一体化的重要组成部分。2021 年 12 月，国家发改委、工信部联合印发《数字长三角建设方案》，开启了数字长三角建设元年。2022 年 7 月，《关于在长三角生态绿色一体化发展示范区加快数字经济发展推进先行先试的若干举措》正式公布，对跨区域数字经济发展从基础设施建设、产业化发展、制度保障等方面进行了详细规划。2022 年

11月，“数字长三角共建联盟”成立，致力于打造“共建共享、开放融合、互助共进、多跨协同”的“数字长三角”合作平台。2023年世界互联网大会乌镇峰会期间，16个长三角城市发起共建数字文明“乌镇对话”合作机制，在“双碳”领域一体化数据管理、数字文旅一体化等方面形成合作倡议。

在数字长三角建设进程中，长三角各地都出台政策支持数字经济协同发展。《上海市数字经济发展“十四五”规划》提出，要加快建设长三角生态绿色一体化发展示范区，推动区域数字一体化发展。《浙江省高质量推进数字经济发展2022年工作要点》提出，加快推进长三角在产业链优势互补、核心技术协同创新、数据开放应用等领域的合作。安徽省人民政府办公厅印发《加快发展数字经济行动方案（2022—2024年）》，强调要推动数字长三角共建，加强数字经济领域交流合作、供需对接，促进新技术、新产业、新业态、新模式项目落地。《江苏省“十四五”数字经济发展规划》强调，以数字经济资源有效流动强化省内、长三角区域产业协同共进、服务一体联动，助推数字长三角，推进数字产业合作和平台共建。《关于全面提升江苏数字经济发展水平的指导意见》也强调要推动数字经济开放合作，推进数字长三角建设，推动长三角数字基础设施互联互通、数据要素标准统一、数据资源开放共享、数字产业协同发展、居民服务一卡通。2024年数字长三角发展大会上发布的《数字长三角发展报告（2024）》显示，长三角数字经济增加值已突破12万亿元，约占全国数字经济增加值的30%。

3. 粤港澳大湾区：启动“数字湾区”建设，以智慧城市群牵引区域发展

2019年《粤港澳大湾区发展规划纲要》明确提出粤港澳大湾区要建成智慧城市群，此后，各地智慧城市建设不断加快。2020年，《广东省建设国家数字经济创新发展试验区工作方案》印发，强调打造数字经济创新高地，打造大湾区新型智慧城市群。2021年，《广东省人民政府关于加快数字化发展的意见》提出要构建数据要素流通顺畅的数字大湾区；深入推进数字技术在粤港澳三地规则衔接、机制对接上的应用，加快构建大湾区智慧城市群。2023年11月，《“数字湾区”建设三年行动方案》印发，全面推动“要素通、基座通、商事通、产业通、治理通、生活通”和“数字融湾”七项工作，加快“数字湾区”建设，牵引带动大湾区全面数字化发展，目标是将大湾区打造成为全球数字化水平最高的湾区。随着《粤港共建智慧城市群合作协议》和《粤澳共建智慧城市群合作协议》等协议的签署，“湾区通”工程进一步加快。

作为粤港澳大湾区的两个核心城市，广州和深圳出台了多个数字经济领

域的政策，在数字基础设施建设、数据要素市场化、智慧城市建设等方面重点发力。广州市在2020年发布数字经济“二十二条”（《广州市加快打造数字经济创新引领型城市的若干措施》），也是广州数字经济的“1号文件”，明确要加快打造数字经济创新引领型城市。《广州人工智能与数字经济试验区建设总体方案》《广州市加快打造数字经济创新引领型城市的若干措施》《2024年广州市数字经济工作要点》等系列文件明确了广州数字经济试验区的核心空间载体，并在公共服务数字化、产业融合、区域协同发展等方面重点发力。深圳市提出要打造国际新型智慧城市标杆和“数字中国”城市典范，打造全球数字先锋城市，出台了《深圳市推进新型信息基础设施建设行动计划（2022—2025年）》《深圳市极速先锋城市建设行动计划》《深圳市数字孪生先锋城市建设行动计划（2023年）》等系列文件。深圳市还通过特区立法优势，出台了《深圳经济特区数字经济产业促进条例》《深圳经济特区数据条例》等文件，为数字经济发展提供法制保障。

4. 西部地区和沿海地区根据特色发展重点产业，不断开启新赛道

西部地区偏向于强化新型基础设施建设，通过数字经济赋能传统产业发展，并根据区域发展优势明确了部分重点发展方向。2022年，我国“东数西算”工程全面启动，将充分利用西部的资源禀赋优势，构建数据中心、云计算、大数据一体化的新型算力网络体系，促进东西部协同联动。作为国家级大数据综合试验区，贵州省全面推进大数据与实体经济深度融合，出台了《国家大数据（贵州）综合试验区“十四五”建设规划》等文件。青海省不仅积极推进能源大数据中心升级，还凭借绿电丰沛、气候冷凉干燥等资源优势，成为全国首个绿色算电协同试点省。宁夏回族自治区正着力打造“中国算力之都”，银川市也出台了《关于打造“算力之都”促进人工智能产业发展的若干政策（试行）》，提出加快智算中心建设、降低智算中心用电成本等多条措施。内蒙古自治区出台了《内蒙古数字农牧业农村牧区发展规划（2023—2025）》等方案，强调培育乡村数字经济，形成以城带乡、城乡融合的数字经济发展模式。

沿海地区不断推动海洋产业智能化，发展智慧海洋装备、海洋大数据等一批新产业、新业态，开启了蓝色经济新赛道。例如，福建省出台《加快建设“海上福建”推进海洋经济高质量发展三年行动方案（2021—2023年）》等文件，以福建数字经济优势赋能海洋产业发展，加快壮大海洋信息产业。广西壮族自治区印发《广西大力发展向海经济建设海洋强区三年行动计划

（2023—2025年）》等文件，大力实施“数字海洋”创新工程，提升海洋数字经济创新能力，推动传统海洋产业数字化、智能化升级。山东省出台《山东省“十四五”海洋经济发展规划》《山东海洋强省建设行动方案》等，建成全球海洋大数据中心，大力发展“智能+”海洋产业，推动海洋产业与数字经济融合发展。

1.5 数字经济是新质生产力的核心驱动力

习近平总书记多次谈及“新质生产力”，强调“发展新质生产力是推动高质量发展的内在要求和重要着力点”。2024年中央政府工作报告也明确将“大力推进现代化产业体系建设，加快发展新质生产力”列为年度工作任务首位。数字经济发展方向符合发展新质生产力的内在要求，是培育新质生产力的重要路径。

首先，数据要素是发展新质生产力的关键力量。在数字经济时代，数据作为新型生产要素，成为高质量发展的战略要素。数据要素打破了传统生产要素的质态，是创造新质生产力的关键生产资料。

其次，数字技术可以筑牢新质生产力发展根基。5G、大数据、区块链等数字技术可以催生新产业、新业态，对于促进战略性新兴产业和未来产业发展有重要意义。同时，数字技术可以赋能传统产业发展，推动传统产业的数字化、网络化、智能化升级，促进产业结构优化。

最后，数字科技企业是培育新质生产力的重要主体。数字科技企业通过不断的技术创新，推动了新技术的诞生和发展，是引领高新技术实现突破式发展的重要主体。数字科技企业，尤其是那些龙头企业，既是产业升级的推动者，也是新型业态的创造者，在关键技术突破和场景应用中发挥着重要作用。

同时，新质生产力还会对数字经济形成反哺效应，促进数字经济的高质量发展。新技术的不断进步推动了共享经济、平台经济等新业态的发展，为数字经济注入了新的活力。智能化等新技术的发展，提升了服务的个性化和响应速度，也拓宽了数字经济的应用场景。

第2章 数字经济的本质和未来可能形态

数字经济改变了传统意义的宏观生产函数，数字经济与实体经济深度融合带来了较强的放大、叠加、倍增效应。可以说，数字经济就是以数据资源为关键要素，扩大市场边界、降低交易成本、提高生产技术水平和效率、推动生产要素在更大范围内更加高效地配置的新经济形态。面向未来，随着数字技术的不断革新，数字经济的形态将更加多元，也带来了很多值得思考的“新问题”。

2.1 数字经济时代，哪些人会被取代

2.1.1 数字经济替代部分体力劳动的同时，创造更多的劳动空间

数字经济对劳动就业兼具“创造效应”和“替代效应”，“创造效应”导致就业规模扩大，“替代效应”导致就业规模缩小。目前学术界就数字经济对就业产生促进还是抑制作用仍有争议。

从“创造效应”角度来看，数字经济与传统产业融合发展带动了传统产业数字化进程，人工智能等数字技术通过生产率的提高来创造需求、促进就业，同时还通过创造新工作的方式拉动就业（惠炜、姜伟，2020；Acemoglu and Restrepo，2018）[①②]。数字产业在快速发展的同时，吸引了大批劳动力为其服务，带来了产业内劳动力需求的增加（王俊豪、周晟佳，2021）[③]。数字

---

① 惠炜，姜伟．人工智能、劳动力就业与收入分配：回顾与展望［J］．北京工业大学学报（社会科学版），2020，20（5）：77-86．

② Acemoglu D，Restrepo P. The Race between Man and Machine：Implications of Technology for Growth，Factor Shares，and Employment［J］. American Economic Review，2018，108（6）：1488-1542.

③ 王俊豪，周晟佳．中国数字产业发展的现状、特征及其溢出效应［J］．数量经济技术经济研究，2021，38（3）：103-119．

经济催生出全新就业形态，直接或间接地创造了诸多就业机会（戚聿东等，2021）[①]。例如，互联网服务、电子商务、共享经济等数字经济催生的新兴产业发展，需要大量的仓储、配送、生产线操作等劳动服务。数字经济需要建设数据中心、充电桩等大量的新型基础设施，这些基础设施的建设和维护均需要大量的劳动力。此外，数字经济也促进了服务业的扩展，特别是与数字技术相关的服务业，均需要匹配大量的技术人员。

从“替代效应”角度来看，数字经济催生了数字劳动力和数字资本剥削、冲击就业理论。数字技术的发展，特别是人工智能、机器人技术和自动化设备的应用，使得许多传统的体力劳动岗位被机器取代。例如，在制造业中，自动化生产线可以完成装配、搬运等工作，减少了对劳动力的依赖。在物流仓储行业，数字经济通过算法优化和物流管理系统，提高了物流配送的效率，减少了搬运和运输过程中的体力劳动需求。学者研究认为，工业机器人可能会替代工人就业，工业机器人的大规模应用在带来生产率和收入提高的同时，为劳动力就业带来了挑战（刘涛雄等，2022）[②]。

数字平台的广泛使用衍生了数字劳动力，改变了传统的生产劳动关系，消费者成为再生产的主体。数字资本主义制度下，数字劳动的价值创造无论在数量还是质量上同传统劳动相比都有了新的变化。数字劳动包括数字企业雇员的劳动与数字用户的劳动，意味着两种不同类型剥削的发生。数字劳动剥削的实现载体是广告商和中间商，数字劳动剥削的实现主体是数字雇员劳动与数字用户的无偿劳动，在数字资本主义制度下，垄断的数字媒介公司通过数字产品零边际成本获得垄断地位，进而获取垄断利润（方莉，2020）[③]。

2.1.2 数字经济不会完全替代脑力，更多是人类智力与数字技术的融合与互补

数字经济的蓬勃发展正在重塑全球经济结构，而智力替代作为这一进程中的关键现象，不仅反映了技术进步的深度，也预示着劳动力市场的重大变革。智力替代并不等同于简单的劳动力替代，它更多地涉及人工智能和自动

---

① 戚聿东，丁述磊，刘翠花．数字经济时代新职业发展与新型劳动关系的构建［J］．改革，2021（9）：65-81.

② 刘涛雄，潘资兴，刘骏．机器人技术发展对就业的影响——职业替代的视角［J］．科学学研究，2022，40（3）：443-453.

③ 方莉．数字劳动与数字资本主义剥削的发生、实现及其批判［J］．国外社会科学，2020（4）：74-82.

化技术在复杂任务中对人类智力劳动的补充和扩展。随着算法和机器学习的进步，机器不仅能够处理重复性工作，还能够在金融分析、法律咨询、医疗诊断等高智力要求的领域发挥作用。这种替代正在逐步改变工作的本质，要求人类从事更加创造性和战略性的任务和工作。

一是技术进步与智力替代。数字技术的每一次突破都在为智力替代开辟新的可能性。例如，人工智能的发展使得机器能够在图像识别、自然语言处理等领域达到甚至超越人类的水平。这些技术的应用不仅提高了生产效率，也会改变人们工作的性质，将促使人类从事更高级别的智力活动。

二是经济结构调整与智力需求。随着数字经济的深入发展，经济结构也在发生调整。传统的劳动密集型产业正在向技术密集型和服务型产业转变，这一过程对高技能劳动力的需求不断增加。智力替代并不是简单的取代人类工作，而是要求人类在新的经济环境中发挥不同的新角色职能。

2.2 “以人为本”：康德哲学的现代诠释

在数字经济的浪潮中，技术的快速发展和应用不断挑战我们对于工作、价值和社会结构的传统认知。康德的道德哲学，尤其是他关于“人是目的而非手段”的论述，为思考人的价值和地位提供了深刻的洞见。这一原则强调了个体的自主性和尊严，认为每个人都应被视为目的本身，而非实现其他目的的手段。在数字经济的背景下，这一理念要求我们在追求效率和创新的同时，不忘尊重每个人的价值和权利。尤其是随着人工智能和自动化技术的发展，智力替代成为数字经济的一个重要特征。机器和算法在提高生产效率的同时，在某些领域取代了人类的工作。这一现象引发了关于人的价值和地位的深刻讨论。康德哲学提醒我们，在这一过程中，我们必须确保技术的发展服务于人的全面发展，而非反之，仅仅将人作为经济发展的工具。

数字经济的发展，也带来了伦理挑战与人性尊重之间的讨论。数字经济的核心在于数据的利用和信息的流通，它通过互联网、大数据、人工智能等技术，实现了资源的高效配置和经济的快速增长。然而，这种增长往往伴随着对个人隐私的侵犯、工作安全的威胁以及社会不平等问题。这些问题挑战使我们必须思考如何在追求经济效益的同时，保护每个人的基本权利和尊严。在数字经济时代，维护人的尊严意味着技术应用应坚持社会伦理原则，确保技术的发展不会削弱人的自主性和创造性。企业在追求利润的同时，应承担起更大的社会责任，关注与促进员工的健康、成长和福祉。政府和社会也需要制定相应的政策，保护劳动者的权益，促进教育和培训，帮助人们适应技术变革。

2.3 从“休闲劳动化”到“劳动休闲化”

休闲劳动化和劳动休闲化是描述劳动与休闲关系变化的两种不同观点，是现代社会中劳动与休闲关系复杂化的体现，反映了人们对于工作与生活平衡的追求，以及对于劳动和休闲的重新定义。

首先来看什么是“休闲劳动化”。在数字经济的背景下，休闲活动与劳动之间的界限变得模糊，休闲时间被转化为生产剩余价值的劳动时间。这一现象在互联网平台中尤为明显，大众在社交媒体、视频网站、在线游戏等平台上进行休闲活动时，实际上为平台提供了“数字劳动”，无形之中成为平台商业化的免费劳动力。用户的点击、浏览、评价等行为，都为平台提供了数据，被平台用来创造商业价值。与传统的体力或脑力劳动不同，休闲劳动化往往具有较大的隐蔽性。休闲劳动化虽然也能够为大众提供表达自我、参与创造的机会，但大众在这一过程中缺少对自己劳动成果的认知，更谈不上控制权和收益权。大众提供的劳动基本是无偿劳动，且被数字资本占有。

那什么是“劳动休闲化”呢？相对于“休闲劳动化”，“劳动休闲化”则是一种理想状态，是一种理念，它意味着劳动本身成为一种自由与休闲的结合。在“劳动休闲化”的状态下，劳动不再是单纯的谋生手段，而是与个人的兴趣、爱好和创造力相结合的过程。这种劳动方式强调个人在工作过程中的自主性、创造性和享受感，打破传统劳动与休闲的严格界限，实现工作与个人发展的和谐统一。“劳动休闲化”的实践可能包括灵活的工作时间、富有创意的工作内容，以及更加自由和开放的工作环境。“劳动休闲化”的理念与马克思关于自由劳动的理论相呼应，即在共产主义社会中，劳动将成为一种自由的生命表现，人们将根据自己的兴趣和能力选择劳动，劳动与休闲将不再对立，而是相互融合（袁继红、丘仙灵，2022；姚建华，2023）[①②]。从马克

---

① 袁继红，丘仙灵．玩劳动：数字时代劳动与休闲的耦合逻辑［J］．哲学分析，2022，13（2）：3-14，196．

② 姚建华．从“休闲劳动化”到“劳动休闲化”：数字时代劳动的新想象［N］．中华读书报，2023-02-13．

思的劳动休闲观念看，劳动为休闲提供基础和前提，休闲是劳动的最终指向和归宿，二者辩证统一于实现人类解放和自由全面发展的过程之中，是人类获取自由的重要保障。

从“休闲劳动化”到“劳动休闲化”，与数字经济的发展有着密切的关系。从“休闲劳动化”来看，伴随着区块链、智能合约等技术发展和场景应用，在保障个人隐私的前提下可公允计价包括“休闲劳动”在内的所有劳动，通过个人休闲、个人偏好、个人体验等活动来获得收入，是完全有可能的。同样，随着技术进步和工作环境的改善，许多传统的劳动形式被自动化和智能化所替代，使得劳动者不再局限于传统“朝九晚五”的工作模式，能够拥有更多的自由时间和自主权。这种变化使得劳动本身变得更加轻松和自由，劳动者可以在劳动中体验到更多的乐趣和满足感，从而实现“劳动休闲化”。“休闲劳动化”与“劳动休闲化”反映了数字时代劳动与休闲关系的复杂性和动态性，反映了人们对生活质量和工作满意度的追求以及对劳动和休闲的重新定义，也重塑了劳动和休闲的概念与实践。

2.4 如何应对“数字鸿沟”问题

自互联网诞生以来，“数字鸿沟”就一直受到学术界的关注。综合学者们的观点，“数字鸿沟”可被定义为“不同经济水平的个人、家庭、企业、地区和国家之间获取信息和通信技术的机会以及使用互联网开展业务活动方面的不平等”。数字鸿沟的存在加剧了社会的不平等，阻碍了信息时代经济社会的健康发展。数字鸿沟已经成为继城乡差别、工农差别、脑体差别“三大差别”之后的“第四大差别”（李俊江、何枭吟，2005）①。数字经济可能会带来哪些具体“鸿沟”呢？

一是数字化基础设施鸿沟。不同地区和群体在数字化基础设施的接入和使用上存在显著差异。城市地区由于基础设施建设完善，信息获取渠道多样，数字技术普及率高；而农村地区则受限于交通、通信等基础设施落后，数字技术普及率较低。即便在基础设施相对完善的地区，不同社会群体之间的数字接入和使用能力也可能存在巨大差距。

二是数据质量鸿沟。由于数据采集标准不统一或数据质量低下，不同地

---

① 李俊江，何枭吟．美国数字经济探析［J］．经济与管理研究，2005（7）：13-18.

区、政府和企业之间的数字互通互联率可能较低。这会导致信息的不对称和碎片化，限制了数字经济的整体发展。

三是数字资本鸿沟。数字资本类似于人力资本，包括数字接入能力和数字处理能力。不同个体或群体在数字资本存量上存在差异，这可能导致他们在数字经济中的机会和收益不均等。一些群体可能由于缺乏必要的数字技能或资源，而无法充分参与数字经济并从中获益。

四是教育和技能鸿沟。数字经济对个体的数字素养和技能提出了更高要求，但不同年龄、受教育程度、收入水平的群体在信息技术应用水平上存在差距。年轻人和受教育程度较高的群体更容易掌握和使用数字技术，而老年人和受教育程度较低的群体则可能面临使用困难。除了数字劳动力带来的潜在失业等问题，移动互联网的普及促使数字社会加速到来，也催生了以老年人为代表的大量“数字弃民”。

由于数字资源在全球分配的不均衡，数字鸿沟强化了发达国家的数字垄断优势，发展中国家一定程度上会陷入“数字贫困”，进一步加剧了全球经济不平衡发展（何枭吟，2013）[①]。目前，数字鸿沟不仅是一个国家问题，更是一个全球问题。需要通过综合的政策措施和持续的社会努力来逐步缩小这一差距。

一是加强数字基础设施建设。加大对数字基础设施的投资力度，提高网络覆盖率和质量，特别是在农村和偏远地区，确保更多人能够享受到数字经济的红利。

二是提升数字技能教育。在学校和社区开展数字技能培训，提高公众的数字素养，特别是针对老年人、残疾人等弱势群体。

三是推广数字普惠政策。通过政府政策和项目，降低数字设备和服务的成本，使更多人能够负担得起。政府应与企业和社会组织加强合作，共同开展数字技术的普及和推广等工作。

四是要促进数字内容和服务的多样性。鼓励开发适合不同人群需求的数字产品和服务，针对老年人、残障人士等特殊群体，提供定制化的数字服务和产品，满足他们的一些特殊需求。

---

① 何枭吟．数字经济发展趋势及我国的战略抉择［J］．现代经济探讨，2013（3）：39–43.

第3章 数字经济相关理论及拓展

数字经济是一个相对较新的概念，和传统经济存在一定差别。数字经济在发展过程中，拓展了传统经济学边界，同时也对部分理论造成了冲击。

3.1 数字经济相关的经济理论及差异性

在对信息技术给经济社会带来影响的研究中，除了数字经济概念，还有信息经济、网络经济、知识经济等与其密切相关的理论。尽管这些概念、特征有所相似，但具体内涵又有所差异。

一是信息经济。信息经济的概念是20世纪六七十年代由弗里茨·马克卢普和保尔·霍肯等从部门经济角度提出并发展起来的。信息经济强调作为关键生产要素的信息在经济发展、效率提升中的作用，可以推动传统产业信息化及融合性产业形成，从而优化经济结构、促进经济可持续发展。信息经济侧重信息化发展路径和手段创新，重视互联网、云计算、大数据等新技术在信息化发展中的创新性应用，以及跨企业、跨行业的网络化信息流动，打破信息不对称，实现供需的精准对接。

二是网络经济。狭义上看，网络经济是指与网络尤其是与互联网有关的经济活动，主导产业包括网络信息技术产业和网络信息服务产业。广义上看，网络经济包括由网络技术和通信技术驱动的各类经济活动，是网络产业化和经济网络化的总和。在网络经济形态下，传统经济行为的网络化趋势日益明显，网络成为企业价值链上各环节的主要媒介和实现场所。

三是知识经济。知识经济是一种以知识资源为基础的经济形态，是以知识为主导，以人才、信息、知识、技术、决策管理方法等无形化资产投入为前提，实现智力、技术、知识密集化和高渗透、高增值化的经济。知识经济是在信息经济基础上发展起来的新经济形态，更加重视知识这一无形要素在经济发展中的基础性作用和直接驱动作用。

四是平台经济和共享经济。平台经济是由数据驱动、平台支撑、网络协同的经济活动单元所构成的新经济系统，基于互联网和数字技术，通过在线平台连接供应商和消费者，促成交易和交换价值。平台经济作为互联网信息技术驱动的一种新经济形式，拓宽了市场活动空间、提升了资源配置效率、增强了经济发展的活力。共享经济是常与平台经济一起提及的经济形态，是利用互联网平台将分散资源进行优化配置，通过推动资产权属、组织形态、就业模式和消费方式的创新，提高资源利用效率、便利大众生活的新业态、新模式。供需双方和共享经济平台共同形成了共享经济"闲置 + 价值 + 回报"的商业模式核心基础。

关于数字经济与信息经济、网络经济和知识经济的研究，既有认为各个概念统一的同一论，也有认为某个概念由其他概念组成的包含论。在数字经济的萌芽时期，学者们就开始提出"信息经济时代""后工业社会"和"知识经济时代"的概念。信息经济将信息作为经济活动的关键要素，研究信息在经济活动中的贡献和价值。随着信息技术的发展，信息传递成本下降，有利于信息要素在经济发展中发挥更大作用，但仅靠信息要素很难解决经济行为中的不确定性，还需将信息转化为知识。信息经济和知识经济的发展，推动了数字经济的产生和发展，同时数字技术也进一步丰富了信息经济和知识经济的内涵。信息经济强调信息技术相关产业对经济增长的影响，网络经济强调因特网进行资源分配、生产、交换和消费为主的经济活动。信息经济、网络经济反映了使用者对数字经济中信息和技术等外在特征的强调，知识经济更加强调知识作为要素在经济发展中的作用，数字经济则突出表现为整个经济领域的数字化（何枭吟，2005，2011）[①②]。

平台经济是发展数字经济的主力军。数字化是实现工业经济向数字经济转型的过程，数字经济是工业经济之后的新经济形态，而不是工业经济体系下国民经济统计核算中的一个新类别。平台经济既是一种商业模式创新，也是产业范式的跃迁，已成为数字经济最重要的形态，数字平台更是数字经济最主要的企业组织形式（欧阳日辉，2023）[③]。平台经济作为数字经济的主力

---

① 何枭吟．美国数字经济研究［D］．长春：吉林大学，2005.

② 周宏仁．信息化论［M］．北京：人民出版社，2008.

③ 欧阳日辉．数字经济的理论演进、内涵特征和发展规律［J］．广东社会科学，2023（1）：25-35，286.

军，正在重塑经济结构和增长模式。它通过连接不同的市场参与者，促进了资源的有效配置和经济的创新增长。

3.2 数字经济对传统理论的冲击和拓展

数字经济与传统经济之间存在差异，从多种角度对传统理论造成了冲击，也对其进行了拓展。在开展数字经济理论研究时，不能直接照搬传统经济理论和分析框架，需要从发展、动态、技术等视角探索适应数字经济特征的分析框架和方法。

一是数据成为新要素，拓展了传统经济增长理论。从经典索洛模型到内生增长理论，经济增长理论演变的核心是将技术进步视作外生向内生转变。数字经济时代，数据作为新的经济增长要素被纳入生产函数，既打破了传统经济增长理论中的假设条件，也通过融合其他生产要素体系，提升了这些生产要素的边际报酬增长率，进一步拓展了传统经济增长理论的边界。同时，数据成为新生产要素，冲击传统要素理论。数据要素打破了传统要素有限供给对增长的制约，但由于数据特性复杂，数据交易存在确权难、定价难、互信难、监管难等挑战，难以使用劳动价值论或效用价值论等进行定价，需要进一步完善机制。

二是通过影响产权理论和成本理论，拓展了新制度经济学理论。首先，从产权理论角度来看，在传统经济模式中，生产要素和产品产权界定非常清晰。数据价值在创造的过程中，数据要素产权超越了单一私人产权边界，数据的产权归谁所有、利益如何分配，已成为数据利用所面临的重要问题。随着工业经济向数字经济转变，出现了各类数字经济新型知识产权问题，也在不断考验知识产权司法实践。其次，在数字经济背景下，数字技术走出地理空间与物理空间的局限，企业利用数字技术能够突破基于地理距离、制度距离等衍生的交易成本限制，形成了面向“数字空间—物理空间”的交易成本节约机制。同时，传统理论默认“信息不对称”影响下的交易成本始终存在，区块链等数字新技术使消除交易成本存在可能。

三是拓展了传统产业组织理论。传统产业组织理论把产业视为生产同一或相似产品的企业集合，数字经济改变了产业集聚形态，打破了传统产业内涵边界和空间范围。利用大数据技术构建信息平台进而衍生出来的平台经济和共享经济，更是给传统产业组织理论带来了较大冲击。同时，数字经济的产业组织模式、产业生态演进、产业结构升级等问题，亟须加强创新实证研究和探索。

四是拓展了厂商理论，给反垄断规制理论带来挑战。数字经济背景下，规模经济和市场垄断竞争问题成为厂商理论研究的焦点。传统垄断认定相对容易，但是数字经济时代的企业可以通过不断扩大生产规模来降低成本、实现规模报酬递增，导致大企业效率显著高于小企业，并且优势一旦出现就会不断自我强化，形成"赢家通吃"的局面。尤其是数字平台通过网络效应能够快速获得市场规模和产业影响力，已成为数字经济时代的新经济形态。完全竞争模型在数字经济时代很难反映竞争的过程性和动态性，给反垄断规制理论带来挑战。

五是冲击传统货币理论。传统货币虽然与贵金属脱钩，但仍由发行机构进行信用背书。目前，一些法定数字货币是由中央银行发行的数字化法定货币，体现了数字经济发展对货币形态向数字化演变和重构的必然要求。但仍有一些基于区块链的所谓数字货币产生，不依赖央行和任何政府，没有资产作支撑，也没有任何机构组织作信用担保，对传统货币理论形成了较大冲击。

第4章 数字经济及相关概念的研究现状和发展趋势

从国内外关于数字经济的研究文献来看，既有数字经济理论发展过程中的科学问题，也有从平台经济、创作者经济等视角分析数字经济的相关研究。

4.1 数字经济研究现状及趋势

除探讨数字经济的内涵及技术特征外，数字经济领域的理论研究现状和主要趋势聚焦在以下几个方面。

4.1.1 数字经济如何测度

随着数字经济的演进，理论界加大了数字经济测度研究，各国政府部门也大力开展数字经济产值的实际测度工作，但目前关于数字经济的测度仍缺乏统一的口径。一方面，世界各国对数字经济的侧重点存在差异。另一方面，数字经济具有虚拟性、高渗透性及外部性等特点，加剧了数字经济测度的难度。目前，关于数字经济的测度方式主要体现在以下两个方面。

一是通过识别数字经济相关产业，进而估算地区数字经济规模。美国经济分析局（BEA）从数字基础设施建设、数字媒体和数字交易三个维度测算美国数字经济规模。根据BEA分析数据，2021年美国数字经济实际附加值为2.41万亿美元，相当于美国国内生产总值（GDP）的10.3%。许宪春和张美慧（2020）借鉴BEA的测算方法，估算了我国的数字经济规模[①]。2021年，国家统计局制定了《数字经济及其核心产业统计分类（2021）》，将数字经济产业范围确定为数字产品制造业、数字产品服务业、数字技术应用业、数字要素驱动业、数字化效率提升业五个大类，并在部分地区开展了数字经济统

---

① 许宪春，张美慧．中国数字经济规模测算研究——基于国际比较的视角［J］．中国工业经济，2020（5）：23–41.

计监测试点。根据国家统计局核算，数字经济核心产业分为数字产品制造业、数字产品服务业、数字技术应用业、数字要素驱动业四个大类，对应 126 个国民经济行业小类，2023 年我国数字经济核心产业增加值为 127555 亿元，占 GDP 的比重为 9.9%。

二是采用能反映数字经济的指标构建指数，综合测度地区数字经济发展水平。OECD 使用比较法，从基础设施建设、社会活力、信息通信技术以及促进经济增长与就业等维度测算了数字经济发展情况。上海社会科学院经济研究所从基础设施、数字创新、数字产业以及数字治理四个视角评估了全球主要国家和经济体的数字经济竞争力[①]。杨慧梅和江璐（2021）基于产业数字化与数字化产业两个维度测算了地区数字经济发展水平[②]。

4.1.2 数字经济如何推动经济高质量发展

数字经济被视为经济实现高质量发展的新动能，数字经济能否以及如何驱动经济实现高质量发展成为当前学者们关注的热点问题。

Biswas（2004）研究表明，数字经济通过提高技术水平与变革消费结构两条作用机制促进经济增长[③]。从国家层面比较，欠发达国家缺乏足够的竞争空间，数字经济对经济增长的影响较小。得益于自由竞争市场机制的发挥，发达国家数字经济对经济增长具有明显的促进作用，且促进效果高于欠发达国家（Dewan and Kraemer，2000）[④]。

任保平（2020）研究指出，数字经济引领经济高质量发展的机制表现为“三大变革”：一是通过提高创新能力实现效率变革，二是通过创造新产业并且赋能传统产业实现动力变革，三是通过推动产品和服务质量提升实现质量变革[⑤]。李慧泉等（2023）从区域创新创业的视角，实证检验了数字经济赋能高质量发展的影响机制，并指出促进区域创新创业是数字经济赋能高质量

① 上海社会科学院经济研究所. 全球数字经济竞争力发展报告［M］. 北京：社会科学文献出版社，2017.

② 杨慧梅，江璐. 数字经济、空间效应与全要素生产率［J］. 统计研究，2021，38（4）：3-15.

③ Biswas D. Economics of Information in the Web Economy：Towards a New Theory？［J］. Journal of Business Research，2004，57（7）：724-733.

④ Dewan S，Kraemer K L. Information Technology and Productivity：Evidence from Country-Level Data［J］. Management Science，2000，46（4）：548-562.

⑤ 任保平. 数字经济引领高质量发展的逻辑、机制与路径［J］. 西安财经大学学报，2020，33（2）：5-9.

发展的作用机制，激发“大众创业、万众创新”是数字经济时代推动高质量发展的内在动力。数字经济对经济高质量发展具有显著的空间溢出效应，能促进本地区经济高质量发展，但会抑制邻近地区经济高质量发展[①]。信息化对低收入地区经济增长的促进作用要显著高于高收入地区，低收入地区通过发展信息通信技术能够迅速缩小与高收入地区的经济发展差距（Thompson and Garbacz，2011）[②]。

4.1.3 数字经济能否促进科技创新

数字经济通过数字产业化和产业数字化，完善了产业链供应体系，在技术支撑、应用场景等方面为创新活动提供了更多可能。数字经济以云计算、5G 等技术为支撑，催生出一批集聚人才、金融、资源等要素的数字平台，破除了科技创新外源性资源获取壁垒，有力促进了资源整合与区域协同。此外，有学者研究发现，数字经济与省级全要素生产率呈正向非线性关系，表明数字经济作为创新驱动力，促进了全要素生产率的广泛可持续发展（Pan et al.，2022）[③]。

4.1.4 数字经济能否促进共同富裕

数字经济高创新、强渗透、广覆盖的优势快速释放了发展动能，也成为推进共同富裕的关键要素、重要抓手。史依铭等（2023）研究指出，数字经济发展对我国共同富裕具有显著的赋能效应，金融资源配置效率、劳动力投入以及科技水平均是数字经济促进共同富裕的重要推进路径[④]。李钢等（2024）从事物发展的起因、过程、结果三阶段的全局视域，研究数字经济推进共同富裕的三条实践路径，包括提升要素分布均衡性、提高机会公平性、优化经

① 李慧泉，简兆权，毛世平．数字经济赋能高质量发展：内在机制与中国经验［J］．经济问题探索，2023（8）：117–131.

② Thompson Jr H G，Garbacz C. Economic Impacts of Mobile Versus Fixed Broadband［J］. Telecommunications Policy，2011，35（11）：999–1009.

③ Pan W，Xie T，Wang Z，et al. Digital Economy：An Innovation Driver for Total Factor Productivity［J］. Journal of Business Research，2022（139）：303–311.

④ 史依铭，郑媛媛，费荣荣．数字经济与共同富裕：赋能效应与推进路径［J］．统计与决策，2023，39（16）：11–16.

济发展与分配格局[①]。

4.1.5 数字经济能否赋能乡村振兴

巩固脱贫攻坚成果同乡村振兴有效衔接是现阶段我国“三农”工作重心，在有效衔接时期，数字经济日渐成为助力乡村振兴和经济高质量发展的新动能。部分学者研究了数字经济赋能乡村产业振兴的内在机制，认为数字经济可以提升乡村产业的生产经营效率、优化乡村产业结构、促进乡村产业创新变革、促进乡村资产向资本转化、解决乡村产业市场化程度低等问题（马改艳等，2023）[②]。但立足数字中国建设和扎实推进乡村振兴的战略要求，数字经济在赋能乡村振兴中还存在较多堵点，农村数字基础设施建设落后、数据流通与共享渠道不畅、数字技术与乡村社会融合应用困难、数字平台建设面临情感机制与治理规则双重缺失等问题极大制约了数字经济赋能作用（吕萍、孔凤竹，2024）[③]。

4.1.6 数字经济能否克服“鲍莫尔病”

1967 年，美国经济学家威廉·鲍莫尔在《非平衡增长的宏观经济学：城市危机剖析》中提出经济模型。在几个关键假设条件下，鲍莫尔把宏观经济分为具有正劳动生产率增长率的“进步部门”和不存在劳动生产率增长率的“停滞部门”。随着时间的推移，进步部门的劳动力成本将维持不变，而停滞部门的单位产品成本则不断上升。最终，经济整体的生产率增长出现下降甚至停滞，“鲍莫尔病”随之产生。

时任国务院副总理刘鹤在 2021 年世界互联网大会乌镇峰会的视频致辞中指出，要合理界定数字产权，克服“鲍莫尔病”和“数字鸿沟”，实现包容性增长。光明网在《数字经济时代如何克服“鲍莫尔病”》一文中指出[④]，一方面，少部分难以通过数字化改进生产效率的行业，如表演艺术、居民服务等

---

① 李钢，展望，郭岩．数字经济推进共同富裕的实践路径、现实问题与支持体系［J］．济南大学学报（社会科学版），2024，34（3）：79–93.

② 马改艳，杨秋鸾，王恒波．数字经济赋能乡村产业振兴的内在机制、现实挑战与突破之道［J］．当代经济管理，2023，45（8）：33–38.

③ 吕萍，孔凤竹．数字经济赋能乡村产业振兴的逻辑机理、制约因素及实现路径［J］．区域经济评论，2024（3）：98–106.

④ 资料来源：https：//baijiahao.baidu.com/s?id=1712064633603512096&wfr=spider&for=pc。

行业确实成本上升了，这也解释了为什么近年来理发的价格越来越贵；另一方面，也要看到，大多数服务业呈现与数字技术互相融合甚至跨界渗透的新趋势，比如互联网金融、电子商务、现代物流等。江小涓（2021）、李勇坚（2022）等研究指出，数字技术可以从供给、需求、匹配等多个方面推动服务业效率提升，从而逃离“鲍莫尔病”，推动服务业健康快速发展[①②]。

4.1.7　数字经济发展受到哪些因素影响

学者研究指出，技术、市场和政策等多方面因素都会影响数字经济发展。技术因素包括互联网、大数据、云计算、人工智能等技术的进步，这些技术为数字经济的发展提供了强大的技术支持。市场因素包括市场需求、市场竞争和商业模式创新等，这些因素推动了数字经济的创新和发展。政策因素包括政府制定的数字经济政策和法规，这些政策和法规对数字经济的发展方向和速度产生了重要影响。田俊峰等（2019）研究认为，经济社会发展水平、人口因素等是影响数字经济的重要因素[③]。余海华（2021）研究指出，城镇化、信息化、市场化、科技创新、基础设施、产业结构等显著差异共同驱动数字经济空间关联[④]。

4.2　平台经济研究现状及趋势

4.2.1　平台经济有哪些经济特性

平台经济发展呈现出了一些崭新的特征，已突破传统经济学框架下市场结构、价格策略、企业边界等理论逻辑。

一是跨边网络外部性。跨边网络外部性作为平台企业相较于其他企业最为突出的特征，主要指平台一侧的用户会关注平台另一侧（或多侧）的用户数量。由此，平台企业就有机会通过先撬动一侧市场来启动“鸡生蛋、蛋生鸡”的回振作用，突破市场增长临界点，形成双向振动、正向反馈回路。

---

① 江小涓．用数字技术克服“鲍莫尔病”［N］．北京日报，2021-10-25（009）．

② 李勇坚．数字技术正在治愈“鲍莫尔成本病”［J］．中国发展观察，2022（5）：22-28．

③ 田俊峰，王彬燕，王士君，等．中国东北地区数字经济发展空间分异及成因［J］．地域研究与开发，2019（6）：16-21．

④ 余海华．中国数字经济空间关联及其驱动因素研究［J］．统计与信息论坛，2021（9）：23-34，44．

二是规模经济与范围经济特性。在跨边网络效应和互联网数字信息技术的共同作用下，数字平台企业在发展初期的启动阶段，表现出较高的规模经济特性；并在取得较高市场份额的成熟阶段，表现出极强的范围经济特性。

三是市场参与者与组织者双重属性。一方面，平台作为市场参与者，与企业相同，目标是盈利，需要参与市场竞争，使自身利润最大化；在组织形式上，平台有员工、有资金、有内部层级结构，与传统企业无二。另一方面，平台企业通常并不直接提供产品，而更多通过降低交易成本，为供求双方提供基础设施和促成交易的撮合服务，因此它更像经营市场的组织者。

四是准公共产品属性。平台在横向与纵向市场中都容易形成“一家独大”优势，并最终从量的积累引发质的突变，即超大型平台在一定程度上发展成向供需双方接入并进行互动的新型基础设施，进而具有准公共产品属性。

4.2.2 平台经济企业的社会责任问题研究

平台经济在助力经济发展的同时，引发了一些社会问题。平台经济减少了交易的中间环节，提高了交易效率，但也使得很多传统中间商面临业务模式转变的压力。由于平台的规模效应和低成本优势，很多中间商的利润空间被压缩，生存面临较大压力。“责任铁律”原则认为，企业的社会责任与社会权利应当相匹配，即一个企业的社会权利或者影响力越大，承担的社会责任边界就应当越广泛（张振，2023）[①]。平台型企业应认识到它在社会中的角色和责任，包括作为独立运营主体的社会责任、作为商业运作平台的社会责任和作为社会资源配置平台的社会责任（肖红军、李平，2019）[②]。

学者们针对平台企业社会责任的内涵、治理对策等角度开展了研究。阳镇（2018）指出，平台型企业通过对平台内用户的社会责任管理实现了社会责任管理模式的创新，由传统的点对点线性社会责任治理走向了网状型的社会责任治理[③]。贺石昊和孙海尧（2020）以滴滴出行平台的社会责任实践为研

① 张振．互联网平台承担社会责任的进路研究——以新时代“枫桥经验”为中心［A］// 上海市法学会，江苏省法学会，浙江省法学会，安徽省法学会．《法治文化》集刊 2023 年第 2 卷——第二十届长三角法学论坛研究文集［C］.

② 肖红军，李平．平台型企业社会责任的生态化治理［J］．管理世界，2019，35（4）：120–144，196.

③ 阳镇．平台型企业社会责任：边界、治理与评价［J］．经济学家，2018（5）：79–88.

究对象，探索了共享经济企业的平台社会责任要素[①]。鉴于共生现象在社会科学领域的普遍存在以及平台的共生演化属性，辛杰等（2022）构建了包含共生单元、共生环境、共生模式、共生价值四个组成要素的平台企业社会责任共生系统[②]。冯辉（2024）研究认为，从功能主义角度出发，平台社会责任应定位于平台基于社会整体利益而承担的应然性、高标准义务，应该推动平台社会责任作为一般性原则，约束平台的分配和规制权能[③]。

学者们研究认为，平台企业应该通过创造新的就业机会、支持中小企业发展、保护消费者权益和环境等措施，积极承担社会责任。通过这种方式，平台企业不仅能够促进自身的可持续发展，也能够为社会的和谐与进步做出贡献。

4.2.3 平台经济领域的监管和垄断治理研究

进入数字经济时代，平台经济的监管和垄断问题得到广泛关注，也是目前研究的聚焦点。

从平台经济垄断的界定来看，苏治等（2018）研究认为，中小型互联网平台类企业进出市场的高度流动性和大型互联网平台类企业垄断地位的相对稳定性共同形成了行业特有的“分层式垄断竞争”市场结构，垄断集中于大型互联网平台类企业的主营业务中，竞争则由中小型互联网平台类企业与衍生业务主导，且不对大型互联网平台类企业造成竞争压力，这种市场结构是长期均衡现象[④]。李韬和冯贺霞（2023）研究指出，平台经济下的垄断是一种竞争性垄断，是多维理论视角下的一种市场结构状态、过程与能力，是资本、技术、数据等多种生产要素积累、集中而形成的垄断过程，是一种具有高垄断性、高竞争性、高创新性的新的市场结构，是依托平台这一新的产业组织模式和数字技术优势而形成的竞争性、动态性、生态性的垄断能力[⑤]。

---

① 贺石昊，孙海尧．共享经济企业的平台社会责任研究——基于滴滴出行的案例研究［J］．科技和产业，2020，20（10）：8–15.

② 辛杰，屠云峰，张晓峰．平台企业社会责任的共生系统构建研究［J］．管理评论，2022，34（11）：218–232.

③ 冯辉．功能主义、超越类型化与平台社会责任［J］．法学评论，2024，42（5）：29–39.

④ 苏治，荆文君，孙宝文．分层式垄断竞争：互联网行业市场结构特征研究——基于互联网平台类企业的分析［J］．管理世界，2018，34（4）：80–100，187–188.

⑤ 李韬，冯贺霞．平台经济下垄断、竞争与创新研究［J］．经济学家，2023（7）：87–96.

从平台经济反垄断和规制来看，由于数字平台的特殊属性及相关市场界定困难等原因，反垄断理论与规制开始由“结构主义”向“行为主义”演变，即不再过于关注市场结构上的垄断判定，而主要从提高经济效率和消费者福利的角度规制企业行为（曾雄，2022）①。消费者有限理性是造成数字平台行为垄断的根本原因，如何在保护消费者利益和维护市场公平竞争的基础上，真正解决消费者有限理性导致的垄断问题，还存在诸多的现实难点（李勇坚、张海汝，2023）②。

随着数据成为数字经济时代的核心生产要素，数据确权问题争端频现，平台通过数据调用量差、数字技术代差谋求竞争优势，实现了数据垄断。有学者研究认为，数据垄断有三种掠夺方式：一是无偿占有用户的数字劳动，二是基于数据垄断优势的需求“制造”，三是对数据空间收取“数据租金”（程恩富、余晓爽，2023）③。基于元宇宙技术特征和生产、组织模式的不同，元宇宙时代数据垄断问题有加重的趋势，亟须加强数据垄断法律规制，保护大众权益。

4.3 创作者经济研究现状及趋势

4.3.1 创作者经济概述

“创作者经济”（creator economy），是在互联网平台辅助下，允许创作者通过创造数字内容赚取收入的一种经济模式。随着互联网的发展，创作者可以通过社交媒体等平台分发自己创作的内容，积累粉丝，并通过品牌赞助、广告分成、付费订阅等模式获得收益。尤其是伴随 YouTube、Instagram、TikTok、微信、抖音、快手、小红书等媒体平台的发展，“创作者经济”已逐渐成为一大主流经济模式。

创作者经济不是数字时代的特有产物，传统经济时代的创作内容通过纸质媒体、电视、广播、电影等方式传播，数字经济时代的创作内容在中心化

① 曾雄．防止平台资本无序扩张的反垄断规制模式：行为主义还是结构主义？［J］．现代经济探讨，2022（10）：10–17.

② 李勇坚，张海汝．数字平台行为垄断与反垄断研究［J］．中国社会科学院大学学报，2023，43（5）：36–51，157.

③ 程恩富，余晓爽．数字经济时代的数据垄断与掠夺路径分析［J］．理论月刊，2023（9）：76–83.

数字平台更容易传播和获利。高盛研究认为，随着生态系统的持续发展，创作者经济的潜在市场规模可能在未来五年内翻倍，到 2027 年将从目前的 2500 亿美元增至 4800 亿美元。

4.3.2 创作者经济的研究现状

国内外现有关于创作者经济的大部分研究集中在数字平台互联网阶段和创作者经济的特征、模式及运行机制等领域。例如，Radionova 和 Trots（2021）认为，个体创作者通过创作获得粉丝和影响力并以此盈利的经济行为被称为“创作者经济”①。Hemant（2022）研究了连接创作者（或内容贡献者/开发者）、用户以及广告商的多边平台中的经济交互，指出收益分成只在部分程度上体现了平台和创造者的拉锯战，因为适度的分享模式会增加整个生态系统和所有参与者的利润②。莫梅锋（2023）分析了互联网“创作者经济”的结构、演进、风险和规范化发展③。杨望等（2023）构建了元宇宙创作者经济运行逻辑和机制的理论分析框架，分析了元宇宙创作者经济中主要经济主体的定位、行为、特征以及各主体间的互动关系④。

4.3.3 创作者经济的主要模式

创作者不仅能将产品、作品推给受众，还能将受众的注意力反馈给广告商，形成“二次售卖”模式。目前，创作者的盈利模式比较多元，可以实现内容付费、广告收入、直播带货、专属 IP 等商业模式。预计随着区块链、NFT、元宇宙等技术和场景的应用，创作内容的所有权由平台共有转为由用户所有，创作者的创作活力被进一步激发。

---

① Radionova I，Trots I.Creator Economy：Theory and its Use［J］. Economics，Finance and Management Review，2021，7（3）：48–58.

② Hemant K B.The Creator Economy：Managing Ecosystem Supply，Revenue Sharing，and Platform Design［J］. Management Science，2022，68（7）：5233–5251.

③ 莫梅锋．互联网“创作者经济”的规范化发展［J］．人民论坛，2023（6）：100–103.

④ 杨望，徐慧琳，魏志恒．元宇宙创作者经济——一个理论分析框架［J］．新疆师范大学学报（哲学社会科学版），2023，44（6）：93–103.

4.4 通证经济研究现状及趋势

4.4.1 通证概述

通证（token）的本质是一种可流通的加密数字权益证明。广义看，通证是可以代表各种权益的证明，货币、票据、卡券、股票、债券等都可以用通证来代表，游戏币、用户积分等数字权益证明也都是通证的原型。

瑞士金融市场监管局（FINMA）在2018年将通证分为支付型通证、实用型通证和资产型通证。支付型通证（加密货币）（payment tokens）：作为获取货物或服务以及价值转移的一种支付手段，用于现在或未来。和加密货币同质，支付型通证没有其他功能或者链接其他项目的功能，在某些情况下只会开发必要的功能，并成为支付手段。该类通证要严格遵守《反洗钱法》。实用型通证（utility tokens）：通过基于区块链的基础架构为应用程序或服务提供数字访问的通证。如果只是作为服务或应用的使用凭证，没有投资功能，FINMA不会将此类代币视为证券。但部分有投资功能的代币将被视为证券。如果此类代币致力于或能被广泛地当作支付手段，需遵守《反洗钱法》。资产型通证（asset tokens）：一种代表资产的通证，例如对实物、公司、收益有参与分红或利息支付的权利等。这是一种标准化的、可被用于大规模的交易通证。在经济功能上，这类通证与证券、债券或衍生品类似。FINMA表示，该类通证适用《证券交易所条例》（SESTO）的证券规例。

通证具有三个基本要素：一是数字权益证明。通证必须是以数字形式存在的权益凭证，它代表的是一种权利，一种固有和内在的价值。二是加密。通证的真实性、防篡改性、保护隐私等特性，由密码予以保障。每个通证都是由密码保护的一份权利，且非常坚固可靠。三是可流通。通证必须能够在一个网络中流动，并且随时随地都可以验证。其中一部分通证是可以交易、兑换的。

4.4.2 通证经济概念及发展路径

通证经济（token economy）是先于区块链发展而出现的一个概念，相较于传统市场经济的资源配置方式，通证经济实际上就是通证分配方式的经济行为。通证基于固有和内在价值而存在于实体经济中，本来是应用在非区块链平台的。但由于信任机制相对困难，通证的流通受到一定限制，而区块链技术正好可以为弥补通证的这些局限创造技术平台，也使得区块链成为通证经济发展的重要平台。随着区块链技术的应用，通证经济近年来更多被强调为通过区块链技术发行通证，构建一个基于通证的经济生态系统。

区块链技术可以为不同行业和领域的价值创造成果进行资产化通证化赋能，区块链应用已逐渐延伸到各个领域。通证作为通证经济中的价值传输模块，链接区块链整个链条，效用范围覆盖多个层面。发行方基于区块链发行通证产品，这类产品可以是资产、代币、权益或者服务，并以通证的形式存在于区块链上，利用区块链的安全性、不可篡改等特性使得通证在区块链上实现流通和交换。消费者持有通证的目的主要有两个方面：一是对于通证产品存在实际使用需求，二是以通证产品作为投资标的实现资产增值。在区块链框架内，生产者通过发行通证完成了价值发现，消费者通过流通或交换通证完成价值创造。对于以资产增值为目的的消费者而言，当通证流动性增加以及资产价值提升时，会进一步激励他们持有更多的通证，推动通证经济正向循环。

关于通证数字经济实现路径，部分学者研究认为，通证经济为区块链提供了重要依据，应加快产业数字化与数据资产化，采用实用型通证对传统经济活动进行数字化改造（张亮、李楚翘，2019；郑磊，2020）[①②]。但区块链、元宇宙等技术为通证经济构建落地平台的同时，也伴随着风险，学术界对这些风险和监管问题进行了大量研究，包括交易炒作风险、信用风险、经营风险、监管风险等（宋志清、薛强，2021）[③]。下一步在鼓励区块链、元宇宙等技术发展的同时，需要加强风险跟踪研判，提升数据安全治理能力和个人信息的保护水平。

---

① 张亮，李楚翘．区块链经济研究进展［J］．经济学动态，2019（4）：112–124.
② 郑磊．通证数字经济实现路径：产业数字化与数据资产化［J］．财经问题研究，2020（5）：48–55.
③ 宋志清，薛强．基于区块链技术的通证经济风险管理研究［J］．北方金融，2021（1）：44–48.

贰

要素篇

第5章 概览：何谓数据要素

数据是数字经济的核心，与算力、算法构成数字经济的“三驾马车”。如果把数字经济看作人的身体，那么算法和算力就相当于人的大脑和肌肉，分别掌管决策与行动，而串联起它们并持续输送营养物质的则是数据，数据发挥着呼吸和供血的关键作用，可以说数据是数字经济中最基础、最重要的部分。正如习近平总书记所指出的，“在互联网经济时代，数据是新的生产要素，是基础性资源和战略性资源，也是重要的生产力。所以，我们要发展数字经济，关键就是要用好数据”。2023 年 12 月 31 日，国家数据局等 17 部门联合印发《“数据要素 ×”三年行动计划（2024—2026 年）》，目的就是要让那些沉睡的数据活跃起来，并根据不同行业的特点和优势，挖掘数据的应用场景，让数据的营养输送到经济社会的各个环节。

5.1 数据要素就是成为生产要素的数据

在数字经济飞速发展的今天，我国在全球范围内率先将数据界定为生产要素，即数据要素。这为全球数字经济治理提供了新的思路。那么，什么是数据要素，为什么数据能够成为生产要素？要理解这一问题，我们首先得从生产要素的概念说起。

5.1.1 为什么说数据是生产要素

生产要素是生产过程中所需的各种资源或条件，包括土地、劳动力、资本等。这些要素在经济活动中发挥着不可或缺的作用，是推动经济发展的基本动力。不同的时代，这些要素的重要性也不同。比如，在农业时代，土地和劳动力最为重要，经济生活围绕着土地与人口展开，也正因如此，400 年前古典政治经济学家威廉·配第就提出“土地为财富之母”“劳动为财富之父”；到了工业时代，技术和资本则发挥了更为重要的作用，核心表现是围绕着技术创新构建的发明专利制度，以及依靠现代金融体系建设的大型制造工厂等。

随着科技的不断进步和经济的发展，生产要素的内涵和外延也在不断扩大。如今，数据已经成为一种新型的生产要素，其在数字经济中的地位日益凸显。

数据要素，顾名思义，是以数据为核心的生产要素。

在数字经济时代，数据已经成为一种重要的资源，具有极高的价值。数据要素的特点在于其可复制性、可共享性、可挖掘性等，这些特点使得数据在生产过程中能够发挥巨大的作用。例如，通过大数据分析，企业可以更加精准地了解市场需求，优化产品设计和生产流程，提高生产效率和产品质量。同时，数据还可以帮助企业实现精细化管理，降低成本，提高盈利能力。

近年来，我国在数字经济领域取得了举世瞩目的成就，其中，数据要素的应用和创新起到了关键作用。例如，我国在智慧城市建设、电子商务、智能制造等领域广泛应用数据要素，推动了这些领域的快速发展。同时，我国还积极推动数据要素的国际合作与交流，为全球数字经济治理贡献了中国智慧和中国方案。

5.1.2　互动优化：数据与其他传统生产要素的关系

数字经济时代，数据成为5G、云计算、人工智能等新一代信息技术的核心驱动，其与土地、劳动力、资本等生产要素共同构成了现代经济的基石。

首先，数据与土地的关系日益紧密。在农业领域，通过收集和分析土壤质量、气候条件和作物生长数据，农民能够更精确地进行种植和收割，提高土地的产出效率。在城市规划方面，数据有助于规划者了解人口分布和交通流量等情况，从而做出更合理的土地利用决策，实现土地资源的最优配置。

其次，劳动力方面，数据的应用已经深入到人力资源管理的各个层面。企业通过分析员工的工作表现、满意度和市场反馈等数据，能够更有效地进行人才选拔、培训和激励。此外，数据还能帮助企业预测未来的人才需求，优化招聘和培训计划，确保团队具备应对市场变化的能力。

最后，资本的有效运用同样受益于数据的支持。在制造业中，数据驱动的智能系统能够实时监控生产流程，自动调整参数以保证产品质量和生产效率。数据分析还能够帮助企业发现新的投资机会，进行风险评估，从而做出更合理的资本配置。

此外，数据本身作为资本的价值也日益凸显。数据可以作为产品和服务的一部分，如在线教育平台提供的个性化学习方案、电商平台的推荐系统等。数据还能推动商业模式的创新，帮助企业识别新的细分市场，开发满足特定需求的新产品或服务。

当然，数据不仅提升了土地、劳动力和资本的使用效率，还促进了这些要素之间的协同效应，同时帮助企业和政府更好地理解市场需求，制定相应政策，促进土地、劳动力和资本的有效结合。

5.1.3 数据是新的生产要素，更是国家战略性资源

数据作为数字经济的关键要素，不仅已经成为实现创新发展的重要力量，更事关国家安全与经济社会发展，成为大国战略竞争的舞台。正如习近平总书记所强调的，要“积极参与数字经济国际合作。要密切观察、主动作为，主动参与国际组织数字经济议题谈判，开展双多边数字治理合作，维护和完善多边数字经济治理机制，及时提出中国方案，发出中国声音”。

与其他生产要素相比，数据要素更容易进行跨境流动。更为丰富的数据资源在推动一国数字经济领域竞争力，释放更大价值的同时，跨境数据流动也带来更多涉及国家安全、企业利益与个人隐私方面的风险。

数字经济时代，在充分发挥数据要素价值的同时，更要重视数据要素在国际竞争合作中的重要作用，加快建立跨境数据流动的相关制度，打破被边缘化为“数据孤岛”的禁锢，同时积极促进数据要素资源在全球层面的安全有序流通，争取全球数据治理主动权。

5.2 数据要素的特性决定了其将发挥更大的价值

数据是对客观世界和外在自然状态变化的数字化记录，相对于由原子构成的物理世界，数据的统计纲量则由信息论的鼻祖香农定义为“比特”（bit）。数据能够成为生产要素取决于其参与生产经营活动和产生相应的经济价值。因而，从技术产物的内部属性和经济对象的外部特征来看，数据要素具有技术特性和经济特性两大属性。

5.2.1 技术特性：存在于信息世界的“比特”

1. 虚拟性，数据主要以非实体的形式存在

虚拟性是数据要素的基本特征，其以无形的、非物质形态的方式存在，具有可复制、可共享、可无限扩展的特性。与传统的土地、劳动力等有形要素不同，数据要素没有固定的物质形态，无法像实体物品一样被触摸、感知，而是需要通过计算机、互联网等媒介来访问和使用（李海舰、赵丽，2021）[①]。

2. 非消耗性，数据不会随着使用而耗损

该特性源于数据的虚拟性，不同于传统要素在使用过程中会自然衰减或损耗，数字化形式的数据可以在理论上实现永久存储，其物理性质也不会随着使用而损耗或灭失（许宪春等，2022）[②]。这种特性使得数字化形式的数据成为一种宝贵的资源，具有极大优势，可以在无限的时间内被重复使用，从而提高了其利用率和价值。值得注意的是，虽然数据本身不具备消耗性，但高质量数据的产生和利用却存在一定矛盾，ChatGPT、文小言、Kimi、豆包等高度依赖海量高质量数据训练的大语言模型，其数据利用速度将远超高质量数据的产生速度，或引发数据耗尽问题。

3. 依附性，数据要素的价值创造需要依赖具体应用场景和技术手段

一方面，数据要素需要依托特定应用场景才能发挥价值，不同的应用场景也会激发数据不同的价值。比如个人驾驶数据，对于即时通信平台而言，其价值就明显没有保险业务和智能网联汽车产业的价值高，而对于后两者的价值而言，也体现在不同的层面。

另一方面，数据要素的价值实现必须依靠网络、算法等技术手段。只有通过类似技术，数据才能够被高效地处理、分析和利用，从而将海量的数据转化为有价值的情报和信息。网络技术为数据传输提供了高速度、大容量的通道，而算法技术则能够从海量数据中提取有用的信息，帮助人们更好地理解和分析数据（白永秀、宋丽婷，2021；许宪春等，2022）[③④]。

---

① 李海舰，赵丽．数据成为生产要素：特征、机制与价值形态演进［J］．上海经济研究，2021（8）：48-59.

② 许宪春，张钟文，胡亚茹．数据资产统计与核算问题研究［J］．管理世界，2022，38（2）：2，16-30.

③ 白永秀，宋丽婷．数字经济对经济活动影响的政治经济学分析［J］．兰州大学学报（社会科学版），2021（4）：78-85.

④ 许宪春，张钟文，胡亚茹．数据资产统计与核算问题研究［J］．管理世界，2022，38（2）：16-30.

4. 即时性，数据价值随着时间流逝而发生变化

数据价值会随着时间的流逝而迅速贬值。根据 IBM 的研究成果，绝大多数非结构化数据的价值衰减速度极快，大约有 60% 在短短几毫秒内就迅速降低。实际上，超过一半的数据在生成的瞬间就变得不再具有价值。在所有的数据中，只有极小部分能够通过分析处理转化为有实际应用价值的数据。全球范围内，有 90% 的数据从未经过分析就被闲置。2020 年创建或复制的数据，被保存下来的仅占不到 2% 的比例，并持续保存至 2021 年。这些数据反映出数据时效性和分析处理的重要性，以及当前数据保存和利用方面存在的挑战。值得注意的是，在特定的应用场景中，数据要素的价值生命周期可能异常长久。例如，在医疗健康领域，医药研发和医学研究往往需要依托大量的历史数据作为研究基础，因此数据要素的价值并不必然会随着时间的推移而迅速衰减（吴蔽余、黄丽华，2023）[①]。

5.2.2 经济特性：当“比特”进入经济世界

1. 非竞争性，即数据要素能够被不同主体在多个场景下同时使用

传统的四大生产要素——土地、劳动力、资本和技术，均表现出一定的排他性。具体而言，这些传统要素的价值分配具有明确的界限，如工资对应劳动力、利息对应资本、地租对应土地、利润对应技术，一旦价值被分配，便无法再直接为其他商品提供价值。此外，随着同一要素的持续投入，其边际产量往往呈现递减趋势。然而，数据要素截然不同，其边际复制成本近乎为零，这一特性使得数据在经济发展中能够发挥放大、叠加与倍增的效应。相较于传统要素的竞争性使用限制，即在同一时间点内无法被多个主体同时使用，且其价值在使用后易发生消失或转移，数据要素则展现出显著的优势。数据可以被多个主体同时利用，且其价值并不会因使用而削弱，从而实现了资源的最大化利用与价值的持续增值。

2. 有限排他性，即数据在生成使用过程中可以排除其他主体的使用，但排除其他主体使用的成本较高且需要制度支持

有学者认为，数据生成过程中涉及产品服务的供需双方、第三方平台、网络电信运营商等多个主体，使得数据信息自生成之时起就同时栖息

① 吴蔽余，黄丽华．数据定价的双重维度：从产品价格到资产价值［J］．价格理论与实践，2023（7）：70–75.

于多个不同主体，加之数据资源易于扩散的特点，形成了数据要素使用过程中非排他的客观现状（戴双兴，2020；蔡跃洲、马文君，2021；刘吉超，2021）①②③。也有学者认为数据要素可以具有排他性，尤其是在数据被特定化、个性化并投入实质性劳动进行加工和分析后（姚志刚，2021）④。我们认为，数据要素在数据产权制度设计之下，可以做到一定程度的排他，但数据一旦公开，则很难阻止他人使用或者复制，因此具有有限排他性。

3. 规模经济性，即数据规模越大，其蕴含的价值越多

随着数据要素规模的扩大、数据种类的丰富，数据使用者越多，人们从数据中挖掘的价值越大，数据的价值会呈指数级增加，使用者可以从中挖掘出更多的价值信息（戚聿东、刘欢欢，2020；陈收等，2021）⑤⑥，例如，在大数据分析中，更大规模的数据集可以帮助企业发现潜在的市场趋势、消费者行为模式和产品改进的机会。数据的价值在很大程度上取决于使用者的数量和活跃度。当越来越多的用户参与到数据的生成、分享和利用中时，数据的价值会通过网络效应呈指数级增长。每个新用户的加入不仅增加了数据的量，也通过他们的互动和反馈丰富了数据的内涵，即形成数据要素领域的网络经济性。

4. 强外部性，即数据的使用会对其他经济主体产生影响

具体而言，数据既展现出正外部性，又具备不容忽视的负外部性。在正向方面，数据的收集和使用能够进一步促进数据的积累，形成正向反馈效应和“滚雪球”式的自我强化机制。这不仅能够提高资源配置效率，还能实现经济发展的倍增效应，对整体经济环境具有积极推动作用。然而，在负向方面，数据同样表现出较强的外部性。由于数据信息的外溢性，其他经济主体可能会因此获得经济利益，但这往往未能使数据产权主体获得合理的回报。这种情况可能导致数据有偿使用与“搭便车”行为的并存，进而引发数据鸿

① 戴双兴．数据要素：主要特征、推动效应及发展路径［J］．马克思主义与现实，2020（6）：171-177.

② 蔡跃洲，马文君．数据要素对高质量发展影响与数据流动制约［J］．数量经济技术经济研究，2021，38（3）：64-83.

③ 刘吉超．我国数据要素市场培育的实践探索：成效、问题与应对建议［J］．价格理论与实践，2021（12）：18-22.

④ 姚志刚．数据要素产权界定［J］．合作经济与科技，2021（13）：190-192.

⑤ 戚聿东，刘欢欢．数字经济下数据的生产要素属性及其市场化配置机制研究［J］．经济纵横，2020（11）：2，63-76.

⑥ 陈收，蒲石，方颖，等．数字经济的新规律［J］．管理科学学报，2021，24（8）：36-47.

沟问题，加剧收入差距的扩大。此外，个人隐私泄露、数据滥用等潜在风险也会对个人、企业乃至国家的安全构成威胁。

5. 价值多样性，即数据在不同场景下可以展现出更为多元的价值

与传统要素受到专用性和适用范围等限制不同，数据要素可同时参与到不同生产环节和不同领域的场景应用中，且其价值不会受到信息量大小的限制。以出行数据为例，政府可基于对此类数据的分析，优化城市交通管理模式和基础设施布局，提升城市治理水平；网约车平台可利用数据提升代步车辆的调配效率，获取更高的经济收益；配送业务基于对配送员路径数据的分析，制定更高效的配送路线等。因此，数据在不同行业、不同领域更高频率的使用、更深层次的挖掘，将产生更为多样且更为巨大的价值，进而推动社会福利的整体增长。

5.3 数字经济中数据要素价值的实现

在深入剖析经济逻辑时，我们不难发现，相较于土地、劳动、资本、技术等传统生产要素在创造价值方面的直接性，数据要素的价值实现过程更为复杂和多元化。数据作为一种新型生产要素，在推动生产力进步的同时，不可避免地会对既有的生产关系进行重塑。此外，数据不仅在现实物理世界中产生深远影响，而且在虚拟赛博空间（cyberspace）中发挥着举足轻重的作用。与此同时，数据要素与传统生产要素的结合，不仅能够产生显著的倍增效应，还能够实现要素资源的全局优化。然而，尽管数据要素的价值实现过程复杂多变，但其本质仍然离不开劳动与资本的持续投入。这种投入促使经济系统内部实现“熵减”，即数据要素通过不断降低制度运行成本，进而在经济发展中扮演着提升整体价值的关键角色。这一过程不仅彰显了数据要素在现代经济中的重要作用，也为我们深入理解数据驱动经济增长提供了新的视角和思路。

5.3.1 管理维度：DIKW 框架下的数据要素价值实现

经济学家 Brynjolfsson 等（2016）① 指出，数据创造价值的本质是数据

① Brynjolfsson，Erik，Kristina McElheran. The Rapid Adoption of Data-Driven Decision-Making［J］. American Economic Review，2016（5）：133-139.

驱动管理决策过程的优化。Ackoff 于 1989 年在《从数据到智慧》中提出 DIKW 框架，其中 D 代表数据（Data）、I 代表信息（Information）、K 代表知识（Knowledge）、W 代表智慧（Wisdom）。此后不少学者（Bellinger et al., 2004；Rowley，2007）[①②] 对此框架进行了拓展和完善（见图 5.1）。数据价值在管理决策领域发挥的重要作用在于提供更加有效的管理决策依据（信息、知识）与洞见（智慧）。

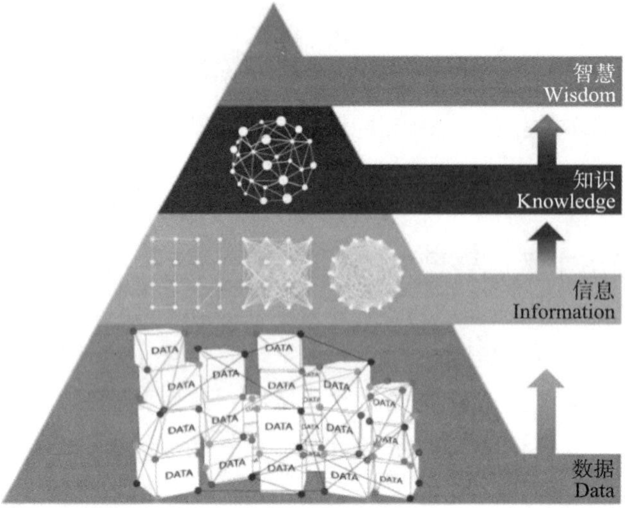

图 5.1　DIKW 框架

第一层级：判断。由数据到信息的过程。数据是一种符号（symbol），是一种记录，具体形式可以是一篇文章、一段声音、一个影像或一张图片。正如国际数据管理协会（DAMA）对数据的界定，“数据是以文字、数字、图形、图像、声音和视频等形式呈现事实”。数据产生于人与人、人与物、人与自然的互动过程，另外，由于物联网技术的广泛应用，物物互动也会产生海量数据。信息的本质是对事件特定性的确定，存在于这个世界对确定性的描述与

---

① Castro D，Bellinger G，Mills A .Data，Information，Knowledge，and Wisdom［C］//European Congress of Rheumatology Eular.BMJ Publishing Group，2004.

② Rowley J. The Wisdom Hierarchy：Representations of the DIKW Hierarchy［J］. Journal of Information Science，2007，33（2）：163–180.

量度（杨蓉，2021）[①]。信息与数据的关系体现在，信息是经过处理的数据，其作用在于消除不确定性，能够回答在什么环境、是什么人、发生了什么事情等问题的事实或细节。比如，“明天会下雨”就是一段信息，通过对湿度、气温、风速等数据的处理，将明天天气变化的不确定性转为具有一定确定性的判断。

第二层级：决策。由数据到信息再到知识的过程。知识是对物质世界、社会环境和经济发展等规律、模式的总结与累积，是基于数据和信息形成的有组织、有体系、有逻辑的解释，并且能够创造新的价值。从数据到信息再到知识，人类认知过程的升华，是从外在体验转化为内在感悟，也是由对客观世界的单纯描述上升为由人类主观批判吸收进而反作用于客观世界的过程。因此，由海量庞杂的数据，形成对世界认知的信息，再转化为改造世界的知识，无一不需要投入相当大的努力与劳动。人类社会的决策活动大体可以分为交易决策和生产决策，前者包括市场交易、管理协调等交易协作中的决策活动；后者包括生产制造、产品开发等生产过程中的决策活动（王超贤等，2022）[②]。交易决策更多依靠信息，生产决策则更多依赖知识。从这个意义上说，数据价值实现的路径就是由数据转化为信息和知识后对决策的支持，也就是说，通过提升不同决策的效率和效果，数据最终得以实现其自身价值。

第三层级：洞见。由数据到信息到知识再到智慧的过程。智慧是对知识的进一步凝练，应对的是未来的不确定性。拥有智慧，意味着可以通过推理，在已有知识的基础上，生成新的知识，做出更优的决策。更通俗地讲，智慧是一种迅速对未知状况形成洞察并做出正确判断的能力。与信息和知识主导的程序化决策不同，智慧作用于非标准且非程序化的决策（安筱鹏，2022）[③]，前者一般是职业经理人的主要职责，而智慧则是优秀企业家的核心能力。从数据到智慧，是人在认知层面从事物之间的联系到运转模式，再到原则、价值观的递进过程。可以简单理解为信息、知识和智慧比数据更高级，是处理过的数据。进一步来说，数据是不守恒的，是可以无限扩张的，而能量是守恒的，因此数据的记录、传输、计算、存储都要受到守恒定律的约束。基于

---

① 杨蓉．从信息安全、数据安全到算法安全——总体国家安全观视角下的网络法律治理［J］．法学评论，2021，39（1）：131-136.

② 王超贤，张伟东，颜蒙．数据越多越好吗——对数据要素报酬性质的跨学科分析［J］．中国工业经济，2022（7）：44-64.

③ 安筱鹏．数字生产力构筑增长新动能［J］．信息化建设，2022（12）：8-11.

数据形成信息、知识、智慧的过程，就是一个从无序到有序，从无用到有用的“减熵”过程，必然要消耗更多能量，当然也能够让人更好地洞悉自然或者社会的变化。

5.3.2 资产维度：价值链视角下的数据要素价值实现

从价值链的视角观察数据要素的价值实现，本质上就是通过一系列技术经济活动与劳动投入，实现数据要素由原始数据资源转化为特定的数据资产（产品），进而实现在数据要素市场和资本市场流通的全过程，主要可以分为四个阶段，即数据要素资源化、数据要素资产化、数据要素市场化、数据要素资本化。

第一阶段：数据要素资源化。上文所述，数据要素具有规模经济的特点，少量数据难以发挥较大的应用价值，因此数据要素价值化的第一阶段就是依法有序进行数据采集整理、数据聚合和数据分析，实现政务数据、企业数据以及个人数据等不同类型数据要素的资源化处理。因此，数据资源化就是对原始数据要素进行“提纯”，通过数据采集、整理、分析等一系列数据处理行为，将静态、无序、混乱的原始数据最终开发为动态、有序、有用、可信、标准化、结构化的高质量数据资源的过程。在数据资源化这一阶段，数据要素尚未展现出在特定应用场景的价值，因此影响数据要素价值的因素除处理成本外，主要体现为数据要素自身的质量。数据资源的潜在价值主要体现在两个方面：一是数据传送的技术手段对生产效率的提升（裴长洪等，2018）[①]；二是数据与劳动、资本等其他生产要素的融合，形成的倍增效应，使数据参与价值创造（黄鹏、陈靓，2021）[②]。

第二阶段：数据要素资产化。数据要素实现价值化的核心在于将高质量的数据资源转化为能够满足特定需求的数据产品，进而形成企业的数据资产。数据资产是指企业拥有或控制，具备潜在经济利益的数据资源，它作为一种价值储藏手段，具有显著的经济属性。因此，并非所有数据资源均可视为数据资产，仅那些具备可控性、可量化以及可变现特性的数据资源方可转化为数据资产。数据产品作为数据要素参与生产过程的产物，是数据资产的重要

① 裴长洪，倪江飞，李越. 数字经济的政治经济学分析［J］. 财贸经济，2018，39（9）：5-22.

② 黄鹏，陈靓. 数字经济全球化下的世界经济运行机制与规则构建：基于要素流动理论的视角［J］. 世界经济研究，2021（3）：3-13.

组成部分，其特点在于能够服务于特定的应用场景。以交通行业为例，数据产品可针对乘用车制造企业推出“机动车数据产品”和“新能源汽车数据产品”等定制化服务，以满足不同需求者的个性化要求。综上所述，数据要素资产化是一个系统性的过程，它基于明确的应用场景和商业目标，通过对数据资源进行深度加工和转化，形成具备预期经济利益且适用于企业内部应用或外部交易的数据产品。在这一阶段，数据要素通过场景赋能获得了更为明确的交换价值，为企业的价值创造和业务拓展提供了有力支撑。

第三阶段：数据要素市场化。数据要素市场化是数据产品向数据商品转化的过程。企业生产出具有使用价值和价值的数据商品，只有在市场上进行流通和交换，才能实现数据价值。在交换过程中，交换价值以价值为基础，以使用价值为表现形式，实现一种使用价值同另一种使用价值之间的比例交换。交换环节，要充分挖掘数据的交换价值，并将交换价值无限放大，以攫取更多数据劳动带来的剩余价值（郝寿义，2020）①。数据要素市场是数据要素产品交易的重要载体，是激发和对接供需双方的纽带。数据要素市场可以是宏观意义上的市场，一般由政府引导建设；也可以是综合性平台或组织，如各地成立的数据资源交易中心等。数据要素市场化，推动数据要素资源及数据要素产品的有序流动。

第四阶段：数据要素资本化。数据要素价值实现的后期是数据资本化。在这一阶段，数据要素被进一步赋予金融属性。数据资本化主要有两种方式，即数据信贷融资与数据证券化。数据资本化是拓展数据价值的途径，其本质是实现数据要素的社会化配置。数据要素资本化的关键在于在市场上用于交换的数据商品的交换价值是否被充分挖掘和无限放大，形成对数据劳动者的劳动成果的无限次重复使用，并生成价值增值（倍增）的数据资本（李海舰、赵丽，2021）②。

5.3.3 要素维度：技术发展语境下的数据要素价值实现

数据自古便是记录现实物理世界的重要手段，然而其价值的飞速增长却源于算力的显著提升与算法的持续优化，尤其是在互联网、电子信息以及人

① 郝寿义. 论信息资本化与中国经济高质量发展［J］. 南开经济研究，2020（6）：23-33，49.

② 李海舰，赵丽. 数据成为生产要素：特征、机制与价值形态演进［J］. 上海经济研究，2021（8）：48-59.

工智能等技术的迅猛发展之下。此外，在要素体系内部，各要素之间的协作性与联动性日益增强，不断发挥要素组合与要素结构的乘数效应和网络效应，从而充分释放数据生产力。因此，数据要素创造价值的本质并非数据本身，而是在新一代信息技术的有力支撑下，通过数据（“比特”）与其他传统要素（“原子”）的深入互动，最终实现价值的创造。就互动模式而言，可以概括为以下三种：

第一种模式：“比特”与“原子”的深度融合，实现价值的显著倍增。在数字化、网络化、智能化浪潮的推动下，数据已经跃升为数字经济时代的关键要素，它广泛渗透于社会经济生活的各个层面，并与劳动、资本、技术等传统要素形成加速叠加与深度融合的态势。这种融合不仅对每个单一要素产生了价值倍增效应和乘数效应，更在整体上推动了社会生产力的跨越式发展。正如《“数据要素 ×”三年行动计划（2024—2026 年）》所强调的，我们应积极实施“数据要素 ×”行动，充分发挥我国超大规模市场、海量数据资源、丰富应用场景等多重优势，推动数据要素与劳动力、资本等要素之间的协同作用。通过数据流的有效引领，促进技术流、资金流、人才流、物资流等要素的优化配置和高效利用，从而突破传统资源要素的束缚，实现全要素生产率的显著提升。这一模式的实施，将有力推动我国经济的高质量发展，提升国家竞争力和可持续发展能力。

第二种模式：“比特”优化“原子”，实现资源的高效配置。在数字经济时代，数据已经深入渗透到人类社会生产生活的各个领域，极大地推动了人类价值创造能力的飞跃发展。网络所承载的数据、从数据中提取的信息以及信息所凝结成的知识，正逐步成为企业制定经营决策的重要引擎、商品服务贸易的崭新内容以及社会全面治理的得力工具，为经济社会带来了前所未有的价值增值（中国信息通信研究院，2019）。数据要素不仅对传统生产要素产生乘数效应，更显著提升了劳动、资本、技术、土地等传统要素之间的资源配置效率，从而对传统要素支撑的经济体系进行了深刻革新和优化。数据要素的崛起，推动了传统生产要素的革命性聚变与裂变，成为驱动经济持续增长的关键动力，引领数字经济时代的繁荣发展。

第三种模式：“比特”替代“原子”，实现投入替代。数据要素与数字技术紧密相连，在数字技术推动传统产业更新迭代、促进产业数字化的进程中，数据要素亦逐步替代劳动、资本等传统要素。例如，移动支付逐渐取代传统的 ATM 和金融机制的营业场所，有效推动了金融服务的便捷化。据波士顿咨询公司（BCG）估算，过去 10 年间，由于互联网和移动支付的广泛普及，中国至少减少了 1 万亿元传统线下支付基础设施建设的投入。政府运用数据搭建数字化平台，实现了政务服务的“一网通办”，有效提升了行政效率，减少了民众办事的烦琐程序，实现了“数据多跑路，百姓少跑路”的目标。同时，各行业也积极利用数据资源，实现精准营销、安全生产和智能匹配，推动了产业升级和创新发展。特别是在新冠疫情期间，数字经济业态如网购、外卖、直播带货等凭借其无接触、精准推送、实时反馈等显著优势，实现了快速发展，为经济社会稳定运行提供了有力支撑。这种模式不仅优化了资源配置，提高了生产效率，也推动了经济社会的高质量发展。

第6章

数据确权：数据属于谁

人们在认识到数据重要性的同时，逐渐意识到数据本身也是一种新型的财富。与传统的物质资源不同，数据具有的可复制性、非竞争性、非排他性和非耗竭性等特点，使得数据资源的利用和分配呈现出独特的经济属性，不仅为经济增长提供了新的动力，也为制度设计提出了新的挑战，尤其是数据相关权益归属问题。

6.1 数据确权的必要性

数据确权对于数据经济的发展至关重要。清晰的产权界定能够促进数据的流通和交易，提高数据的经济价值。同时，确权还能够保护数据主体的权益，避免数据被非法使用或滥用，确保数据安全和隐私保护。

6.1.1 为数据处理者提供创新和生产激励

在确权保障下，数据处理者可以预期其对数据的投资将获得合理的回报，这种预期鼓励了更多的资本和劳动力投入到数据的生产和加工中。在保护知识产权方面，数据确权通过法律手段保护数据处理者的知识产权，防止他人未经授权使用或盗取其数据产品。这种保护机制减少了数据处理者在数据生产过程中的法律风险，增强了他们对数据生产活动的信心和安全感。在促进创新和技术发展上，通过确权可以保护数据处理者的创新成果不被侵犯，鼓励其进行技术创新和研发投入，从而促进新技术和新方法在数据生产中的应用，提高数据生产的整体效率和质量。在增强市场竞争方面，数据确权为数据处理者提供了公平竞争的市场环境。在确权的基础上，数据处理者可以通过提供高质量的数据产品和服务来获得市场份额，这种竞争激励了数据处理者不断提升自身的数据生产能力。

6.1.2 为数据流通提供了必要的法律基础

确权使得数据的所有权、使用权和控制权变得清晰，从而降低了交易双方在数据交易中的风险和不确定性。这种清晰性不仅提高了数据交易的效率，还促进了数据市场的健康发展，为企业和个人提供了更多的商业机会和创新空间。

一方面，数据确权可以减少数据流通的障碍。数据确权明确了数据的权属，消除了数据交易中的模糊地带，减少了因产权不明而产生的法律纠纷。通过降低数据流通障碍，使得数据能够更加顺畅地在不同的主体间转移和共享，从而促进了知识的传播和创新的扩散。

另一方面，数据确权可以降低数据流通成本。数据确权简化了数据交易流程，减少了交易双方在谈判、合同制定和法律审查上的时间和金钱投入。确权还有助于建立标准化的数据交易协议，进一步降低数据流通的成本，使得数据资源能够更加高效地配置和利用。

6.1.3 摆脱“数据孤岛”困境

数据确权在解决“数据孤岛”问题上扮演着至关重要的角色，通过明确数据所有权和使用权，为数据共享和流通奠定基础。这一过程中，数据确权消除了因权属不明确而引发的纠纷，增强了数据提供者和使用者之间的信任，从而鼓励了数据的开放和共享。

此外，数据确权还推动了数据标准化，使得数据能够以统一的格式和标准在不同系统和平台间无缝交换，显著降低了技术障碍，促进了数据的互通有无。确权机制的建立，确保了数据交易的合法性和安全性，为合规的数据共享提供了保障，同时保护了个人隐私和商业秘密。数据确权也是构建有效数据治理体系的基石，支持包括数据分类、质量管理、安全保护在内的全面数据管理，从而维护数据资源的秩序和价值。

最后，数据确权促进了跨部门和跨行业的合作，使得分散在各个孤岛中的数据得以整合，实现资源的优化配置和协同工作，提升了整体数据的利用效率和创造力。

6.2 数据确权的内涵

6.2.1 所有权：确定数据权利的法律视角

一般意义上，“权利”通常被理解为法律概念，指法律赋予个人或法人进行某些行为或者享有某些利益的许可或者能力。就某一特定物品的归属问题，人们自然会将“权利”与物权中的“所有权”联系到一起，即包括对某一物品的占有、使用、收益、处分等。因此，在判断数据相关权利时，数据权利的内容也自然类比物权法上“所有权”的概念，即数据确权，就是对数据的所有权、使用权、收益权、处分权等权能进行界定的过程。

然而，这种法律视角分析成立的前提有两个：一是数据的特性与一般物理世界的物品一致或者类似；二是确定权利归属的法律规范既已存在，即已经就特定利益进行法律上的分配和界定。但就目前对数据从产生到利用过程的观察，数据与物理世界物品存在诸多差异，是否能简单套用物权法上所有权的概念仍有待商榷。同时，因为法律具有天然的滞后性，法律规范的制定需要基于对数据参与经济活动全流程、全领域、全生命周期的综合判断和经验总结，因此在尚未形成法律意义上的授权规范时，数据确权的“权”并不能简单理解为实证法语境下的“所有权”。

6.2.2 产权：经济学视角下的数据确权与权利内容

在经济学领域，数据确权实质上是对数据“产权”的明确界定。产权，作为与资产相关的一系列权利和责任的集合，涵盖了使用权、收益权、转让权和排他性权利等。与法律视角下的“所有权”概念相区别，产权并不以法律规定为必要前提，也不局限于具体物品的归属，只要主体能够对特定标的施加排他性影响，并且能够从中获得经济利益，即可认定其拥有产权。制度经济学语境下，“产权”是“个人和组织的一组受保护的权利，经济活动主体通过如收购、使用、抵押、出租和转让资产的方式，持有或处置某些资产，并占有运用这些资产所产生的收益。当然，这也包括负收益——维护财产的成本，以及因运用财产判断失误而遭受的可能亏损”[①]。因此，产权的范畴比所

① ［澳］柯武刚，［德］史漫飞，［美］贝彼得．制度经济学：财产、竞争、政策（第 2 版）（修订版）［M］．柏克，韩朝华，译．北京：商务印书馆，2018.

有权更广泛，只要数据上存在受法律保护的权利，且这些权利又意味着权利人可以排他处置，并享有由此带来的收益，那么数据产权就形成了。进一步而言，产权视角下的确权方式也更为多样化，不仅包括立法确权，还涵盖了通过合同、技术、市场等途径实现的确权。

产权作为一个跨越经济学和法学的概念，其广义定义包括所有物质性的权利和利益，而狭义定义则不包括相对性的权利，如债权等。在经济学视角中，产权并不仅仅是标明归属关系的概念，而是经济行为主体之间对财产的权利集合，是一组具有排他性和可分割性的权利束。产权利益通过产权主体在财产权利界区内的权能行使来实现。当然，通过权利界定和规则设置，即法律确权手段，产权制度能够降低社会生活的不确定性，并将外部性内部化，使得对行为规制的社会成本得以内化。这样就可以激励财产的维护、改进和流转，避免经济主体间的争端以及在财产保护上的过度投入，从而实现更有效的财富分配。

6.3 数据确权多维路径探索：数据如何确权

从产权视角思考数据确权的问题，数据确权涉及法律、技术、合同、管理和市场等多个层面。为确保数据权益的有效实现，需要构建一个全面的数据确权体系，即以立法确权为基础，以技术确权为保障，以合同确权为补充，以管理确权为辅助，最终以市场确权为应用实现。

6.3.1 立法确权：构建数据产权的法律框架

立法确权是数据确权的基础和保障。通过制定和完善数据确权相关的法律法规，可以明确数据权利的内涵、范围和边界，为数据产权的保护提供法律依据。在国家层面上，应确立数据产权的基本框架，包括数据所有权、使用权、收益权和处分权等。同时，还需要制定数据交易的规则和标准，规范数据市场的秩序，防止数据滥用和侵权行为的发生。

6.3.2 技术确权：利用技术手段保障数据权益

技术确权是通过技术手段实现数据权益的有效保障。利用区块链、加密技术、数字水印等技术手段，可以确保数据的可追溯性、完整性和安全性。通过技术手段实现数据访问控制和使用监控，可以有效防止数据被非法复制、篡改或滥用，保障数据权利的有效执行。此外，技术确权还可以提高数据交易的透明度和可信度，促进数据市场的健康发展。

6.3.3 合同确权：明确数据使用的条件和责任

合同确权是通过数据共享协议、数据许可协议等合同形式来明确数据使用的条件、范围和责任。在数据交易和合作中，通过合同约定来实现数据确权，可以确保数据使用的合法性和合规性。合同确权还可以明确数据主体的权利和义务，规范数据处理活动的行为准则，防止数据泄露和滥用等风险的发生。

6.3.4 管理确权：建立数据资产管理体系

管理确权是通过建立数据资产管理体系来实现数据确权的目标。这个体系包括数据的分类、评估、登记和管理等环节，通过内部管理制度和外部监管机制来确保数据处理活动符合确权要求。通过管理确权，可以建立数据资产的清单和档案，明确数据资产的归属和使用情况，防止数据资产的流失和浪费。同时，管理确权还可以提高数据使用的效率和质量，促进数据的共享和协作。

6.3.5 市场确权：促进数据市场的流通和公平交易

市场确权是通过建立数据交易市场来实现数据确权的目标。数据交易市场可以提供数据交易、评估、定价和仲裁等服务，通过市场机制促进数据流通，同时确保交易的透明性和公平性。市场确权可以激发数据市场的活力，推动数据资源的优化配置和高效利用。此外，市场确权还可以促进数据产业的发展和创新，推动数字经济的繁荣和发展。

6.4 主要国家数据确权发展与趋势

数据作为新的生产要素，其确权体系的建立与完善显得尤为重要。为适应技术日新月异的发展和国际间日益紧密的合作需求，各国纷纷探索数据确权的新路径。

6.4.1 美国：重流通，轻产权

美国在数据确权方面展现了对市场自由和创新驱动的高度重视，通过一系列相关法律来间接保护数据相关的权利和利益。尽管缺乏统一的数据产权

立法，但美国通过综合运用版权法、商业秘密法、合同法和隐私保护法等法律，为数据的保护和利用提供了灵活的法律框架。

1. 版权法在数据保护中的重要作用

美国的版权法在数据保护中发挥着核心作用。该法主要关注作品的创新性和原创性，对于缺乏独创性的数据汇编，如简单的事实信息和数据集合，通常不予以版权保护。然而，若数据的表达形式具备独创性，例如，通过特定软件程序或数据可视化技术呈现的数据，则其特定表现形式可受到版权法的保护。这种保护方式既尊重了数据的创新性，又确保了数据表达形式的合法性。

2. 商业秘密法对数据的商业价值保护

商业秘密法为企业提供了保护具有商业价值的数据的法律途径。企业可将关键数据作为商业秘密加以保护，防止非法获取、使用或披露。这种保护方式特别适用于通过大量投资和努力积累的专有数据和技术信息，有助于维护企业的竞争优势和市场地位。

3. 合同法在规范数据使用中的关键作用

合同法在美国数据确权中也扮演着重要角色。通过合同法，数据的所有者和使用者可以就数据的使用、访问、保护等达成明确协议。通过合同订立，如数据许可协议，能够明确双方的权利和义务，从而规范数据的使用和流通。这种法律机制有助于减少数据纠纷，促进数据交易的顺利进行。

4. 隐私保护法在数据确权中的补充作用

隐私保护法在美国数据确权实践中同样具有重要意义。虽然隐私权并非数据产权，但它对个人信息的收集和使用施加了限制，从而间接影响了数据的确权。例如，加州的《消费者隐私保护法案》赋予了消费者对个人数据的控制权，包括知情权、删除权和选择权等。这些权利有助于保护个人隐私，同时也在一定程度上规范了企业对个人数据的处理和利用。

总体而言，美国的数据确权实践综合运用多个法律的规定，为数据的保护和利用提供了灵活的法律框架。这种实践既促进了数据的自由流动和创新使用，又在一定程度上保护了数据所有者的合法权益和个人隐私。随着数字经济的不断发展，美国的数据确权体系仍在继续演进，以适应新的技术变革和市场需求。

6.4.2 欧盟：重保护，重主权

欧盟在数据确权方面的实践彰显了其对个人隐私和数据主权的坚定立场。

通过构建严谨的法律框架，欧盟致力于规范数据处理，确保个人数据的安全和隐私得到充分保障。

1.《通用数据保护条例》核心作用与个人数据权利保障

作为欧盟数据保护领域的立法基石，《通用数据保护条例》（GDPR）在保障个人数据权利方面发挥了核心作用。该条例赋予个人对其数据的广泛控制权，包括知情权、访问权、更正权、删除权（被遗忘权）以及数据携带权等。这些权利的设立使得个人能够更有效地掌控自身数据，并要求数据处理者遵循透明度、合法性、数据最小化、限制使用、准确性、存储限制和责任性等原则，从而确保个人数据的合法、安全和公正处理。

2. 数据跨境传输限制与数据主权维护

欧盟对数据主权的强调体现在其对数据跨境传输的严格限制上。GDPR规定，个人数据在传输至欧盟以外国家或国际组织时，必须满足特定条件，如确保接收方提供与GDPR相当的数据保护水平。此外，欧盟还通过与第三方国家或地区签订数据保护协议，进一步确保数据传输的安全性。这些措施有效地维护了欧盟的数据主权，防止了数据泄露和滥用风险。

3. 数据生产者权利的探索与平衡

在数据生产者权利方面，欧盟致力于在个人数据权和数据库财产权之间寻找平衡。通过《数据库指令》（Directive 96/9/EC），欧盟保护数据库制作者的投资利益，即使数据库中的数据本身不受版权保护，数据库制作者仍对其数据库的结构和内容享有排他性权利。同时，欧盟也在积极探讨如何在不侵犯个人隐私的前提下，更好地利用非个人数据，以促进创新和经济增长。

总体而言，欧盟的数据确权实践体现了其对个人隐私和数据主权的重视。GDPR的实施不仅深刻影响了欧盟内部的数据处理活动，也对全球数据保护标准产生了重要影响。欧盟的做法展示了其在平衡个人权利和商业利益、促进数据自由流动与确保数据安全之间的努力。随着数字经济的不断发展，欧盟可能会继续完善数据确权体系，以适应新的技术挑战和国际合作需求。

6.4.3 中国：分类保护，创新赋权

2022年12月，中共中央、国务院发布《关于构建数据基础制度更好发挥数据要素作用的意见》（以下简称“数据二十条”）明确指出，要探索数据产权结构性分置制度，建立公共数据、企业数据、个人数据的分类分级确权授权制度，建立数据资源持有权、数据加工使用权、数据产品经营权等分置

的产权运行机制，其中数据分类和权利分置的论述为数据产权界定奠定了政策基础。

1. 数据分类保护

数据分类与保护不仅是技术层面的挑战，更是对法律、伦理和社会责任的考量。中国在这一领域进行了广泛的研究和实践。

认识到数据的多样性和敏感性，在保护个人隐私方面，中国实施了《中华人民共和国个人信息保护法》（以下简称《个人信息保护法》），为个人信息的安全与合法使用提供了法律保障。该法明确了个人信息的收集、处理、存储和传输等环节的合规要求，确保个人信息处理活动的透明性、合法性和最小化，同时尊重和保护个人的意愿和权利。对于非个人数据，如工业数据、交通数据等，虽然不直接涉及个人隐私，但同样受到严格的保护和管理。鼓励数据的开放共享和合理利用，促进数据驱动的创新和经济发展。在遵守数据安全法律法规的前提下，政府和企业可以通过数据共享平台实现非个人数据的共享，推动数据资源的优化配置和高效利用。

在数据保护方面，中国不仅注重个人数据的安全，也强调非个人数据的安全保障。相关法律法规如《中华人民共和国数据安全法》（以下简称《数据安全法》）等为非个人数据的安全提供了法律框架，确保数据在收集、存储、使用和传输过程中的安全。

中国的数据分类与保护实践，为数字经济健康发展提供法律和技术支撑，并随着技术的不断进步和市场的快速变化，持续优化和完善。

2. 数据“三权分置”

中国的数据产权分置制度，作为数字经济时代对数据资源管理和利用需求的创新法律安排，明确划分了数据资源持有权、数据加工使用权以及数据产品经营权，尝试构建起一个兼顾数据流通与权责明确的数据治理架构。

数据资源持有权，即数据原始提供者对其所提供数据享有的基础控制权。这一权利保障数据提供者能够对其数据进行初步的管理与控制，包括但不限于数据的收集、存储和初步处理等。其核心目的在于保护数据提供者的合法权益，防止数据被未经授权的第三方非法获取和使用。

数据加工使用权，是指数据处理者被赋予的对数据进行深入分析、挖掘和增值处理的权利。这一权利鼓励数据处理者利用先进的技术和方法对数据进行深度加工，从而创造新的价值。在行使这一权利时，数据处理者需确保不侵犯数据持有权和其他相关权利，并承担数据安全责任，同时保证数据加工过程的合法性、合规性。

数据产品经营权，允许数据加工者将其加工后的数据产品投入市场进行交易和商业化运作。这一权利的确立为数据产品的市场化提供了法律依据，推动了数据资源的经济价值实现和流通。在行使数据产品经营权时，需遵守市场交易规则，保障交易的公平性和透明性，同时维护消费者的合法权益。

数据产权分置制度不仅有助于激发数据流通和价值创造，而且通过明确各方在数据流通过程中的权利和义务，保障数据生产、流通和消费的规范性和有序性，有利于促进数据资源的合理配置和高效利用。

3. 数据产权登记制度

数据产权登记制度是由政府或授权机构对数据产权进行官方记录和认证的制度安排，主要作用是确立和证明数据资源或数据产品的权属关系，为数据产权的流通、交易和保护提供法律依据和行政手段。通过数据产权登记，可以明确数据资源的持有者、加工使用者和数据产品的经营者等相关权利主体，从而促进数据作为生产要素的开放流动和开发利用。

目前，数据产权登记制度尚未在全国范围内确立实施。《深圳市数据产权登记管理暂行办法》作为我国首部数据产权登记相关规范性法律文件，对数据产权登记的主体、主管机关、登记流程、监督管理、法律责任等内容进行了全面规定，预示着我国数据产权制度探索已启动。

专栏6.1　深圳数据产权登记制度的“五大亮点”

2023年6月15日，深圳市发改委出台《深圳市数据产权登记管理暂行办法》（以下简称《办法》），设立登记申请人及登记主体、登记机构、登记行为、监督与管理、法律责任等7个章节，共34条，对数据产权的首次登记、许可登记、转移登记、变更登记、注销登记和异议登记6种登记类型做出具体规定。《办法》作为我国首部数据产权登记相关规范性法律文件，在探索数据产权确认和促进数据要素流通等方面极具制度创新意义。

一是“全过程”覆盖。《办法》明确数据产权首次登记、许可登记、转移登记、变更登记、注销登记和异议登记6种登记类型，覆盖数据资源或数据产品的从第一次登记、流转到注销的全过程。同时，对每种登记的具体流程和申请材料做出了具体规定。

二是“重市场”作用。《办法》侧重市场需求，推动数据产权登记在数据资产确认、融资抵押等领域应用。数据资产的确权、交易、收益构成了数据价值实现的全过程，其中政府与市场起到了至关重要的作用，而形成数据安全、有序、高效的治理格局更离不开“有效市场”与“有为政府”的共同参与。数据产权制度率先在北京、深圳、浙江等数据交易需求旺盛、大型平台企业等市场主体聚集的省市开展试点探索就是最好的佐证。《办法》规定的登记制度本质上虽属于政府监管手段，但其内核则是通过政府所提供的“确权登记”公共服务，降低市场交易成本，促进数据要素流通。

三是“多规则”衔接。目前，我国已建立《中华人民共和国网络安全法》(以下简称《网络安全法》)、《个人信息保护法》和《数据安全法》三大数据基础性法律，可视为数据法律制度的地基。深圳对数字产权进行制度性探索，意味着目前我国数据确权大方向基本已经确定，数据法律制度大厦进入在地基上搭起“四梁八柱”的关键阶段。《办法》沿循“数据二十条”的数据产权结构性分置思路，对登记主体数据资源持有、数据加工使用和数据产品经营等相关权利做出规定，同时与《网络安全法》《数据安全法》等基础性法律法规进行规则上的衔接。

四是“双路径”兼顾。目前我国数据产权保护制度的立法选择有物权和知识产权保护两种路径。《办法》基于国家发改委构建的是新型物权思路，在数据资源持有权、数据加工使用权、数据产品经营权“三权分置”的基础上，对所有权登记进行制度创新。同时,《办法》兼顾侧重于以数据处理者为保护主体的知识产权保护路径，规定“数据知识产权登记按有关规定执行”，为数据知识产权登记留出制度空间。

五是“新技术”保障。数据资源或数据产品所具有的非竞争性、可复制性等特点，使得数据要素能够释放极大的经济效益，但也令数据在授权、交易和流转过程中难以确定权利和责任归属。区块链具有数据难以篡改的技术特点，能够用于清晰记录数据流动轨迹，可以在数据交易过程中发挥重大作用。《办法》重视区块链等相关技术在登记存证领域的应用，规定“上链”作为登记信息保存的必要条件。

当然，现阶段我国数据产权登记制度由于缺乏数据权属界定的实体法和全国统一的登记程序法规范，因而存在以下主要问题：

一方面，数据产权登记客体尚不清晰。当前全国范围内虽已启动数据产权登记制度的试点工作，然而，在登记客体的界定上，即明确登记对象的具体范畴，尚存显著的差异与混乱。具体而言，各地对于数据产权登记的对象采取了不同的理解与实践，如北京聚焦于数据资产，上海涵盖了数据产品及数据资产，郑州专注于数据产权本身，而贵州则针对数据要素进行登记。这种多元化的登记客体设定，反映了当前数据产权登记制度在标准化和统一化方面亟待完善。

另一方面，数据产权登记效力尚不明确。登记的效力由弱到强依次为证明效力（如著作权登记）、对抗效力（如机动车、船舶、民用航空登记，动产抵押登记，土地承包经营权登记等，能够产生对抗善意第三人的作用）、转让效力或称形成效力（如登记是不动产物权变动的生效要件）。数据产权登记将产生何种效力，还未进行制度上的明确。我们认为，在数据权利缺少上位法规定的前提下，目前对数据产权登记充其量可以被解释成对数据相关权益的事实记录，只能起到一定的证明效用，而之后其效力能否得到加强则需要进一步的制度确认。

6.5　数据确权的未来趋势与展望

随着人工智能、物联网、大数据和云计算等技术的融合与发展，数据确权在数字经济时代的适应性变得尤为复杂和多维。它不仅关系到机器生成数据的归属、数据跨境流通的法律障碍，还涉及智能合约在数据权利执行中的应用，以及数据的可追溯性和透明度。此外，数据确权在全球数据治理中的角色也日益凸显，它对于建立全球数据流通规则、促进国际合作与协调、应对全球数据安全挑战以及支持数据经济发展具有深远影响。同时，数据确权也对企业的合规性、数据资产管理、商业模式创新以及数据安全与隐私保护等方面产生了重要影响。

6.5.1　数据确权对数字经济时代的适应性

数据确权对数字经济时代的适应性是确保数据资源得到有效利用和保护的关键。随着数字经济时代数据量爆炸性增长、数据类型多样化和数据处理智能化，数据确权面临以下几个方面的问题和需求：

（1）机器生成数据的归属问题。数字经济时代的数据确权需要明确机器生成数据的所有权和使用权。随着自动化和智能化技术的发展，机器生成的数据将占据越来越大的比例，如何界定这些数据的权属，确保数据的合法流通和使用，将成为数据确权面临的挑战。

（2）数据跨境流通的法律障碍。数字经济时代的数据确权还需要解决数据跨境流通的法律障碍。数据的全球流通将促进国际合作和创新，但不同国家和地区的数据保护法律差异可能导致数据流通受阻。因此，建立国际间数据流通的法律协调和互认机制，对于促进数据确权的全球适应性至关重要。

（3）智能合约在数据权利实现过程中的应用。数字经济时代的数据确权可以利用智能合约等区块链技术来自动执行数据使用协议，确保数据使用符合确权规定。智能合约能够提高数据交易的透明度和效率，降低监管成本，同时保障数据权利的实现。

（4）数据的可追溯性和透明度。数字经济时代的数据确权还需要强化数据的可追溯性和透明度。随着数据的智能化处理，如何确保数据处理过程中的合规性和道德性，防止数据滥用和隐私泄露，将是数据确权必须考虑的问题。确权机制需要能够追踪数据的来源和流向，确保数据在整个生命周期中的合法性和责任归属。

6.5.2 数据确权在全球数据治理中的重要意义

数据确权在全球数据治理中扮演着至关重要的角色，关系到如何在全球化的背景下平衡数据的自由流动与安全、隐私保护与促进经济发展之间的关系。

（1）全球数据流通规则。数据确权通过明确数据所有者、使用者及其相关主体的权利和义务，有助于在全球范围内建立起一套信任机制，并进一步推动全球统一或兼容的数据流通规则的制定和实施。这些规则不仅涉及技术标准（如数据格式和互操作性协议），还包括法律和政策层面的一致性。例如，欧盟的GDPR为个人数据的确权提供了强有力的保障，进而影响了全球范围内的数据处理实践。

（2）全球数据治理环境。数据确权将推动国际社会在数据治理方面的协调配合，促进不同司法辖区之间的合作，包括但不限于设立跨国界的数据仲裁机制、共享最佳实践以及联合打击网络犯罪等。通过共同的确权标准和法律框架，不同国家和地区可以更好地解决数据治理中的问题，如数据隐私、知识产权保护、网络安全等，从而形成更加和谐的全球数据治理环境。

（3）全球数据安全挑战。数据确权为应对日益复杂的全球性网络安全威胁提供了必要的法律基础。通过明确使用权、访问权限及责任归属，可以有效防止未经授权的数据使用，也可以确保数据的完整性、可用性和机密性。同时，当发生安全事件时，清晰的权利界定有利于快速响应、事后追责以及受害者追索。

（4）全球数字经济发展。数据确权将支持全球数字经济的发展，确保数据权利的合法性和可执行性，激励企业和个人投入数据创新和价值创造。确权机制将有助于激发数据的商业潜力，推动新业务模式和市场的发展。

（5）全球弱势群体保护。在全球数据治理中，数据确权还将关注弱势群体的权益保护。确权不仅涉及大型企业和国家机构，也涉及个人和小规模数据提供者。数据确权尊重和保护这些主体的数据权利，有助于减少数字鸿沟，促进全球范围内的公平正义和包容发展。

6.5.3 数据确权对企业合规与数据资产管理的影响

（1）加强企业数据合规性。随着数据确权法律框架的完善，企业在数据收集、处理、存储和共享等环节将面临更为严格的合规要求。企业必须确保其数据处理活动符合相关法律法规，避免因数据侵权或不当处理而遭受法律责任和经济损失。这将促使企业建立健全的内部数据治理政策，加强对员工的培训和监督，确保数据处理活动的合规性。

（2）明确数据资产边界。数据确权为企业提供了清晰的数据资产边界，有助于企业更好地管理和维护其数据资源。确权机制使得企业能够明确区分自身数据资产与他人数据，避免权属纠纷，同时也为企业数据资产的评估、交易和抵押提供了法律依据。

（3）提升数据资产管理效率。数据确权将推动企业采用更加科学和系统的数据资产管理方法。企业将能够基于确权结果，对数据资产进行分类、分级和价值评估，从而实现数据资源的优化配置和高效利用。此外，确权还有助于企业在数据交易中实现价值最大化，通过数据产品化、数据服务化等途径提升数据资产的经济价值。

（4）创新商业模式。数据确权为企业探索新的商业模式提供了可能。企业可以基于确权后的数据资产，开发新的数据产品和服务，如数据分析、数据可视化、数据驱动的决策支持等，从而开辟新的收入来源。

（5）增强企业竞争力。数据确权有助于企业在激烈的市场竞争中获得优势。通过确权，企业可以确保其数据资产的安全性和独特性，防止竞争对手的不当竞争，同时利用数据资产提升服务质量、优化客户体验和增强市场洞察力。

（6）应对数据安全与隐私保护挑战。数据确权要求企业在数据管理中更加注重数据安全与隐私保护。企业需要采取有效的技术措施和管理措施，确保个人隐私不被侵犯，同时遵守数据保护法规，如欧盟的 GDPR、《中华人民共和国数据安全法》等，以应对可能的法律风险和声誉风险。

第7章 数据资产：数据价值

“数据资产”概念由理查德·彼得斯于1974年提出①。尽管数据资产的概念已存在多年，但其在实际应用中仍面临诸多挑战。不同于传统有形资产和无形资产，数据资产的形态、计量、计价、流通等技术问题尚未得到妥善解决。在国家大力发展数字经济的背景下，解决数据资产化进程中的技术问题显得尤为关键。2023年8月，财政部会计司发布了《企业数据资源相关会计处理暂行规定》，为数据资源的会计处理提供了明确的指导原则，包括适用范围、准则、列示和披露要求，标志着我国数据资产入表从理论探讨发展到了实际操作阶段。

7.1 数据资产概述

7.1.1 数据资产的政策表达

2020年9月，国务院国资委首次从国家部委层面提出了“数据资产”的概念，并在其发布的《关于加快推进国有企业数字化转型工作的通知》中强调了国企数据资产的运营。

2021年11月30日，工业和信息化部发布的《“十四五”大数据产业发展规划》进一步强调了行业数据资产化，并提出要发展数据资产评估、登记结算、交易撮合、争议仲裁等市场运营体系。这一规划为数据资产的市场化运营提供了更为明确的指导。

2022年10月27日，财政部发布的《关于支持深圳探索创新财政政策体系与管理体制的实施意见》中，明确提出“指导深圳研究数据资源相关会计

① Pfterson. A Cross Section Study of the Demand for Money the United States [J]. The Joumal of Finance, 1974, 29 (1): 73–88.

问题。积极推进数据资产管理研究，探索试点公共数据资产确权、估值、管理及市场化利用”，为数据资产的管理和利用提供了更为具体的方向。2022 年 12 月 19 日，中共中央、国务院发布的《关于构建数据基础制度更好发挥数据要素作用的意见》强调探索数据资产入表新模式。

2023 年 8 月 21 日，财政部颁布了《企业数据资源相关会计处理暂行规定》，明确了企业数据资源在内部使用和对外交易两种不同情境下的会计处理方式。具体而言，当数据资源用于企业内部使用时，应将其计入无形资产；而当数据资源用于对外交易时，则应将其计入存货。此外，该规定还强调，数据资产的价值应以其成本作为初始计量依据。这一规定的出台，将推动企业更加重视数据资产的挖掘、开发和利用，进而促进数据经济的发展。

7.1.2 数据资产的定义

数据资产既可能源自企业在生产经营过程中的自然生成，也可通过合法渠道获取。数据资产的价值显著，能够助力企业提升决策效率、优化业务流程、增强市场竞争力，并开拓新的收入来源。数据资产化的过程涉及将数据纳入企业财务报表的资产项，以准确反映其对业务的贡献与真实价值，并推动实现更为科学的管理。

在数据资产构成要件方面，根据财政部颁布的《企业会计准则——基本准则》的相关规定，资产指“企业因过去交易或事项而取得或形成的、由企业拥有或控制，并预期能为企业带来经济利益的资源”。由此，将数据视作资产需符合三项核心条件：首先，数据资产应源于历史交易或事项，并具备可辨识的形态特征；其次，企业需对数据资产拥有明确的产权，实现对其的排他性拥有或控制；最后，数据资产能够为企业带来稳定且可预期的经济利益流入。

数据资产基于其与数据要素密不可分的内在联系，具有以下特点：①可再生性。与传统的物理资产不同，数据资产具有可再生性，即使被使用，也不会减少其存量，反而可通过分析和应用产生更多的数据。②可复制性。数据资产可以无损耗地被复制和传播，使得数据具有广泛的共享和流通潜力。③价值依赖性。数据资产的价值依赖于其分析和应用的能力，以及与其他数据的关联性。孤立的数据往往价值有限，而经过有效整合和分析的数据能够产生更大的价值。④时效性。数据资产的价值往往与其时效性密切相关，及时更新和分析的数据能够更好地反映市场和客户的最新动态。⑤隐私和安全敏感性。由于数据资产可能涉及个人隐私和商业机密，因此其收集、存储、处理和使用过程中需要严格遵守相关的法律法规和伦理标准。

数据资产化的关键在于如何有效地管理和利用这些数据，将其转化为实际的经济价值。随着大数据和人工智能技术的发展，数据资产的管理和应用将变得越来越重要，成为企业核心竞争力的关键组成部分。

7.1.3 数据资产的分类

《企业数据资源相关会计处理暂行规定》依据会计经济利益实现方式，将数据资源明确界定为“企业内部使用的数据资源”与“企业对外交易的数据资源”两大类别。从数据价值链的视角出发，数据资产可进一步细化为资源性数据资产和经营性数据资产两大类别。

1. 数据资源——资源性数据资产

资源性数据资产是指那些经过初步加工处理，具有潜在经济价值，但尚未直接进入市场流通的数据资源。这类数据资产通常包括原始数据、半加工数据以及初步分析的结果。资源性数据资产的特点在于其潜在的转化能力，即通过进一步的加工和分析，可以转化为可流通的数据产品或服务。持有这类数据资产的企业需要关注数据的高效处理、数据规模的扩大、数据质量的提升，以及数据内在价值的增强。例如，企业内部收集的客户信息、交易记录、生产数据等，这些数据在经过清洗、整合和初步分析后，可以为企业提供洞察市场趋势、优化运营决策的依据和支撑。

2. 数据产品——经营性数据资产

经营性数据资产是指已经被加工成可以产生经济利益的数据产品或服务，并且可以在市场中合法合规交易的数据资产。这类数据资产通常是数据资产化过程的最终产出，它们可以直接为企业带来收益，并且通过市场交易揭示数据资产的价值。经营性数据资产的流通和交易有助于形成数据资产的公允价格，推动数据资产估值、定价和交易机制的建立和完善。例如，数据分析报告、消费者行为预测、市场趋势分析等，这些数据产品或服务可以直接出售给其他企业或通过数据交易平台进行交易。

在数据资产的管理和运营中，企业需要对这两类数据资产采取不同的策略。对于资源性数据资产，企业应注重数据的积累和加工，提升数据的质量和可用性；而对于经营性数据资产，企业则应关注数据产品的市场定位、营销策略和交易模式，以实现数据资产的最大化利用和价值转化。通过有效的分类和管理，企业可以更好地挖掘数据资产的潜力，提升数据资产的经济价值，从而在数字经济时代获得竞争优势。

专栏 7.1 数据资产争夺战：硅谷巨头的策略与挑战

在AI技术飞速发展的背景下，数据资产已成为硅谷巨头们竞争的新战场。科技公司为了获取用于AI训练的数据资源，不惜投入巨额资金，这一现象不仅反映了数据资产在现代经济中的重要地位，同时也暴露了数据隐私、安全和合规性方面的挑战。

数据资产的战略价值。硅谷的科技巨头们正在积极收购互联网上的数据版权，以获取丰富的数据资源。图像托管网站Photobucket的旧数据，一度无人问津，现在却成为科技公司争相购买的对象。这些数据被用于训练AI模型，以提升其性能和精确度。科技公司愿意为每张照片支付5美分到1美元，每个视频超过1美元的价格，显示出数据资产在AI训练中的关键作用。

数据隐私与安全挑战。随着数据资产争夺战的加剧，数据隐私和安全问题也日益凸显。AI模型在训练过程中可能会无意中泄露用户的私人信息，如自拍照或私密聊天记录，这不仅侵犯了用户的隐私权，也可能对企业的声誉造成损害。此外，AI模型的输出可能会反映出训练数据中的偏见，引发舆论风波。

合成数据的潜力与挑战。合成数据作为一种新兴的数据资源，具有无限供应的潜力，且不受现有数据版权和隐私问题的限制。然而，合成数据的挑战在于如何确保其质量和多样性，以及如何避免模型自我重复错误，陷入自我加强的循环。科技公司需要在合成数据的生成和使用上找到平衡点，确保数据的真实性和可靠性。

硅谷巨头们的数据资产争夺战，揭示了数据在数字经济中的战略价值，同时也凸显了数据隐私、安全和合规性方面的挑战。科技公司在追求数据资产的同时，必须确保数据的合法合规使用，并采取措施保护用户的隐私权益。此外，探索合成数据等新兴领域，可能为解决数据资源短缺和版权问题提供新的思路。在这个过程中，建立更加完善的数据治理机制，对于促进数据资产的健康发展至关重要。

7.2 数据资产估值

数字经济时代数据资产的估值成为企业关注的重点，合理的估值方法有助于人们更好地理解数据资产的价值，优化资源配置，提高决策效率。

7.2.1 传统资产价值评估方法

在资产评估领域，传统的评估方法包括成本法、收益法和市场法，这些方法各有侧重点，适用于不同类型的资产评估。在数据资产估值中，这些传统方法的应用需要结合数据资产的特性进行适当的调整和创新。

（1）成本法。成本法的基本思想是基于资产的重置成本来评估其价值，即如果现在重新购置或构建一个同样的资产，需要花费多少成本。在数据资产的评估中，成本法考虑的是数据资产的获取、开发、维护等过程中的成本投入。然而，由于数据资产的非实体性和可复制性，其成本与价值之间的关系并不像有形资产那样直接。数据资产的价值往往更多地体现在其内容和应用上，而非其生产成本。因此，成本法在数据资产估值中的应用受到一定限制。

（2）收益法。收益法评估资产的价值是基于其未来能够产生的收益。具体来说，收益法通过预测资产未来能够带来的现金流，并将这些现金流按照一定的折现率折现到现在，从而确定资产的价值。对于数据资产而言，收益法需要评估数据在未来应用中能够带来的经济效益，包括提高效率、增加收入或降低成本等。然而，数据资产的未来收益往往具有不确定性，且难以量化，使得收益法在实践中面临挑战。

（3）市场法。市场法通过比较类似资产的市场交易价格来评估资产价值。这种方法需要一个活跃且成熟的交易市场，以及足够的交易数据作为参考。对于数据资产，市场法要求存在足够的数据产品交易案例，以便进行合理的比较和估值。然而，当前数据资产交易市场尚不成熟，缺乏统一的交易规则和估值标准，这限制了市场法在数据资产估值中的广泛应用。

传统的资产评估方法在数据资产估值中存在局限性，需要结合数据资产的特性进行改进。例如，可以探索将成本法与数据资产的内在价值创造能力相结合，收益法需要更精确地预测数据资产的未来应用收益，而市场法则依赖于数据交易市场的进一步发展和标准化。此外，还需要考虑数据资产的非竞争性、可共享性等特性，发展更为合适的估值模型和方法。

7.2.2 资产评估方法在数据资产估值中的应用

数据资产涵盖数据资源和数据产品两大类别，其中数据产品因其多样性而尤为显著。在评估数据资产时，应全面考虑其固有特性，并深入分析数据产品所处的市场环境等因素。基于数据资产在市场竞争中的定位，以及资产未来收益是否明确，可将其价值分为三类：第一类为市场上已存在同类数据资源或产品，且已形成显著规模或存在差异性竞争，即数据资产可市场化；第二类为市场上从未出现过的数据资源或产品，但企业未来收益较为明确；第三类为并不存在本数据资产的相关市场，且未来收益并不明确。在针对数据资产进行价值评估时，鉴于市场竞争条件的差异，通常会采用不同的定价策略与思路。

（1）数据资产可市场化——市场法。当市场上已存在同类或类似数据产品时，标志着已形成稳固的市场化基础。在此情境下，对于这类数据资产的估值，宜采用传统评估模型中的市场法模型作为参照。具体而言，应通过参考市场上同类数据产品的价格，对比待估值数据资产的异同点，并进行适当的因素修正，以准确把握该类数据资产的内在价值。在操作过程中，应特别寻找与待估值数据资产类似且近期有交易记录的数据产品，深入分析其属性特点与价值指标，并从相似性和差异性两个方面进行综合比较。通过一系列细致的比较与分析，最终确定待估值数据资产的当前合理定价。这种估值方式所确定的数据价值，因其基于市场实际情况，更易被当前市场认可与接受。

（2）数据资产尚未市场化，但收益明确——收益法。针对当前缺乏市场化数据产品作为参照基准的数据资产，鉴于市场条件尚未成熟，难以直接运用市场法进行估值。但在可预见的未来，此类资产如果有望为企业带来显著的收益增长，则可采用收益法作为估值手段。该方法通过对预期收益的精准预测，并全面考量投资、成本、风险等多维度因素，能够揭示数据资产的内在价值，从而实现较为精准的价值评估。对于收益预期较为清晰的数据资产，收益法能够直观地映射出其未来经济回报的潜力，更为真实地反映其经济价值。此外，鉴于数据资产的时效性特征，评估人员应对其收益期限保持清晰的认知，以确保评估结果的准确性和可靠性。

（3）数据资产尚未市场化，且收益不明确——成本法。针对没有市场化的数据产品进行估值参照，且未来收益尚不明确的数据资产，宜采用成本法作为定价依据。此方法基于确定的合理成本，结合可实现的预期收益及市场情况，对数据资产进行综合评估。成本法主要考量数据资产构建过程中涉及的全部直接和间接成本，同时纳入预期使用溢价等因素，以实现对数据资产价值的全面评估。成本法的应用，依托于数据开发成本及期望收益的考量。其中，开发成本通常较为客观可量，而期望收益则是基于对数据资源或数据产品未来市场表现的深入分析与合理预测。在面临同类数据产品稀缺、未来收益不确定性较高的市场条件下，尽管数据资产的成本与其价值、价格之间存在一定的非直接对应性，且成本往往难以全面覆盖，但在当前市场环境下，成本法仍不失为一种实际有效的评估方法。

7.2.3　数据资产估值面临的挑战

在数字化浪潮中，数据资产已成为企业战略资源的重要组成部分，其估值问题日益凸显。传统的资产估值方法在数据资产面前显得力不从心，成本法、收益法和市场法均因数据资产的独特性而受限。数据资产的权属界定模糊，加之技术与市场的不成熟，进一步加剧了估值的复杂性。这些挑战不仅关系到资产的合理定价，更涉及数据的法律地位、隐私保护以及市场交易的安全性和效率。

（1）数据资产的权属问题。数据资产的权属问题是估值面临的一个重大挑战。如果数据产权尚未明确界定，数据资产的所有权、使用权和控制权往往边界模糊，特别是在数据来源多样、经过多方处理和整合的情况下。缺乏明确的确权机制会导致数据资产的法律地位不明确，增加了交易的风险和成本。此外，数据资产的权属问题还涉及个人隐私和数据安全等敏感问题，需要在确保数据资产流通的同时，保护数据主体的合法权益。

（2）技术和市场的不成熟。技术层面上，数据资产的估值依赖于先进的数据分析技术和工具，以准确评估数据的质量和价值。然而，目前相关技术的发展尚不成熟，缺乏统一的技术标准和平台，使得数据资产的评估和估值变得复杂和困难。市场层面上，数据要素市场尚处于发展初期，市场参与者、交易规则、估值模型等都不够完善。缺乏标准化和规范化的市场操作不仅限制了数据资产的流通和交易，也影响了数据资产估值的准确性和可靠性。

为了提高数据资产估值的准确性和效率，需要从法律、技术和市场等方面进行改进和完善，激发数据资产的潜在价值，推动数字经济的发展。

7.3 数据资产作为金融工具的风险

数据资产质押和数据知识产权质押作为一种新型的融资方式，逐渐受到市场关注。这种融资方式允许数据资产的持有者将其数据资产或知识产权作为质押物，从而实现资金流动性。虽然这种方式为数据资产的持有者提供了更多的融资渠道，但同时也伴随着一些风险。

7.3.1 价值评估风险

在数据资产质押和数据知识产权质押的过程中，价值评估风险是最为关键的风险之一。数据资产和知识产权的价值评估面临以下几个方面的挑战：

（1）多维价值因素的评估难度。数据资产和知识产权的价值不仅取决于当前的市场状况，还受到未来潜在应用、技术进步、行业发展等多维因素的影响。评估这些资产的价值需要综合考虑市场需求、技术可行性、行业趋势、竞争环境等维度，这些因素的不确定性和多变性使得价值评估具有很高的复杂性。

（2）缺乏成熟的评估模型和标准。目前，针对数据资产和知识产权的评估尚缺乏成熟的评估模型和行业标准。传统的资产评估方法可能无法直接应用于这些新型资产，需要开发新的评估模型和工具。在缺乏统一标准的情况下，不同的评估机构可能得出不同的评估结果，影响质押融资的可靠性和效率。

（3）受限于数据和知识产权的保护状况。数据资产和知识产权的保护状况直接影响其价值。例如，一项知识产权的专利保护即将到期，或者一项数据资产的独家使用权受到侵犯，这些都可能导致其价值下降。因此，在评估过程中需要对相关的法律保护状况进行详细的分析和判断。

（4）高度依赖专业知识和技能要求。对数据资产和知识产权进行准确评估需要评估人员具备相关的专业知识和技能。评估人员需要了解数据科学、信息技术、行业知识以及法律法规等多个领域的内容。此外，评估人员还需要具备数据分析和处理的能力，才能对数据资产的内容和质量进行准确判断。

（5）缺乏市场参考信息。与传统的有形资产不同，数据资产和知识产权的交易市场相对较新，缺乏足够的历史交易数据和价格信息作为参考。这使得评估人员难以通过市场比较法来确定资产的价值，增加了评估的难度和不确定性。

7.3.2 法律和合规风险

数据资产和知识产权的法律保护在不同国家和地区可能存在差异，导致质押权的执行难度增加。另外，合规性问题，如数据隐私和知识产权侵权，也可能影响质押物的有效性和价值。

（1）不同司法管辖区存在法律差异。数据资产和知识产权的法律保护在不同的国家和地区有着显著的差异。例如，保护期限、范围和执行力度在各国法律中均有不同。这种差异可能导致跨境交易中的法律冲突和合规难题，增加质押权的执行难度和成本。

（2）法律变更的不确定性。法律环境是不断变化的，尤其是在数字经济和知识产权保护领域。新的法律法规可能对数据资产和知识产权的保护提供更强的支持，也可能引入新的限制和要求。法律变更的不确定性可能影响质押物的价值和可执行性。

（3）数据隐私和保护的合规要求。随着数据隐私法规的加强，如欧盟的GDPR，企业在处理个人数据时需要遵守更严格的规定。如果数据资产包含敏感信息，未经妥善处理可能违反数据隐私法规，影响质押物的合规性和价值。

（4）知识产权侵权的法律责任。如果质押的知识产权涉及侵权行为，质押权人可能需要承担法律责任和赔偿损失。即使知识产权在质押时是合法的，后续的使用或管理不善也可能导致侵权风险。

（5）合规性审查的复杂性。合规性审查对于数据资产和知识产权质押至关重要。质押权人需要确保质押物的获取、使用和交易过程符合所有相关法律法规。这一审查过程可能涉及多个法律领域，包括知识产权法、合同法、数据保护法等，增加了合规性审查的复杂性和成本。

（6）法律执行的难度。即便在法律保护健全的情况下，法律执行的难度也是一个重要考虑因素。在数据资产和知识产权的侵权案件中，证据的收集和侵权行为的认定往往具有一定难度，可能影响质押权人实现质押权的效率和效果。

（7）跨国法律执行的挑战。对于涉及跨国交易的数据资产和知识产权质押，法律执行可能面临额外的挑战。不同国家的法律制度、执行力度和国际合作程度可能影响质押权的实现，特别是在处理跨境侵权和违约行为时。

7.3.3 流动性风险

流动性风险是指资产在需要时能否迅速而不影响其价格地转换为现金的风险。对于数据资产质押和数据知识产权质押而言，流动性风险尤为重要，因为这些资产通常不像传统的金融资产那样具有高度的市场流动性。

（1）市场成熟度不足。数据资产和知识产权的市场相对较新，市场参与者数量有限，且市场对这些资产的认知和接受程度不足。这可能导致在尝试出售或转让这些资产时难以找到合适的买家，从而影响资产的流动性。

（2）缺乏标准化的交易机制。标准化的交易机制有助于提高资产的流动性。然而，数据资产和知识产权的交易往往缺乏统一的标准和流程，使得买卖双方难以快速达成交易。这种非标准化的交易环境限制了市场的透明度和效率，增加了流动性风险。

（3）资产存在特异性。数据资产和知识产权往往具有高度的特异性，它们的价值很大程度上取决于特定的应用场景和技术要求。这种特异性使得这些资产在更广泛的市场上难以交易，因为潜在的买家可能需要特定的知识或技术才能利用这些资产。

（4）价值波动性。数据资产和知识产权的价值可能随时间和市场条件的变化而波动。如果市场对某种数据或知识产权的需求下降，或者出现了新的技术替代品，这些资产的价值可能会迅速减少，从而影响其流动性。

（5）交易成本和时间。数据资产和知识产权的交易可能涉及较高的交易成本和时间。评估、谈判和执行交易的过程可能需要专业知识和技能，这不仅增加了交易的时间成本，也可能导致交易的延迟，影响资产的流动性。

（6）信息不对称。数据资产和知识产权的交易双方可能存在信息不对称的问题。卖方可能比买方更了解资产的真实价值和潜在风险，这种信息不对称可能导致市场效率低下，阻碍资产的流动性。

7.3.4 技术风险

技术的快速发展可能导致某些数据资产或知识产权迅速过时，从而降低其价值。另外，技术变革可能导致数据资产的保护措施失效，增加泄露或被非法使用的风险。

（1）受限于技术迭代速度。技术的快速发展和迭代可能导致某些数据资产或知识产权迅速过时。例如，新的数据分析工具或算法的出现可能导致现有的数据集或处理方法失去优势。同样，新的发明或创新可能导致现有的知识产权失去其独特的市场地位。

（2）兼容性和标准化。数据资产的兼容性和标准化问题也可能带来技术风险。如果数据格式或知识产权所依赖的技术标准发生变化，而质押资产未能及时适应这些变化，可能导致其价值降低或失去流通性。

（3）高度取决于技术依赖性。数据资产和知识产权可能高度依赖特定技术平台或系统。如果这些不再被支持或更新，相关的数据资产和知识产权可能难以继续产生价值。

（4）技术实施和维护成本。技术实施和维护成本也可能对数据资产和知识产权的价值产生影响。如果维护一个数据资产或知识产权所需的技术更新和支持成本过高，可能会侵蚀其潜在的经济价值。

（5）技术专业知识的需求。管理和利用数据资产及知识产权需要专业的技术知识。如果缺乏必要的技术支持或专业知识，可能无法充分利用这些资产的潜在价值，甚至可能导致资产的损坏或失效。

（6）技术监管变化。技术监管的变化也可能带来风险。例如，对于人工智能或大数据分析的监管政策变化可能会影响某些数据资产或知识产权的使用方式和范围，从而影响其价值。

第8章
数据交易：数据流通

数据交易是数据供方与需求方之间的价值交换行为，以数据资源和数据产品为核心，并严格遵循双方共同认可的交易规则和定价机制，确保交易的公平性和透明性。在更广泛的视角中，数据交易的概念进一步扩展，涵盖了数据共享、开放、流通及互联等多个层面。数据要素市场化的主要目标是实现数据资源从信息形态向货币价值的转化，进而推动数据从静态的"沉睡"状态转变为活跃的经济要素，为社会经济的繁荣发展注入新的活力。

8.1　数据要素流通的方式

数据流通的方式多种多样，根据不同的数据特性、使用需求和安全要求而各有不同，根据流通模式和应用场景的不同，具体可以分为直接交易与协商、平台化交易、技术服务提供、群体协作与共享、隐私计算 5 种模式。

8.1.1　直接交易与协商模式

直接交易与协商模式是数据流通中最直接、最传统的一种方式。在这种模式下，数据的提供方和需求方通过直接沟通和协商来达成交易。这种方式通常适用于数据具有独特价值、需要定制化服务或者涉及敏感信息的情况。

直接交易（点对点交易）。在这种模式下，数据的买卖双方直接联系，就数据的内容、价格、交付方式、使用权限等条款进行一对一的谈判。这种方式的优点是交易过程灵活，可以根据双方的具体需求和条件进行定制。然而，它也存在一定的局限性，如交易效率可能较低，且对于数据的质量和安全性需要双方自行验证和保障。

数据众筹。数据众筹是一种集体购买数据的模式，多个需求方联合起来共同购买某个数据集或数据服务，以降低单个购买者的成本。这种方式适用于高价值但成本较高的数据产品，通过众筹，小企业和初创公司也能负担得起原本难以承担的数据费用。数据众筹还可以作为一种风险分担机制，降低单一购买者的投资风险。

数据信托。数据信托是一种通过第三方机构管理和运营数据资产的方式。在这种模式下，数据的所有者将数据托管给信托机构，由信托机构负责数据的保值、增值和合规使用。数据信托可以提供专业的数据管理和运营服务，帮助数据所有者实现数据资产的最大化利用，同时确保数据交易的安全性和合规性。这种方式适用于对数据安全性和合规性要求较高的场景，如涉及个人隐私数据的交易。

直接交易与协商模式在当前数据流通中仍然占有重要地位，尤其是在数据具有高度个性化和专业性的情况下。

8.1.2 平台化交易模式

在数字经济时代，平台化交易模式已成为数据流通的关键渠道，它通过构建专门的平台来促进数据的交易和共享，从而提高数据资源的利用效率和价值。

数据交易所。数据交易所是一个集中的、规范化的市场平台，旨在为数据的买卖双方提供一个安全、透明、高效的交易环境。在数据交易所中，数据提供方可将其数据产品进行标准化处理后上架，而数据需求方则可以根据自身需求在平台上搜索、比较并购买相应的数据产品。数据交易所通常配备先进的交易系统和匹配算法，支持多种交易模式，如挂牌交易、竞价交易等。此外，数据交易所还提供法律合规、数据质量评估、交易结算等配套服务，确保交易的合法性和数据的合规性。

数据共享平台。数据共享平台侧重于数据的开放和共享，特别是对于政府公共数据、科研数据等。此类平台通常由政府机构、非营利组织或行业协会运营，其核心目标在于促进数据的社会化利用和创新。数据共享平台为用户提供了一个易于访问和使用的接口，用户可以根据平台规定的使用条款和条件免费或低成本获取数据。这种方式有助于打破“信息孤岛”，促进知识的传播和创新活动的开展。

数据银行。数据银行是一种新兴的数据流通模式，它借鉴了传统银行的存贷机制，允许个人或企业存储、管理和交易其数据资产。在数据银行中，数据所有者可以将自己拥有的数据存入数据银行，并获得相应的数据资产证明。当需要使用数据时，用户可以从数据银行中取出或交换其他数据。数据银行还能提供数据分析、数据加工等增值服务，帮助用户提升数据的价值。此外，数据银行通过专业的数据管理和安全措施，确保数据资产的安全和隐私保护。

平台化交易模式通过提供标准化、规范化的服务，极大地促进了数据的流通和价值发现。这种模式不仅适用于需要广泛参与的市场环境，而且对于推动数据资源的优化配置、激发数据驱动的创新活动以及促进经济社会发展具有重要意义。

8.1.3 技术服务提供模式

技术服务提供模式是数据流通领域中较为先进的形式，它通过运用现代信息技术手段，为数据的需求方提供连续、实时的数据服务。这种模式特别适用于对数据实时性要求高、需要持续数据输入的应用场景，如金融市场监控、智能交通系统、实时物流追踪等。

API 接口服务。API 接口（应用程序编程接口）服务是一种允许用户通过编程方式访问和使用数据的服务模式。数据提供方通过开放 API，使得外部开发者和企业能够直接接入其数据资源，按照既定的接口规范获取数据。这种方式的优势在于其灵活性和可扩展性，用户可以根据自己的需求定制数据请求，实现自动化数据获取和处理。API 接口服务还支持高频次的数据交换，适用于需要实时数据分析和决策的业务。

数据订阅服务。数据订阅服务则是一种用户定期接收更新数据的模式。在这种服务中，数据需求方通过支付周期性费用，获得对特定数据集的持续访问权。数据提供方定期更新数据集，并通过推送或其他机制将最新数据发送给订阅用户。数据订阅服务确保了用户能够及时获取最新的数据信息，支持长期的数据分析和趋势预测。此外，订阅服务还有助于数据提供方建立稳定的收入模式，并能够根据用户反馈持续优化数据产品。

技术服务提供模式通过技术手段实现了数据的高效流通和利用，它不仅提高了数据的可访问性和可用性，还促进了数据驱动的决策和创新。

8.1.4 群体协作与共享模式

群体协作与共享模式，尤其是数据众包，是一种依托于群体智慧和协作精神的数据收集与共享方式。在这种模式下，数据的需求方通过公开征集的方式，动员广泛的个体或组织参与到数据的收集、处理和分析过程中。数据众包不仅能够有效利用分散的资源和知识，还能够以较低的成本快速获得大量的数据，从而实现数据资源的规模化和多样化。

数据众包作为一种群体协作与共享模式，在数据流通领域具有独特的价值和广泛的应用前景。数据众包的应用场景包括：市场调研，企业可以通过众包方式收集消费者意见和市场数据，以支持产品开发和市场策略的制定；地理信息，地图服务和地理信息系统（GIS）可以通过众包收集地理标记、街景照片等数据，以更新地图信息和提升服务质量；科学研究，科研机构可以利用众包收集特定领域的观测数据，加速科学研究的进程；社会治理，政府部门可以通过众包收集社会治理相关的数据，如环境监测、公共安全等数据，以提高治理效率。

8.1.5 隐私计算模式

在数据流通领域，隐私计算作为一种前沿的技术驱动型流通方式，其核心目标是在确保数据隐私和安全性前提下，实现数据的有效分析和利用。该模式通过先进的隐私保护技术，如同态加密、安全多方计算（SMC）、零知识证明等，允许数据在不被直接暴露的情况下进行处理和分析，从而满足对数据隐私和安全要求极高的场景。

隐私计算模式的应用场景包括：金融服务领域，在金融行业，数据隐私计算可以用于信用评分、风险评估等业务，同时保护客户的财务信息和交易数据不被泄露；医疗研究领域，医疗机构和研究人员可以利用数据隐私计算分析患者数据，进行疾病研究和药物开发，而不侵犯患者隐私权；商业智能领域，企业可以使用数据隐私计算技术在不暴露客户数据的情况下，进行市场趋势分析、消费者行为研究等，以制定更精准的商业策略；政府监管领域，政府机构可以通过数据隐私计算技术，在确保公民隐私的前提下，进行社会经济数据分析和公共政策制定。

8.2 数据交易所的发展与作用

数据交易所作为数据交易的专业平台，对于促进数据流通、提高数据交易效率、保障交易安全具有重要作用。数据交易所的发展，有助于提升数据交易的透明度和规范性，能够促进数据产品和服务的创新，为数字经济的发展提供有力的支撑。2020 年 4 月，中共中央、国务院发布了《关于构建更加完善的要素市场化配置体制机制的意见》，该意见明确倡导并支持培育大数据交易市场的建设，以确保数据交易的合法性与规范性。这一指导原则促使全国各地纷纷启动新一轮的数据交易市场构建工作。2021—2022 年，共有 15 家相关机构相继成立。截至 2024 年 6 月，全国已有 80 多个数据交易所及数据交易中心，数据交易市场的基础设施建设得到显著扩展。

8.2.1 建立数据交易所的重要作用

与场外交易相比，数据交易所场内交易的优势在于标准化、透明度高、合规性强、安全性好和流动性高，适合寻求标准化数据产品和服务的交易，在享有交易所提供的监管和安全保障外，保持了交易的灵活性和个性化（见表 8.1）。

表 8.1　数据场内交易与场外交易比较

内容	场内交易	场外交易
监管与合规性	受到数据交易所的监管，必须遵守交易所的规则和相关法律法规，确保交易的合规性	不受特定交易所监管，合规性依赖于双方自行确保，可能面临更高的法律和合规风险
交易透明度	交易信息通常公开，市场参与者可以访问交易数据，提高了市场的透明度	交易信息私密，不对外公开，保护了交易双方的商业秘密和隐私
交易成本	需要支付交易所的手续费和其他相关费用	避免了交易所的费用，但可能需要投入更多资源进行谈判和建立信任
交易灵活性	受到交易所规则的限制，交易条款和产品可能较为标准化	交易条款可以高度定制化，适应复杂的交易需求和特定的业务场景
安全性与信任	交易所提供的安全措施和监管增加了交易的安全性，建立了市场信任	安全性依赖于双方的协议和安全措施，可能需要额外的努力来建立信任
流动性	由于集中的市场环境，流动性通常较高，易于买卖双方快速匹配交易	流动性可能较低，寻找合适的交易对手可能需要更多时间和资源
适用场景	适合寻求标准化、快速交易和希望减少合规风险的市场参与者	适合需要隐私保护、定制化解决方案或特定商业条款的复杂交易

一是提供标准化的数据产品。数据交易所致力于推动数据的标准化处理，确保数据产品达到更高的规范化水平，使其更加易于理解和使用。这一举措将显著降低数据交易成本，并提高数据的可用性和互操作性，从而极大地促进数据的创新利用。

二是促进数据流通与共享。数据交易所作为一个中立的平台，可降低数据买卖双方之间的信任壁垒，进而促进数据资源的流通和共享。通过数据交易所，数据需求方可以更容易地找到所需的数据资源，而数据提供方也能够更广泛地分发和变现其数据资产。

三是激发数据创新与应用。数据交易所鼓励数据提供方通过创新的方式加工和分析数据，开发出新的数据产品和服务。同时，也为数据需求方提供丰富的数据资源，进一步激发他们在各自领域的数据应用创新。

四是建立数据定价与评估机制。数据交易所通过建立科学合理的数据定价和评估机制，帮助市场主体正确评估数据的价值。这不仅有助于数据资源的价值实现，还能够吸引更多的投资和创新活动进入数据领域。

五是提供法律合规保障。数据交易所通过确保所有交易活动合法合规，降低了数据交易的法律风险。这为数据资源的安全流通和创新利用提供了保障，使得市场主体可以更加放心地进行数据交易和合作。

8.2.2 数据交易所的运作机制

数据交易所为数据的买卖双方提供了安全、透明、高效的交易平台，同时确保了交易的合法性和数据的合规性，促进数据资源的流通和价值实现，推动数据要素市场化的发展。

（1）参与主体的引入与认证。数据交易所首先需要吸引和认证各类数据提供方和需求方，包括数据拥有者、数据处理者、数据分析师、企业以及政府机构等。数据交易所会对参与主体进行严格的资质审核，确保其合法性和信誉度。

（2）数据产品的标准化与评估。为了便于交易，数据交易所会推动数据产品的标准化，包括数据格式、质量标准、元数据描述等。同时，数据交易所还会提供数据价值评估服务，帮助确定数据产品的市场价值。

（3）交易平台的搭建与维护。数据交易所提供一个技术平台，支持数据产品的展示、搜索、比较和交易。平台通常具备高效的数据处理能力、安全的交易环境和便捷的用户界面。

（4）交易撮合与执行。数据交易所通过匹配算法和交易规则，撮合买卖双方的交易。交易形式包括直接购买、订阅服务、竞价交易等。数据交易所还会确保交易的顺利执行，包括数据的交付和支付的结算。

（5）法律合规与监管。数据交易所必须遵守所在国家或地区的法律法规，包括数据保护、隐私政策、知识产权等。数据交易所会设立相应的合规监管机制，确保所有交易活动合法合规。

（6）交易后的服务与支持。数据交易所提供交易后的服务与支持，包括技术支持、纠纷解决、数据使用指导等，以确保数据买方能够有效利用购买的数据，同时也保护卖方的权益。

（7）市场发展与创新。数据交易所不断探索新的交易模式和服务，以适应市场需求的变化，包括但不限于开发新的数据产品、推出定制化服务、探索跨境数据交易等。

8.2.3 数据交易所交易数据的典型场景

场景1：金融风控与信贷服务。金融机构通过数据交易所获取企业和个人的信用数据，结合大数据分析和机器学习技术，提高了信贷评估的准确性和效率。例如，一些银行利用交易数据开发了风险模型，实现了对小微企业的精准信贷支持，降低了放贷成本和风险。

场景2：智慧城市与交通管理。城市管理者通过数据交易所获取交通流量、气象信息、公共安全等数据，结合地理信息系统和物联网技术，优化了城市交通管理、应急响应和公共服务。例如，某城市通过分析交通数据，优化了公交线路和信号灯控制，显著减少了交通拥堵。

场景3：医疗健康与疾病预防。医疗机构和研究机构通过数据交易所共享医疗健康数据，促进了疾病模式的研究和预防措施的开发。例如，通过分析患者的医疗记录和生活习惯数据，研究人员发现了新的疾病风险因素，为早期干预和个性化治疗提供了依据。

场景4：零售与消费者洞察。零售企业通过购买消费者行为数据，结合人工智能分析，实现了对消费者偏好的深入理解。可帮助企业个性化营销、优化库存管理和制定定价策略，提高了销售效率和顾客满意度。

场景5：农业与资源管理。农业企业通过数据交易所获取气候数据、土壤数据和作物生长数据，利用数据驱动的决策支持系统，提高了农业生产的精准性和可持续性。例如，通过分析气象数据，农民能够更好地规划灌溉和施肥，减少资源浪费。

场景6：能源与环境监测。能源公司通过交易的环境监测数据，优化了能源分配和消耗。同时，环境监测数据的分析有助于识别污染源，制定更有效的环境保护措施。

8.3 我国数据要素市场化面临的“三重困境”

从2008年开始，全球数据交易市场已初见端倪，出现若干“数据市场”“数据银行”乃至“数据公约”。2015年，贵阳大数据交易所成立，自此，我国各地大数据交易所和交易中心也开始密集布局，以期探索适合我国的数据交易模式。但直到2021年底上海数据交易所挂牌成立，我国数据交易领域仍存在法律制度、市场交易机制和底层技术等困境。

8.3.1 法律制度困境：数据交易和产权等规则尚未确立

2016—2021年，我国陆续颁布《网络安全法》《数据安全法》《个人信息保护法》，划定了国家安全、商业机密、个人隐私“三条红线”，从行为控制角度，对数据处理做出了较为严格的规范。然而，在数据要素市场化方面，我国目前尚未形成统一的数据交易制度和数据权属界定标准，导致数据交易仍存在一定程度上的不确定性。

1. 数据交易制度有待建立

我国尚未出台数据交易和数据应用场景等领域的专门性法律法规，对于哪些数据可以交易、可以处理脱敏后交易或禁止交易，以及交易取得的数据可以应用到哪些场景等一系列问题，并没有明确的法律依据。另外，在新发展形势下，与数据交易相关的数据跨境流动等方面的法律法规也需健全完善。

2. 数据产权边界尚未明确

一是数据权利属性尚无定论。数据权利究竟是属于人格权、物权或知识产权，还是将其视为一种新型财产并制定一套新的权属分配制度，抑或是仅将数据关系视为普通债权债务关系，适用合同法等，这些问题仍在探讨之中。

二是数据权利归属存在争议。数据权利主体究竟是数据产生者（个人、企业、政府）还是数据控制者（企业、政府）尚无定论。

三是数据控制权和使用权权利界限不明。赋予权利主体对数据绝对的控制权会影响数据的开发和利用，导致数据价值难以实现，但如果数据控制者独享使用权，又会引发道德风险和数据安全等问题。

3. 交易监管体系逐步完善，但仍面临一系列挑战

近年来，我国在构建数据交易监管体系方面取得了显著进展，但仍然面临着一些挑战。尽管国家层面已经设立了诸如国家数据局等机构来统筹协调

全国的数据管理工作，并且多个中央部委根据各自职能承担相应的数据安全监管职责，但在具体的数据交易领域，监管机制的细化和落实仍处于发展阶段。目前，我国已有超过22个省市颁布数据条例（包括草案），但主要侧重于数据采集共享、开发应用与安全管理，尚未明确交易监管主体内容。例如，《山东省大数据发展促进条例》中并未提及交易监管内容；《深圳经济特区数据条例》规定数据交易平台“制定数据交易、信息披露、自律监管等规则”，但承担监管职能主体模糊；相比之下，《上海市数据条例》明确了数据交易所为数据交易监管主体，负责“为数据集中交易提供场所与设施，组织和监管数据交易”，尽管如此，其监管仍属于平台自律监管范畴。

8.3.2 市场交易机制困境：定价与供需匹配机制缺失

数据交易能够顺利进行的关键在于存在运转良好的数据要素市场交易机制。然而，目前我国数据交易量远低于预期，在数据定价和数据要素供需匹配上都存在亟待解决的问题。

1. 数据定价难题亟待破解

中国信通院、阿里研究院等机构搭建了数据资产价值的评价指标体系，全国资产管理标准化技术委员会也出台了《电子商务数据资产评价指标体系》（GB/T 37550—2019），但目前数据资产价值评估仍多采用传统的成本法和收益法，具有一定的局限性，且评价标准较为混杂。

在数据从计算原料变为生产资料、可量化的最终数据产品过程中，每个阶段的数据价值不同，不适用于同一种定价机制。同时，由于数据要素存在典型的外部性，对于使用数据的不同类型用户，定价机制应有所区别。例如，开发位置数据平台 Factual 便针对小规模数据提供免费服务，针对大企业客户收取高额服务费，其中便包括 Meta、AT&T 等大企业，但目前国内交易平台尚未实行差别定价机制。

国内外部分数据交易所（中心、平台）定价机制见表 8.2。

表 8.2 国内外部分数据交易所（中心、平台）定价机制

	定价方式	交易机构
静态定价	固定定价	Quandl、Azure、Data plaza
	差别定价	Factual

续表

	定价方式	交易机构
动态定价	自动计价	贵阳大数据交易所、浙江大数据交易中心
	协商定价	上海数据交易所、中关村数海大数据交易平台、长江大数据交易中心、华中大数据交易平台、贵阳大数据交易所、浙江大数据交易中心
	拍卖式定价	上海数据交易所

资料来源：中国信息通信研究院.数据价值化与数据要素市场发展报告（2021年）[R].2021-05。

2. 数据交易市场供需尚不匹配

全国范围内的数据资产交易市场尚未形成。国内各地建立了多个数据交易平台，但规则标准尚未统一。大量数据只躺在数据库或交易平台中，失去了可兑现的商业价值。从深圳视角来看，虽有南方大数据交易中心等相关机构，但尚未成立国家级数据中心和交易所。尤其是面临大量的跨境数据交易需求，亟须在深圳建立国家级交易平台。

部分数据交易平台的体制机制限制了数据供给。根据发起方不同，国内数据交易平台分为政府主导型（上海数据交易所）、产业联盟主导型（中关村大数据产业联盟）、数据服务商主导型（天眼查）和互联网企业主导型（阿里数据服务平台）等类型。很多交易平台很难获得政府公共数据，难以满足市场需求。

8.3.3 底层技术困境：交易活跃程度受限于技术发展

在底层技术上，数据交易主要采用API接口、数据包交易、EXID虚拟标识技术等方式实现，这些技术虽已较为成熟，但存在数据安全隐患。与之相比，以区块链作为底层技术的交易模式具有去中心化、难以篡改、可追溯等特点，将成为数据交易未来发展的重要方向。现阶段，围绕区块链技术集合的身份认证技术和数据计量技术已趋于成熟，但数据存储技术、数据传输技术和监管技术仍存在困境，一定程度上限制了数据交易的活跃度。

1. 数据大规模交易受到数据传输容量限制

链上存储数据技术已经较为成熟，但由于技术特点，上传数据大小受限。

根据GitHub的统计[①]，全球新冠疫情每日更新数据为4002条，大小约500KB；全年约为146万条数据，大小超过150MB，经加密后最高可达到50GB。国际主流应用“比特币”及“以太坊”单个区块容量仅为1~30MB，目前现有数据交易平台单次上传数据一般不超过10MB，难以支撑大规模数据交易。

2. 线上自主交易受隐私计算技术发展制约

隐私计算技术可实现买方“试用”数据，但目前该技术尚未成熟，存在被破解的风险，且部分技术路线核心技术被国外垄断。目前，市场上20余款主流隐私计算产品中，80%在算法与交换协议上存在安全隐患，可能导致数据泄露。上海数据交易所出台数据说明书，但仍无法彻底解决买方“试用”需求。在买方无法获知数据内容的情况下，其在交易所选购数据产品的自主交易难以发生。

3. 数据标识技术尚不足以实现数据全生命周期监管

数据标识技术对数据进行安全标注与识别，实现动态监管，是数据分类分级安全管控的基础。目前该技术处于探索研究阶段，存在适用性和应用成本难兼顾、标记无法跨系统传输和识别等难题。2020—2021年，企业数据泄露事件平均成本已经达到424万美元，数据泄露事件导致的业务损失平均为159万美元，占比为38%，缺乏有效的数据管控技术导致企业参与交易意愿低[②]。

① 资料来源：https：//github.com/CSSEGISandData/COVID-19/tree/master/csse_covid_19_data/csse_covid_19_daily_reports。

② IBM.Cost of a data breach report 2021［R/OL］. Armonk：IBM Corporation,［2021-07-28］. https：//info.techdata.com/rs/946-OMQ-360/images/Cost_of_a_Data_Breach_Report_2021.

叁

技术篇

第9章 区块链

区块链是数字化转型的关键技术，基于其特有的共识机制、去中心化和不可篡改等技术，能够打破信息孤岛、构建信任机制，实现数字内容与数字资产的可信流转，已成为数字经济发展的重要动能。区块链技术经过十几年的发展，已经进入大规模数字经济场景应用阶段，在数字金融、供应链管理、数字政府、数字医疗、数字能源等行业开始广泛应用。当然，区块链应用仍存在诸多问题，比如法律法规缺失、自身技术局限等，在数字经济发展中还有一些难点堵点需要克服。

9.1 比特币与区块链的起源

9.1.1 区块链和比特币之间的关系

区块链技术缘起于一群反主流的技术“发烧友”，由于比特币等各种“币”具有应用和财富效应，因而被大众所关注和认识，但至今仍处于变革迭代过程中。

20 世纪 90 年代，哈伯（Stuart Haber）和斯托尔内塔（Scott Stornetta）发文首次设想了散列化数据链技术[①]。作为一种分布式的账本技术，区块链最早的雏形可追溯到 2008 年。当时一个名为中本聪（Satoshi Nakamoto）的人（或其团队）在 metzdowd.com 网站的“密码学邮件组”发表了一篇文章，主题为《比特币：一种点对点的电子现金系统》，结合散列化数据链和加密技术催生了加密数字货币比特币。这篇文章主要介绍了一种去中心化的存款本技术，即区块链，用于记录比特币交易账目历史。

① Haber S，Stornetta W S .How to Time-Stamp a Digital Document［J］. Journal of Cryptology，1991，3（2）：99-111.

2009年1月3日，中本聪公布了比特币系统的第一个区块——创世区块0，获得首批50个比特币挖矿奖励，世界上第一个区块链数据诞生，比特币系统正式启动。1月9日出现序号为1的区块，并与序号为0的创世区块相连接形成了链，标志着区块链的诞生。

2010年，澳大利亚计算机科学家李尔·克拉克（Lerke Clark）在区块链之上使用了额外的层，有效加强了比特币的安全性和功能，进而创建了智能合约（Smart Contract）。智能合约只要符合一定条件，就会自动执行。

9.1.2 比特币为什么越来越贵

比特币最早的一笔支付案例可以追溯到2010年5月22日，美国佛罗里达州程序员Laszlo Hanyecz用10000枚比特币购买了2块披萨，从此5月22日也成了整个加密社区的披萨节。

比特币的设计初衷是创造一种去中心化的数字货币，供应量的限制是为了模仿稀缺资源如黄金的特性，并确保货币价值的稳定性。中本聪在比特币的白皮书中设定比特币的总供应量上限为2100万枚，这个数字是基于对比特币挖矿奖励减半机制的数学计算得出的。比特币的限量发行是通过一个复杂的算法来实现的，即“挖矿”过程。挖矿需要计算机进行复杂的数学运算，验证交易并寻找满足特定条件的数字签名，这个过程消耗了大量的计算能力和电能。比特币的减半机制是，为保证比特币的总量不会超过2100万枚，每当挖出一定数量的区块，比特币的挖矿难度就会自动递增，矿工获得的比特币奖励会减半，导致挖到比特币的速度减缓，直到所有比特币被挖出。减半事件大约每四年发生一次，随着比特币网络的发展，挖矿难度的增加和奖励的减少，新比特币的产生速度逐渐降低。

从西方经济学角度来看，稀缺性是价值的一个重要来源。比特币的有限性使得它成为一种稀缺的资产，从而具有潜在的价值。相对于不断扩张的经济活动而言，原本设计的比特币去中心化网络并没有相应的可扩展性，以其他法定货币为标价的比特币越来越贵并不意外，但这也反映出比特币价值并不稳定，供给总量也难以随经济的扩张收缩而扩张收缩，根本就不能承担支撑实体经济运转的真实货币功能。

把比特币作为人类历史演进中的一种数字艺术资产无可厚非，但以货币的名义投机炒作比特币无论从理论上还是实践上都是有问题的，就如古代有人把铜钱埋在地下试图增值一样可笑。

9.1.3 区块链奠定基础的 1.0 阶段

比特币网络作为第一个成功的区块链应用，初期主要在小范围内被技术极客和加密货币爱好者使用，区块链进入 1.0 阶段。区块链技术的基础架构、加密算法和共识机制等关键技术得到了初步的验证。

2013 年，有人在比特币社区提出“染色币”（colored coin）的概念，就是利用比特币区块链的特点，将比特币空余字段定义成数据格式，用来代表所持有的其他资产，使得比特币区块链可以支持其他更广泛的应用。在区块链发展早期，比特币代码很容易复制并修改，也就衍生出莱特币、狗狗币等有一定知名度的分叉币。

9.2 区块链技术快速发展壮大的原因

9.2.1 区块链技术概述

根据中国信息通信研究院发布的《区块链白皮书》，区块链（blockchain）是一种由多方共同维护，使用密码学保证传输和访问安全，能够实现数据一致存储、难以篡改、防止抵赖的记账技术，也称为分布式账本技术（distributed ledger technology）。从广义角度来看，区块链是利用块链式数据结构来验证与存储数据、利用分布式节点共识算法来生成和更新数据、利用密码学的方式保证数据传输和访问的安全、利用自动化脚本代码组成的智能合约来编程和操作数据的一种全新的分布式基础架构与计算范式。

可以说，区块链本质上是一种分布式数据库技术，其核心是通过一系列不断增长的数据块（“区块”）来存储信息，这些区块通过加密技术相互链接，并按照时间顺序排列形成一个链条（“链”）。每个区块通常包含一组交易记录，并通过密码学方法与前一个区块链接起来，确保整个链条的数据不可篡改和持久化存储。区块链每个节点都有自己的账本，所有的账本都是相同的，以共识机制保证数据的一致性和可靠性。区块链的每个区块包含了多个交易信息和前一个区块的哈希值。

从技术层面来看，区块链技术并不是一种单一技术，而是多种技术整合的结果，包括密码学、数学、网络科学等。这些技术以特定的方式组合在一起，形成了一种新的去中心化数据记录与存储体系，并给存储数据的区块链打上时间戳，使其形成一个连续的、前后关联的信任的数据系统。[①]

9.2.2 区块链技术的优势特点

区块链具有去中心化、不可篡改、去信任、公开透明、可编程性等突出特点。

第一，去中心化（decentralized）。去中心化是区块链最基本的特征，相较于传统的分布式一致性协议，区块链大多建立在开放网络中（韩璇等，2019）[②]。工作量证明（PoW）等共识机制能有效解决拜占庭将军问题[③]，允许节点数量扩展，在部分节点偏离协议执行甚至实施恶意攻击的情况下，仍能保证一致性。区块链不依赖任何中央处理节点，可以实现数据的分布式记录、存储和更新。由于是去中心化的系统，网络中所有节点都是对等的，大家平等地履行权利和义务、发送和接收网络中的数据，系统中的数据本质上也由全网节点共同维护。

第二，不可篡改（immutable）。区块链结合密码学技术，可以保证交易的可追溯性、不可篡改性、不可否认性和不可伪造性，支持数据安全共享和大规模协同计算，也可实现对用户身份和机密数据的隐私保护，更适用于需要高隐私性和安全性的分布式应用场景中。篡改以工作量证明作为共识算法的区块链的难度及花费都是极大的，区块链的数据稳定性、可靠性极高。

第三，去信任（trustless）。区块链是第一次能够使不相关的人在不需要控制权限的情况下，就某一特定交易或事件的发生达成共识（Castro，1999）。区块链的独特性在于，这些不相关的人不需要相互信任，也不需要依赖中央权威来进行交易，他们只需要在透明且可以随时查看的区块链中进行活动。由于区块链系统中的任意一个节点都包含了完整的区块校验逻辑和信息，任意节点都不需要依赖其他节点完成对交易的确认，即不需要额外地信任其他节点。“去信任”的特性使得节点之间不需要互相公开真实身份便可进行交易，因为任意节点都不需要根据其他节点的真实身份进行交易有效性的判断，而

---

① 资源来源：《腾讯云区块链 TBaaS 产品白皮书》。

② 韩璇，袁勇，王飞跃．区块链安全问题：研究现状与展望［J］．自动化学报，2019，45（1）：206–225.

③ “拜占庭将军问题”延伸到互联网生活中来，其内涵可概括为：在互联网大背景下，当需要与不熟悉的对方进行价值交换活动时，人们如何才能防止不会被其中的恶意破坏者欺骗、迷惑从而做出错误的决策。

是通过区块链系统中公钥体系中的私钥作为交易者的唯一身份标识，交易者只要拥有私钥便可进行区块链上的各种交易，区块链也不会记录交易者和私钥的匹配对应关系，这能有效保护区块链系统中交易者的隐私。

第四，公开透明（transparent）。区块链系统是开放的，除了一些数据直接相关各方的私有信息被加密外，区块链的数据对所有人公开。区块链系统中的每个节点都可以完整观察到系统中所有节点的全部行为，并将这些行为在各个节点进行记录（也就是维护本地账本）。任何人或参与节点都可以通过公开的接口查询区块链数据记录或开发相关应用，所以整个区块链系统信息是高度公开透明的。

第五，可编程性。以太坊（Ethereum）平台上支持的智能合约为区块链增添了可编程属性，将区块链构建成一个可编程的数据共享平台。具有可编程性的区块链高效地解决了传统合约中依赖中介等第三方维系、合约执行成本高的问题，降低了合约参与方违约风险和诚实合约方的经济损失。

9.2.3 区块链技术类型

根据应用场景和设计体系的不同，区块链一般可分为公有链、私有链、联盟链三种。

一是公有链。公有链是一种完全去中心化的区块链，意味着任何人都可以读取公有链上的数据、发送交易，并且有机会参与到共识过程中，即通过挖矿等方式来验证和记录交易，是真正意义上的去中心化区块链。公有链的特点是开放性和透明性，且交易记录对所有参与者公开。比特币和以太坊是两个最著名的公有链例子。

二是私有链。私有链是由某个组织或机构完全控制的区块链，写入权限在一个组织手里，读取权限可能会被限制，可视需求的、有选择性的、对外开放的区块链。私有链的交易速度更快、成本更低，并且可以为组织提供更强的数据隐私保护。私有链通常用于企业内部的数据库管理、审计、供应链管理等场景，也可以用于政府机构的敏感数据管理和共享。

三是联盟链。联盟链是介于公有链和私有链之间的一种区块链类型。它由若干个组织或机构共同参与管理，每个组织或机构控制一个或多个节点，共同记录交易数据。联盟链中的节点通常有与之相对应的实体机构或组织，参与者通过授权加入网络并组成利益相关联盟，共同维护区块链运行。

三种区块链类型各有优势和劣势，需要根据不同的应用场景和需求来选择合适的区块链类型。三种常见区块链的分类如表 9.1 所示。

表 9.1　区块链的分类

类型	特点	例子
公有链	对于新的参与者，网络是开放的； 任何人都可以参与验证，参与共识过程； 任何人都可以读取区块链中的信息数据	比特币、以太坊、企业操作系统/柚子币（EOS）
私有链	新的节点进入由组织控制； 各个区块均由组织控制； 访问权限会受到限制	IBM 超级账本（IBM Hyperledger Fabric）
联盟链	新节点的进入由联盟协商； 各个区块的验证有统一的规则； 访问权限可能是公共的，也可能是限制在某些节点上	区块链 R3 联盟（R3 Consortium）

9.2.4　我国应用联盟链更为广泛的原因

与公有链及私有链相比，联盟链是区块链在我国应用落地的较优选择。

第一，联盟链更符合我国国情。与公有链相比，联盟链定位在有限参与方建立的区块链准入系统，各节点只有授权之后才能加入或退出网络，保证了系统内的去中心化，更符合我国国情。联盟链参与方数量可控，访问权限可能是公共的，保证了公共节点的信息公开透明；也可能是限制在某些节点上，通过加密分区的办法来实现隐私保护。

第二，联盟链便于监管。根据《区块链信息服务管理规定》，区块链信息服务提供者应在国家互联网信息办公室区块链信息服务备案管理系统进行备案，但很多公有链的服务提供者主体不存在（如比特币），导致公有链监管难以实施。尤其是很多以公有链为基础进行的首次币发行（Initial Coin Offering，ICO）行为，更是被我国明令禁止。联盟链无须 Token 作为主要激励机制，且具有高安全与高并发特点，更加契合我国产业和监管部门的需求。

第三，联盟链应用在我国已经非常成熟。以 BAT 为代表，国内多个科技龙头企业已开发了基于自身的联盟链，并能够提供 BaaS 定制化服务。由微众银行及深圳市金融区块链发展促进会（金链盟）开源工作组牵头研发的金融级、国产安全可控的区块链底层平台 FISCO BCOS，已入选成为国家级区块链服务网络（BSN）中的首个国产联盟链底层平台，发展成为最大最活跃的国产开源联盟链生态圈，技术成果已广泛应用于金融、政务、公益等多个领域，成功落地标杆项目超过 500 个。

第四，联盟链在降本增效方面具有显著优势。交易速度是区块链性能的重要指标之一，公有链节点多，吞吐量较低，交易速度存在瓶颈，交易费用也相对较高。与公有链相比，联盟链节点数量有限，验证效率显著高于公有链，不仅能够实现快速交易，降低交易成本，还能够降低区块链的维护成本。

9.2.5 区块链发展的支持政策

近年来，我国高度重视区块链技术及其研发应用。2016 年 10 月，工信部发布《中国区块链技术和应用发展白皮书（2016）》。12 月，国务院发布《“十三五”国家信息化规划》并指出，加强区块链等新技术基础研发和前沿布局。自此之后，国家出台了一系列支持区块链发展的政策，并在多个规划中重点提及区块链战略。

2019 年 10 月，中央政治局就区块链技术发展现状和趋势进行集体学习，习近平总书记强调，把区块链作为核心技术自主创新重要突破口，加快推动区块链技术和产业创新发展。2020 年 1 月，国务院办公厅发布《关于支持国家级新区深化改革创新加快推动高质量发展的指导意见》，明确要加快推动区块链技术和产业创新发展，探索“区块链 +”模式，促进区块链和实体经济深度融合。2020 年 4 月，国家发改委正式将区块链纳入“新基建”，作为信息基础设施的重点之一。据统计，中央及各部委仅 2020 年出台区块链相关政策就达到 60 多部，涉及区块链监管、产业应用等多个方面。

各地政府从实施层面出台了大量支持区块链产业发展的政策，涉及物流、经济、金融、农业、政务等多个领域。广东、江苏、浙江、北京等地出台的区块链政策相对较多，北上广深等地也已成为我国区块链发展最快的地区。汇总网信办发布的境内区块链信息服务备案信息，北京、深圳、上海、杭州、广州 5 个城市的备案总数占比超过 70%。《北京市区块链创新发展行动计划（2020—2022 年）》的主要目标是，把北京初步建设成为具有影响力的区块链科技创新高地、应用示范高地、产业发展高地、创新人才高地，率先形成区块链赋能经济社会发展的“北京方案”。《浙江省新型基础设施建设三年行动计划（2020—2022 年）》更是强调，打造“杭州区块链之都”。

2023 年福布斯发布的全球区块链 50 强榜单中，我国共有 6 家企业上榜，分别是蚂蚁集团、百度、建设银行、工商银行、腾讯和微众银行，区块链技术应用能力近年来已经取得了显著提升[①]。

9.3 区块链已从 2.0 阶段迈向 3.0 阶段

9.3.1 以以太坊为代表的区块链 2.0 探索阶段

以太坊正式发布，象征区块链进入 2.0 时代。随着更多的人希望在比特币协议和网络的基础上可以做更多的事情，区块链网络技术开始进一步发展，主要增加了可以执行智能合约的程序代码，承载的应用场景也从加密货币进一步拓展到加密资产等领域。

比特币价格经历了数次大幅上涨，引发了学术界和理论界的广泛关注，进一步推动了区块链技术的普及。2013 年 11 月，受比特币及染色币的启发，19 岁的维塔利克·布特林（Vitalik Buterin）发表了白皮书《以太坊：下一代智能合约与去中心化应用的平台》，提出创建一个全新的分布式计算开源平台，用户可以在以太坊上构建部署各种智能合约，以太坊网络上任何人都可以通过执行该代码或程序来完成发行通证、金融合约等特定“交易”。2015 年 7 月 30 日，以太坊正式发布，开启区块链 2.0 时代。以太坊自诞生以来，迅速发展成为区块链领域的重要基础设施，这得益于以太坊创新的智能合约功能和强大的开发者社区支持。

首先是智能合约的创新。以太坊的智能合约是一种基于区块链技术的数字化合同，它利用以太坊平台上的计算机程序来执行特定条件下的交易和操作，无须第三方干预。以太坊智能合约的执行过程透明，结果和交易历史都会被记录在区块链上，扩展了区块链的应用范围。

其次是强大的开发者社区。以太坊拥有一个庞大而活跃的开发者社区，意味着大量的开发者和创业公司都在使用以太坊平台来构建新的去中心化应用（DApps）和发行 Token。社区成员不断贡献新的创意和解决方案，推动以太坊技术的创新和发展。

最后是持续的技术升级。以太坊在发展过程中经历了多次重要的升级和分叉，逐步实现了从工作量证明到权益证明（PoS）的转变。

除了以太坊外，私有链、联盟链兴起，标志着区块链技术进入金融、IT

---

① 资料来源：《区块链白皮书（2023 年）》。

等主流领域。Hyperledger Fabric（超级账本）和 R3 联盟也在 2015 年诞生。

Hyperledger Fabric 是一个开源的企业级许可分布式账本技术，由 Linux 基金会在2015年提供支持。Hyperledger Fabric 网络的核心是一个分布式账本，记录网络上所有的交易。Hyperledger Fabric 与其他区块链系统的主要区别在于私有和许可的特性，网络成员需要可信赖的成员服务提供者（MSP）注册。近几年，很多会员企业开始削减对于超级账本的资金支持，或直接退出该合作项目。

2015 年 9 月，区块链 R3 联盟成立，致力于推广区块链技术在金融行业的应用，被称为“全球顶级区块链联盟”。R3 联盟初期成员包括世界上最大的金融机构，如摩根大通、高盛、瑞信、伯克莱、汇丰银行等，以及 IT 巨头如 IBM、微软。R3 联盟的成立和发展，标志着金融行业对区块链技术的认可和积极探索。通过联盟合作，R3 联盟推动区块链技术在金融领域的标准化、互操作性和安全性，以实现更高效、透明的金融服务。经过几年的运营，R3 联盟走下神坛。从企业争抢加入，到高盛等知名企业退出，现在已经陷入资金困局。

9.3.2 大规模场景应用和政策驱动的 3.0 发展阶段

自 2017 年起，业界涌现出很多区块链 3.0 项目。区块链 3.0 阶段是基于应用场景普及驱动的，希望能够构建基础设施、平台、工具及去中心化应用，推动区块链技术更好地应用于各个场景。

伴随智能合约逐步完善，区块链技术获得广泛认知和探索应用。越来越多的企业和政府机构开始认识到区块链技术的潜力，并投入资源进行研发和应用。区块链技术开始在供应链管理、物联网、身份认证、版权保护等诸多行业中得到应用。同时，各国政府开始出台相关的监管政策和合规要求，以引导区块链技术的健康发展。

2018 年 4 月，亚马逊 AWS（网络服务）开始提供 BaaS 服务（Blockchain as a Service,“区块链即服务”）。该服务可以让 AWS 用户利用区块链开源框架，快速地创建和部署区块链网络，用户也就可以专注在区块链应用的业务开发上，不需要花费时间和精力手动设置区块链网络。在云上搭建区块链技术，可以帮助企业简化运营流程，无须专门建设自己的基础设施，服务购买即用，削减了成本。除亚马逊外，微软、IBM、BAT 也争相发布 BaaS，区块链成为大型企业的必争之地。

2019 年 5 月，微软发布了一个去中心化身份网络早期预览版（Identity Overlay Network，ION），任何人都可以使用这个运行在比特币区块链之上的专用公有链创建去中心化的身份标识，来管理他们的公钥基础设施，初步实现了由个人继承比特币完全去中心化的属性。2019 年 6 月，脸书发布加密货币 Libra 项目白皮书。Libra 计划通过锚定美元、英镑、日元等法定货币的价格推出了一款主要用于跨境支付的稳定币，其使命是建立一套简单的、无国界的货币和为数十亿人服务的金融基础设施。2020 年，脸书把数字货币 Libra 项目改名为 Diem 项目并做出技术和模式调整优化，但仍难以取得美国相关监管部门的信任和支持，2021 年不得不将 Diem 项目支付网络运行相关的知识产权和其他资产出售给加州银行，至此预示了脸书加密货币 Libra 与 Diem 项目探索的落幕。

9.4 区块链能否解决信息不对称问题

9.4.1 信息不对称概述

古典经济学认为，信息在市场上是完备和对称的，价格可以凝结所有的市场信息，参与者可以根据市场价格，进行完全信息的理性决策，从而交易市场可以自动实现一般均衡和帕累托最优。但现实社会的信息不完美打破了古典经济学分析框架中“完全信息”的假设，只要有人的地方就存在信息不对称，从而可能导致市场资源配置低效率，甚至市场失灵问题。信息经济学以信息不完全 / 信息不对称这一市场真实现象为重要假设，研究市场信息对经济行为的影响及后果，并提出解决市场失灵、提升资源配置效率的应对之策。信息经济学结合经济人之间的博弈行为，思考经济行为人如何决策与谁做决策的问题，这不仅关系到私人信息和博弈行为，还关乎经济制度的变迁，关乎合约和激励问题。

信息不对称下的信息经济学问题。信息不对称的信息特指并非所有市场参与者都知道的信息，即某些参与者拥有，但另一些参与者不拥有的信息。它可能是某些市场参与者的行动（actions），也可能是知识（knowledges）。不对称信息可能包括：不可观测的行动，即隐藏行动（hidden action）；不可观测的信息（知识），即隐藏信息或知识。信息不对称理论由莫里斯和维克瑞提出，并由阿克尔洛夫、斯宾塞和斯蒂格利茨进一步拓展。他们在交易双方信息不对称的假设之上，建立了一整套经济学理论，解释厂商、工人和消费者的行为，奠定了信息经济学的基础。

一方面，信息不对称性取决于商品种类。一般来说，那些需要在使用一段时间后才能辨别和了解其特性的“经验商品”，比那些在购买时就可以通过触摸、观察来辨别的“搜寻商品”，拥有更多的不对称信息。另一方面，信息的不对称性还取决于信息的获取能力。面对同一事物，不同交易个体可能获得的信息会有所不同。主要源于社会劳动分工和专业化这两个因素。第一，社会劳动分工使不同行业劳动者所掌握的本行业信息平均要多于其他行业劳动者所了解的本行业信息，不同行业劳动者在不同信息领域或不同时期，产生了不同的信息优势和信息劣势。第二，专业化生产的信息差别也导致了不对称信息的存在，专业化使个人在自身专业领域了解更多的专业知识。

9.4.2 区块链如何解决信息不对称问题

信息不对称带来的信息成本是交易成本中最重要的组成部分。商品交换越发达，生产活动越是变成社会的活动，信息成本就越具有交易成本的性质（樊纲，1992）。如科斯所说，过高的交易成本，使得许多潜在交易无法达成。要么由于相互寻找、讨价还价、签订合同的成本太高，使得一些资源无法进入市场交易，只能闲置；要么进入交易市场，却因为信息不对称，形成较高的交易成本，降低了交易达成的效率。科斯认为，交易成本的水平明显会受到技术因素的影响。比如，互联网的出现，使得交易主体可以快速从公开网络中搜集、获取相关的信息，大大降低了交易主体获取信息的成本。对于那些信息搜集费用占比较高的情形，互联网技术无疑降低了交易成本。区块链技术的技术特征能有效缓解交易市场中广泛存在的信息不对称现象，从而降低信息成本、提升资源配置效率。

第一，降低信息不完全下的信息搜寻成本。区块链“不可篡改”的技术特性保证了链上数据的真实可信，从而降低了交易双方搜集交易所需信息的时间成本、金钱成本。

第二，降低信息不完全下的信息传递成本。首先，区块链技术中，每一笔交易完成后，都有矿工将其打包上链，即“链上交易”，从而实现了信息的实时传递，降低了信息传递的时间成本，提升了传递效率。其次，区块链技术的“不可篡改”与“公开透明”特征，使区块链系统内的每一个个体都能及时获取所有的信息，从而解决了传统市场中价格等信息不能及时传递给交易者，无法灵敏反映市场供求状况的问题，降低了信息传递成本，缓解了由于信息不对称导致的市场失灵现象。

第三，降低事前非对称信息下的信息成本。首先，签署合同前，区块链可追溯、不可篡改的技术特征保证了链上数据的真实可靠，确保交易双方所提供信息的真实性，从而避免出现交易市场中的逆向选择现象。其次，链上数据不可篡改的技术特性降低了信息劣势方在交易前对所接收信息的真伪、质量进行甄别的成本。比如，区块链跨境融资平台能避免出现企业重复质押资产的情形；房地产产权区块链系统能避免出现单套房产重复交易的情形。

第四，降低事后非对称信息下的信息成本。首先，签订合同后，区块链系统的智能合约能确保合同在条件达成后自动执行，避免出现单方面违约、收钱后不履行合同等风险。其次，链上数据的公开透明，一定程度上确保了合同执行过程的合规，如沃尔玛食品溯源平台能全程监控食品生产的全流程。

第五，解决公共信任难题。区块链技术中的去中心化、可溯源、不可篡改的技术特性，很大程度上解决了市场中广泛存在的由于信息不对称导致的信任问题。特别是在不存在交易的公共治理、社会公益等场景中，面临的最大难题就是信息透明，难治理、治理成本居高不下的根源就在于公共信任。传统的以中心化为特征的治理系统中，存在一个中心位置的权威方，可能导致出现既是运动员，又是裁判员的情形。区块链有助于解决公共信任难题，应用场景的典型代表是集中治理、公益慈善等问题。

9.5 区块链是公共产品还是私人产品

9.5.1 公共产品和私人产品的区分

区块链技术分布账本本身所涉及的读写权限、隐私保护、共识规则等，以及区块链各参与主体的集体选择、集团治理等，均可纳入公共选择理论的研究范围。按照消费的竞争性和排他性特点，可以把产品分为公共产品、私人产品、公共资源和俱乐部产品（见表 9.2）。

表 9.2 产品分类

排他性 \ 竞争性	是	否
是	私人产品	俱乐部产品
否	公共资源	公共产品

公共产品。公共产品是具有非竞争性和非排他性的产品。非竞争性指消费者消费某种产品时，不影响其他消费者同时从该产品的消费中获益。非排他性是指在产品消费过程中很难把其他消费者排斥在该产品的消费利益范围之外。公共产品的非竞争性和非排他性主要源于产品的不可分割性，一般采用公共提供的方式进行消费。

私人产品。私人产品是同时具有竞争性和排他性的产品。竞争性是指消费者在消费某种产品时会影响其他消费者从该产品中获益。消费者在消费私人产品时，存在利益上的冲突。排他性是指在产品消费中可以通过技术或其他方式，将某些消费者排除在产品的消费利益范围之外。消费者需要为消费这类具有排他性的产品付出更多代价或受到一些条件限制，否则消费者将不能获得该类产品的消费权限。

公共资源和俱乐部产品。理论上，可以按照受益范围将产品分为公共产品和私人产品，但现实生活中很多产品兼具两种产品性质，性质上介于公共产品和私人产品之间。这类产品可以分为两类：一类是具有竞争性而不具有排他性的产品，多属于公共资源；另一类是具有排他性而不具有竞争性的产品，被称为俱乐部产品。公共选择理论代表人物、经济学家布坎南指出，在俱乐部里，每个成员对俱乐部产品有类似偏好，成员自愿形成一种地位平等、资源共享且信息对称的关系，俱乐部成员之间具有非竞争性，但对俱乐部外部成员享受俱乐部产品收益具有排他性。

9.5.2 区块链产品属性

假设区块链点对点、分布式存储面对未知信用环境，为了保障区块链安全性，按照一定规则解答哈希难题产出新的区块，提高试图修改数据的计算成本，同时给予创建有效区块有效激励，这就产生了代表“矿工”贡献的数字通证需求。如果将未知信用环境改变为已知信用环境，对不同信用等级的节点赋予不同读取操作的权限及责任，区块产出也可不必匹配作为激励的数字通证，但必然需求中心化组织和协调，区块链作为点对点、分布式存储系统的自组织、防篡改等完备性一定程度上会受到影响。此外，基于区块链发行通证产品，利用区块链特性使得通证得以安全确认、高效流通和便捷交换，更好服务实体经济发展。正是由于不同信用环境和不同激励方式，区块链和数字通证可被赋予不同产品属性、被不同消费主体所消费和利用。

私有链本质是私人产品。私有链具有竞争性和排他性的特征，由中心企业或组织控制，分布式节点处于企业或组织内部，外部主体不能参与。私有链更多适用于小范围的单一业务场景，可以发行通证，也可以不发行通证。私有链的中心化程度相对较高，业务关系和利益分配比较清晰，基于私有链发行的通证产品，往往属于一种“积分让利”，扩大市场销售、增强用户黏性，是服务私有企业或组织业务发展的手段，而并非私有产权或股份的分享。

联盟链本质是俱乐部产品。联盟链具有排他性而不具有竞争性的特征，它允许一部分可信任的指定节点建立节点共识，参与区块产出，追溯交易信息。联盟链具有较大范围商业应用场景，同样可以发行通证，也可以不发行通证。当前多国央行数字货币探索双重架构，由央行委托商业银行向公众派发法定数字货币，同样具有俱乐部产品特性。

公有链本质是公共产品。公有链具有非竞争性和非排他性特征，是区块链初始模型，参与主体不需要任何批准或授权，可以随时进出，按照统一规则参与区块链治理，需要发行通证激励诚信的参与主体。比特币、以太坊等均属于公有链。公共产品往往需要公共部门提供和维护，然而，当前流行的公有链主要由发起人或重大利益相关者主导维护，维护动机往往在于公有链通证资产升值所带来的财富效应，并非公有链本身所释放更大范围的经济和社会价值。因此，这些公有链通证被一些人包装成颠覆法定货币的数字货币，但又不能担当交易支付媒介、计价记账单位的货币功能。公有链完全“去中心化”是不可能实现的乌托邦理想，良好的治理必然需要有公共治理架构，需要由公共部门或第三方机构参与。

综上所述，当前很多企业或机构搭建的区块链属于私有链，实际上就是利用区块链技术对现有经营业务的一种改善。企业或机构以及个人之间更大范围的业务协同和生态营造，则要搭建具有共同价值认知的联盟链。而在真正承载区块链初衷理想的公有链上，商业应用和模式创新前景不可限量，但作为基础设施的公有链治理仍有较大提升空间。

9.6 区块链在数字经济领域中的应用

区块链技术既在传统领域得到应用，促进传统行业转型升级，也广泛应用于数字经济领域。它具有去中心化、透明性、安全性和不可篡改性等特点，为多个行业带来了创新和变革。以下是区块链在数字经济领域中的应用情况。

9.6.1 数字金融服务

数字经济时代，区块链在形成新的生产关系时，形成了新的生产力数据。链上所有数据都可以成为生产资料，区块链从大量的数据中提取内在关系，挖掘内在关系背后蕴藏的价值，再通过数据交换，产生新的价值。

一是数字资产。由于区块链的去中心化特性，上链数字资产的交易过程无须通过第三方机构，降低了交易成本，提高了交易效率。同时，区块链技术还为数字资产提供了更高的安全性和隐私保护，确保了交易的可靠性和匿名性。

二是支付结算。区块链技术可以显著改进传统的跨境支付系统，解决耗时长、费用高等问题。通过区块链平台，可以实现点对点的支付，绕过中转银行，减少中间环节，从而降低交易成本并加快支付速度。

9.6.2 供应链管理

产品溯源。区块链技术与产品溯源的结合，为确保商品的真实性和提高供应链透明度提供了一种创新的解决方案。区块链溯源需要从供应链的不同环节，如原材料采集、生产制造、产品包装以及运输中转等，进行数据采集。这些数据通过传感器、RFID 等物联网技术收集，并经过哈希算法加密后存储在区块链节点中，确保了数据的实时性、完整性和不可篡改性。区块链技术利用分布式数据库技术存储溯源数据，每个节点都保存有完整的数据副本，增强了数据的可靠性和安全性。同时，通过数据分析，可以了解产品的来源、生命周期和安全性等信息，为消费者提供更为可靠的产品来源信息和供应链管理。此外，还可以有效防止商品造假，由于链上信息不能随意篡改，商品从生产到销售每一个环节的信息都被记录在区块链上，确保了商品的唯一性，从而有效防止了假货信息进入区块链系统。

区块链溯源技术已经应用于食品、药品、汽车等多个领域，为消费者和企业提供了更为可靠的产品来源信息和供应链管理。例如，通过区块链技术，可以追溯食品的生产、加工、运输等各个环节，确保食品的安全和质量。

物流跟踪。区块链技术可以确保物流信息的真实性和不可篡改性，提高物流效率和安全性。区块链技术能够实时记录货物从起始点到目的地的每一个环节，包括发货、运输、仓储、配送等。一旦信息被记录在区块链上，就无法被更改或删除，提高了信息的可信度。在国际贸易中，区块链技术可以简化跨境物流的复杂流程，提高海关清关的效率。通过区块链平台，所有相关的贸易文件和证书可以被安全地存储和共享，减少了交易时间和潜在的纠纷。

典型案例介绍：沃尔玛食品溯源平台。

2018 年沃尔玛同雀巢公司、都乐食品公司、Driscoll’s公司、金州食品公司、克罗格公司和联合利华等公司建立了合作关系，构建了 Food Trust Blockchain，希望能够通过使用统一的分布式平台，在世界范围内追踪各自食品供应。除食品外，沃尔玛还采用区块链技术为超市内药品和医疗用品的分销开启了溯源系统。

沃尔玛认为区块链技术很适合分散式食品供应生态系统，并和 IBM 合作运行了食品追溯的超级账本，通过两个项目进行测试（见图 9.1）：一个是追踪沃尔玛美国门店销售的杧果，另一个是追踪中国门店销售的猪肉。基于为这两类产品建立的区块链超级账本食品追溯系统，并允许在区块链上上传真伪证书，提高了链条信任度。测试团队在超市购买杧果片，并让相关人员了解杧果来自哪个农场，传统情况下，通过和分销商、供应商等沟通，测试团队在 7 天内得到了答案；但超级账本食品追溯系统只需要 2.2 秒就可以了解相关信息。

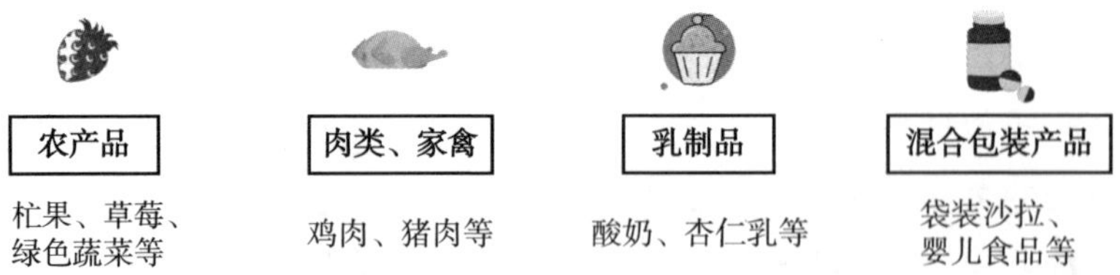

图 9.1　沃尔玛区块链分布式账本应用场景

在看到食品溯源系统的效果之后，沃尔玛迅速扩大系统的适用范围。2020 年 6 月，沃尔玛基于 VeChain、ToolChain 平台技术架构，搭建了自有的山姆区块链可追溯平台，鲜猪肉、鸡肉、蔬菜、干货等20多个品类商品均已纳入山姆区块链可追溯平台。

9.6.3 数字政府

区块链技术与数字政府的结合是推动政府治理现代化的重要途径。通过区块链技术，可以提高政府服务的效率和透明度，增强政府与公民之间的互动和信任。

一是政务数据共享与安全。区块链技术可以构建一个安全、可靠的政务数据共享平台。通过区块链，不同政府部门之间可以实现数据的安全共享，不用担心数据被篡改或泄露。这种机制有助于打破信息孤岛，提高政府服务的效率和质量。

二是身份认证与电子签名。区块链可以提供更为安全可靠的身份认证服务。公民的身份信息可以存储在区块链上，通过智能合约和数字签名技术，公民可以方便地进行在线办事和电子签名，简化了办事流程，提高了办事效率。

三是公共资源交易与管理。区块链技术可以应用于公共资源的交易和管理，如土地登记、政府采购等。通过区块链平台，可以实现交易过程的透明化和可追溯性，减少腐败和提高资源配置的效率。

四是监管合规与审计。区块链技术可以帮助政府更有效地进行监管合规和审计工作。由于区块链上的数据不可篡改，政府监管部门可以实时监控和审计企业的经营活动，确保合规性，同时也可以提高监管的透明度。

五是智慧城市建设。在智慧城市建设中，区块链技术可以用于城市管理、交通、环保等多个方面。例如，通过区块链技术，可以实现智能设备的互联互通，提高城市管理的智能化水平。

典型案例：深圳区块链电子发票。

区块链电子发票利用区块链去中心化、共识机制、防篡改可追溯、非对称加密等技术特点，实现“资金流、发票流”二流合一，将发票开具与线上支付相结合，打通了发票申领、开票、报销和报税全流程①，解决了传统电子发票中的痛点问题，提供了全新的电子发票标准。

2018年5月24日，国家税务总局、深圳市税务局和腾讯公司共同成立

① 资料来源：《2019腾讯区块链白皮书》。

“智税”创新实验室，以解决区块链电子发票的技术问题。2018 年 8 月 10 日，由腾讯提供底层技术支持的全国首张区块链电子发票在深圳国贸餐厅开出，深圳市成为全国首个区块链电子发票试点城市。此后，区块链电子发票相继在深圳市招商银行、平安银行、沃尔玛门店、国大药房和微信支付商户平台开通。

9.6.4 数字医疗

区块链能够解决医疗行业中的一些关键问题，如数据安全、隐私保护、医疗记录的完整性和可追溯性等。患者的关键健康信息可以被加密并存储在区块链上，只有在患者授权的情况下，医疗服务提供者才能访问这些信息。这种方式不仅保护了患者的隐私，还促进了医疗机构之间的数据共享。

区块链可以实现电子健康记录（EHR）的管理。区块链可以为电子健康记录提供一个安全、可靠的存储和共享平台。通过区块链，患者的医疗历史、诊断结果、治疗计划等信息可以得到有效管理，并且可以在不同的医疗机构之间实现无缝共享，提高医疗服务的效率和质量。

区块链还可以提供药品供应链的追溯与管理。区块链技术可以用于药品的供应链管理，确保药品从生产到分销的每个环节都可追溯。这有助于打击假药流通，保障药品质量，同时也能提高药品供应链的透明度和效率。

典型案例：美国 FDA 药品供应链试点。

2019 年 3 月，在美国联邦政府的协调下，行业领袖默克制药、沃尔玛与 IBM 和毕马威合作，参与了 DSCSA 第 582（j）条[①]下的试点项目计划，以塑造和定义药品贸易伙伴之间的交互能力，制定促进药品供应链安全的解决方案。美国 FDA 试点的区块链药品供应链项目建立了一个联盟链系统，其节点包括药品批发商、药品分销商、药品零售商等。该系统构建了一个电子化的、可交互操作的网络，通过药品的物理产品标识符和相应的电子记录来跟踪药品的流通情况。

该项目在 IBM 云上基于超级账本搭建了一个联盟链系统，如图 9.2 所示，该系统的架构包含五部分，分别是“L1：IBM Food Trust™ 平台层”“L2：IBM Food Trust™ 解决方案层”“L3：Pharma DSCSA API 扩展层”“L4：Date Load Mechanisms”“L5：Web 应用程序层”。其中，“L5：Web 应用程序层”

---

① 第582（j）条主要说明要建立一个或多个加强药品供应链安全的试点项目，并在产品标识、技术能力等方面对试点项目提出要求。

主要包括事件操作、产品安全和药物来源三个界面。

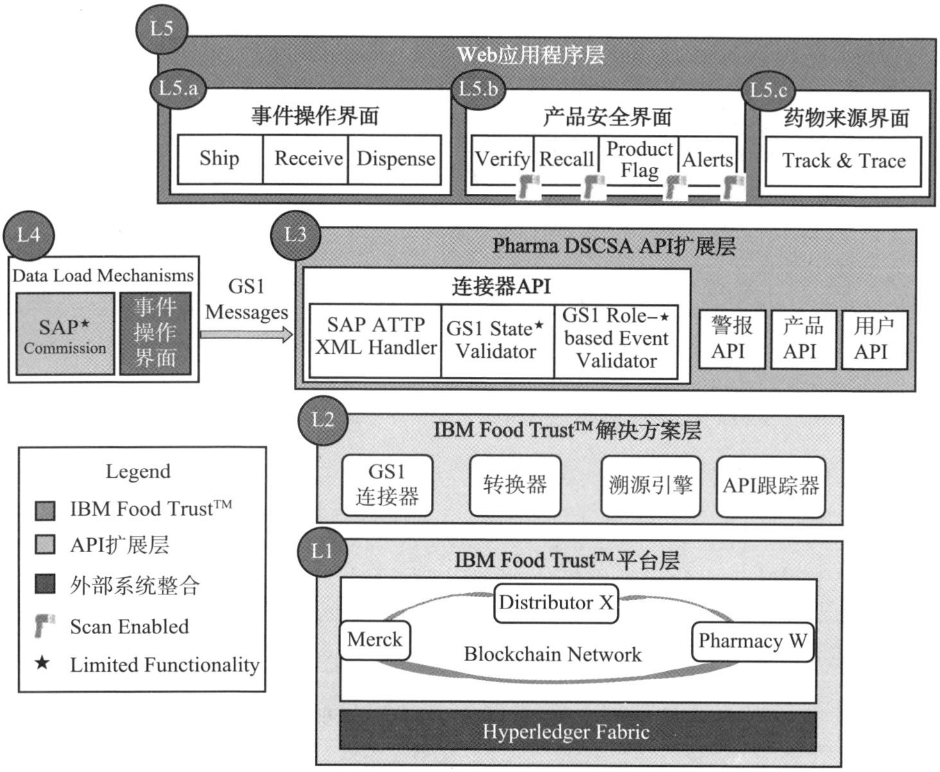

图 9.2　美国 FDA 药品供应链解决方案架构

9.6.5　能源行业

能源溯源与认证。区块链技术可以实现能源溯源，确保能源的来源和传输过程的透明性。区块链还可用于可再生能源的认证和交易，确保数据的真实性和可追溯性。

绿电交易与认证。区块链技术可以用于跟踪和验证绿色能源的来源和使用情况，确保绿电交易的透明度和真实性。通过区块链平台，可以创建不可篡改的能源生产和消费记录，从而为绿色能源提供可靠的认证。

电碳融合与市场监管。区块链技术可以促进电力市场和碳市场的融合，通过智能合约自动执行交易和监管政策，提高碳资产管理的效率和市场活跃度。此外，区块链技术还可以为用户征信查询和客观评价提供真实数据，增强市场监管的可信度。

9.7 区块链发展面临的难点

9.7.1 技术成熟度和稳定性有待提高

相较于传统技术，区块链技术成熟度和系统稳定性方面仍有待提高。很多区块链系统交易速度相对较慢，难以满足大规模商业应用的需求，需要通过技术创新和优化来解决堵点，提高区块链系统的性能和可扩展性。随着网络参与者的增加和交易量的增长，如何确保区块链网络能够有效处理大量的交易和数据，是一个亟待解决的问题。

9.7.2 监管和合规性需要加强

一是区块链监管体系不成熟，不利于区块链产业和数字经济的整体发展。目前世界各国并未产生最优或最好的区块链监管经验，各国监管政策的不一致不利于区块链技术在世界范围内的交流与合作。

二是区块链技术在数字经济监管中存在一定的监管漏洞。区块链技术具有分布式、保密性好和低成本的特点，监管部门在数字经济交易过程中很难监控到实名客户和资金流向，犯罪分子非常容易利用这一点实施非法交易，增加了区块链在数字经济应用中的安全隐患。许多交易体系中服务提供商和用户均为匿名，使得不法分子易于掩盖资金来源和投向，为诈骗、洗钱、偷税漏税等非法行为提供了便利。区块链技术的智能合约本身不构成协议，因此执行需要将计算机交易与自然语言合同进行合法联结。当规则本身的合法性和公平性存在问题时，区块链技术智能合约会存在自动执行的价值偏离风险，产生系统性操作风险。整体来看，区块链技术和数字经济仍处于发展阶段，要适应当前行业和经济形态的新变化，监管政策也要随技术发展及时完善更新。

9.7.3 数字经济领域应用存在难度

一是缺乏可规模化推广的区块链典型创新应用。目前，区块链技术应用已经延伸到数字金融、物联网、智能制造、供应链金融、数字资产交易等多个数字经济领域，但由于涉及场景复杂，且区块链技术成熟度存在限制，仍缺少可规模化推广的典型创新应用。

二是区块链与其他数字技术融合创新存在难度。新型基础设施是数字经济发展的基础，区块链作为其中的重要组成部分，与其他数字技术融合创新是推动数字经济高质量发展的关键。但是目前各项技术还处于不断探索的阶段，只能实现小部分功能的融合，在深度融合方面存在困难。

9.8 推动区块链进一步发展

区块链作为数字加密、分布式账本、博弈算法、激励设计等众多技术和思想的集合体，起始于技术的发烧友和理想的乌托邦，吸引了大量怀揣财富梦想的投机者涌入，也带来诈骗、洗钱、传销、赌博等社会问题和金融问题。然而，技术是中性的，财富梦想也是技术演进的一种动力，关键是要引导技术为善而不是为恶，支持其解决现实问题和创新商业模式，唯有有效服务别人才能最终成就自己。当然，也要允许一些发烧友小圈子所谓的“不务正业”，不应对所有“新玩意儿”都一禁了之。谁能想到当年那个搞游戏显卡的英伟达，如今成了 AI 芯片的霸主。

未来要让区块链释放我国数字经济发展的更大能量，需要重点做好两个方面的工作：第一，开源开放是当今世界前沿科技生态发展加快技术孵化、海选尖端人才、抢占市场份额、扩大战略空间的重要趋势，特别是高度技术集成、高度模式创新的区块链领域，更加需要以开源链接生态众力，打通技术、业务和价值之间的界限，构建区块链科技与产业协同共生、集群发展的全新格局。第二，发挥我国区块链业务应用场景丰富优势，支持区块链技术为企业经营、市场建设、社会管理等经济社会发展赋能，以应用场景与应用实践牵引区块链技术与规范标准的实质性发展。

第10章 人工智能

近年来，人工智能大模型实现重大技术突破，成为各大媒体争相报道的热门话题和各行各业发展布局的热点领域。

10.1 人工智能奇幻之旅：从科幻到现实

20 世纪 50 年代至今，人工智能已经走过了一个漫长的发展历程。在每个阶段，都有一些里程碑事件和关键人物产生，成为推动人工智能发展的重要力量。

10.1.1 人工智能的早期探索

人工智能的起源可追溯到阿兰·图灵（Alan Turing）在 1936 年发表的《论可计算数及其在判定问题中的应用》。随着克劳德·香农（Claude Shannon）在 1950 年提出计算机博弈，以及图灵在 1954 年提出“图灵测试”，让机器产生智能这一想法开始进入人们的视野。

1956 年 8 月 31 日，任教于达特茅斯学院的约翰·麦卡锡（John McCarthy）召集了一个名为“达特茅斯夏季人工智能研究计划”的小型重量级研讨会，史称“达特茅斯会议”，人工智能（Artificial Intelligence，AI）概念在这次会议上正式诞生。早期的 AI 研究集中在符号主义，即通过符号处理来模拟人类智能。这一时期的 AI 研究侧重于逻辑推理、知识表示和问题解决。

1957 年，心理学家弗兰克·罗森布拉特（Frank Rosenblatt）发明了“感知机”（perceptron）神经网络模型，在 IBM-704 计算机上模拟实现，这也是第一个可以学习的神经网络模型。感知机模型引出了人工智能和机器学习的概念，并在计算机科学、神经科学领域产生了深远影响。

10.1.2 人工智能的低谷与复兴

人工智能发展初期就取得了突破性进展，直接提升了学术界对人工智能的期望，但由于算力和理论都比较匮乏，很多预测的目标都很难实现。20 世纪 60 年代末至 70 年代初，人工智能进入了反思发展期。这一时期，尽管人工智能取得了一些成果，但同时也遇到了更多的挑战和限制，进入了一段低谷期。

随着神经网络和专家系统等研究的快速发展，人工智能再次迎来复兴。哈佛大学的保罗·沃伯斯（Paul Werbos）于 1974 年在博士论文中首次提出了通过误差的反向传播（BP）来训练人工神经网络，Rumelhart 和 McClelland 在 1986 年的研究进一步加强了神经网络代表的连接主义观点，标志着 AI 进入了“连接主义时代”。

专家系统是人工智能黄金时代的另一个重要产物。专家系统基于从专家那里获得的知识，能够表达和推理某些知识领域，能够运用知识和推理来解决一些只有专家才能解决的复杂问题。专家系统是深度学习和机器学习系统的前身，DENDRAL 和 MYCIN 这两个典型系统证实了 AI 在模拟人类专家知识方面的应用潜力。MYCIN 系统能够诊断某些类型的血液感染和细菌感染，而 DENDRAL 系统则用于化学分子的结构解析。

20 世纪 90 年代，随着统计学习方法的发展，机器学习成为 AI 研究的主流，支持向量机（SVM）、随机森林等算法更是极大推动了 AI 技术的应用。1997 年，IBM 的深蓝计算机击败国际象棋世界冠军卡斯帕罗夫，成为首台打败国际象棋世界冠军的电脑，展示了机器在复杂游戏中的感知和决策能力。

10.1.3 深度学习驱动人工智能快速发展

21 世纪初至今，人工智能进入了蓬勃发展期。大数据、云计算、深度学习等技术极大地推动了人工智能的进步。

21 世纪初，出于效率和成本等因素考量，人工智能研究的重心开始从知识系统为主转向机器学习方向为主。Hinton 等提出卷积神经网络，这是深度学习中的一种新的神经网络结构，快速推动了计算机视觉和深度学习的发展，开拓了探索神经网络的新领域。

2012 年，AlexNet 在 ImageNet 挑战中取得冠军，标志着深度学习在图像识别领域取得重大突破。2016 年，AlphaGo 击败围棋世界冠军李世石，展现了深度学习和强化学习结合的强大能力。

2017 年，Vaswani 等提出 Transformer 模型预训练，并引入一种新的机制——注意力机制（attention），用于学习不同位置词汇之间的关联关系，从而更好地阐释大型语言文本中的语义和词法关系。

2018 年，随着 GPT 系列模型的推出，自然语言处理技术迅速发展，也为人工智能研究和应用提供了新的方向。2018 年，OpenAI 团队发布了第一代生成式预训练模型 GPT-1，使用 Transformer 架构，采用了无监督学习的方法进行训练，主要用于处理问答、文本生成、翻译等语言任务。OpenAI 公司于 2022 年 11 月底上线了 ChatGPT，这款具有跨时代意义的大规模智能语言模型迅速火爆全球。随着 OpenAI 推出 Sora 人工智能文生视频大模型，AI 全球应用进一步快速拓展。

10.2 人工智能的核心技术大揭秘

10.2.1 人工智能概述

人工智能是由人造系统所表现出来的智能行为。它是计算机科学的一个分支，可以通过模拟、延伸和扩展人类的认知功能来创建能够执行复杂任务的智能系统。人工智能系统能够感知环境、理解复杂的语言、识别物体和声音、适应环境变化，并进行决策和解决问题。

人工智能的基础概念涵盖了多个方面。首先，它是一门交叉学科，是一门新的技术科学，结合了计算机科学、心理学、哲学等多个学科的理论和方法。其次，人工智能的核心目标是模拟、延伸和扩展人类的智能，让机器能够胜任一些通常需要人类智能才能完成的复杂工作。此外，人工智能还关注智能机器的设计和应用，包括机器人、语音识别、图像识别、自然语言处理等领域。

专栏 10.1　从一个小故事看什么是人工智能

我们将故事背景设定在一个普通的家庭，家庭成员包括忙碌的爸爸、妈妈，以及一个好奇心旺盛的小孩小明。

故事开始。小明对于宇宙、动物和历史等方面十分好奇，经常会问一些问题，但小明的父母工作很忙，没有时间回答他。有一天，小明的父母给他买了一个名为“小智”的人工智能助手，希望它能在他们忙碌时帮助小明学习和解答问题。

小智的能力。小智不仅能听懂小明的问题，还能通过自然语言处理（NLP）技术来理解问题，并从庞大的知识库中检索信息，给出一些比较准确的答案。例如，当小明问“恐龙为什么会灭绝？”时，小智就能够提供一个简洁而精确的解释。

学习与适应。随着时间的推移，小智开始学习小明的兴趣和偏好。它发现小明对天文学特别感兴趣，于是主动推送有关太阳系和黑洞等方面的信息。这是机器学习和深度学习的应用，小智通过分析小明的提问模式和反馈来不断改进回答。

交互体验。小智还能与小明进行互动式学习。当小明在画画时，小智可以识别出他画的是太阳系的行星，并提供有关每个行星的有趣故事。这是计算机视觉技术的应用，它使小智能够识别图像和物体。

辅助决策。当小明需要做决定时，比如选择参加哪个课外活动，小智可以根据小明过去的选择和反馈，给小明提供一些建议。这就是基于人工智能的决策支持系统。

这个故事展示了人工智能的几个关键特点：理解自然语言、从经验中学习、适应用户的需求、识别图像和辅助决策。通过小智这个角色，我们可以看到人工智能在日常生活中发挥的作用，为人们的日常生活提供帮助和便利。人工智能就是这种能够模拟人类智能行为的技术，通过学习和适应来增强大众的生活体验。

10.2.2　利用机器学习让机器进行自我提升

机器学习是人工智能的核心组成部分，通过训练和优化算法，机器能够从数据中自动提取特征和规律，提高性能。机器学习既是人工智能的一个研究领域，又是一种实现人工智能的方法。它依赖于算法和统计模型，从数据中自动分析获得模型，发现模式、关联和规律，并利用模型对未知数据进行预测或决策，它的工作原理如图 10.1 所示。

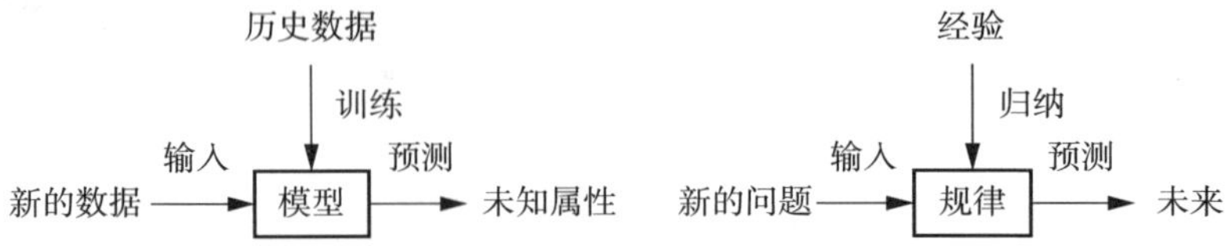

图 10.1 机器学习的工作原理

机器学习让机器进行自我提升，主要有以下几个关键步骤：

一是数据收集。机器学习的基础是数据。系统首先收集大量的数据，并进行清洗、特征选择、缺失值处理等预处理。预处理后的数据，会转化为机器学习算法可以理解和处理的格式。

二是特征工程。特征工程是提取和选择对模型预测有用信息的过程，对原始数据进行转换、组合等处理，以提取更有用的特征。良好的特征可以显著提高模型的性能，使机器学习系统更有效地从数据中学习。

三是模型选择与训练。从决策树、支持向量机、神经网络等模型中选择适合的机器学习模型，对处理后的数据进行训练。模型通过训练数据集进行训练，会不断学习数据中的特征和规律，并不断优化参数和结构。

四是学习算法。机器学习算法是系统自我提升的核心，通过调整模型的参数来最小化预测误差。常见的学习算法包括梯度下降、随机梯度下降、牛顿方法等，可以根据数据的反馈调整模型，并逐渐改进。

五是模型评估与优化。通过交叉验证、A/B 测试等方法，对训练好的模型进行评估，检查具体表现，确定性能。评估结果可以帮助识别模型的不足之处，从而进行优化。

六是迭代学习与更新。机器学习模型不是一成不变的，而是一个持续迭代的过程。随着新数据的不断收集处理，模型需要不断更新和重新训练，不断优化完善。

七是反馈机制。通过反馈，系统能够识别和纠正错误，从失败中学习改进。

八是集成学习。集成学习通过结合多个模型的预测来提高整体性能，可以提高模型的泛化能力，从而在新数据上表现得更好。

10.2.3 深度学习如何模拟人脑的学习过程

1. 深度学习和机器学习的区别

深度学习是机器学习的一个子领域，是一种模仿人脑神经网络结构和学习机制的机器学习技术。通过模拟人脑的工作方式，深度学习可以利用大量的数据和计算资源来训练模型，使其能够自动学习数据的内在规律和表示层次。深度学习的模型通常是由多层（深层）神经网络构成的，每一层都会从前一层的输出中学习并提取更高级别的特征（见图 10.2）。

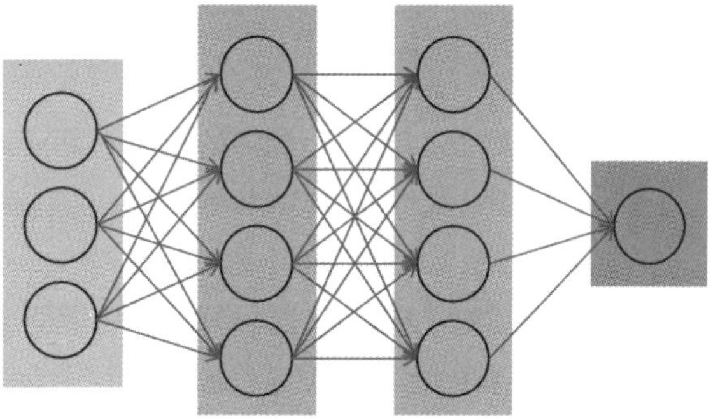

图 10.2　深度学习的神经网络模型

深度学习和传统机器学习都是从数据中学习并做出预测或决策的方法，但它们之间存在以下区别。

一是模型结构的复杂度。传统机器学习方法通常使用逻辑回归、支持向量机等简单的线性模型或非线性模型。深度学习使用深层神经网络模型，包含多个隐藏层，每个隐藏层包含大量的神经元节点。相比之下，深度学习模型具有更强大的表示能力，可以处理更复杂的数据和任务。

二是数据需求数量。传统机器学习更注重处理结构化的数据，对数据量的依赖程度相对较小。深度学习通常需要大量数据来训练模型，只有数据量不断增加，深度学习的性能才会进一步提高。

三是训练方法。传统机器学习方法通常使用梯度下降、随机梯度下降等基于梯度的优化算法来训练模型，训练时间取决于数据集的大小等。深度学习使用反向传播算法进行训练，训练过程通常需要更多的数据和更长的训练时间。

2. 深度学习的学习过程

深度学习模拟人脑学习的过程需要多个步骤，也有多个关键点，主要借鉴了人脑神经元之间的连接和信息传递机制。深度学习通过构建多层次的神经网络，以及调整网络层之间的连接权重，实现对数据的学习和预测。

首先是神经网络结构。深度学习模型的结构受到生物神经网络的启发，类似人脑由大量的神经元和突触组成，深度学习模型由多层的人工神经元（节点）组成，这些神经元通过连接权重（类似于突触）相互影响。每一层的神经元处理输入数据，并将结果传递到下一层，直到最终输出预测结果。在人脑中，突触的强度（权重）决定了信号的传递效率。在深度学习中，每个连接权重代表了输入信号的重要性。激活函数类似于神经元的激活阈值，决定了一个神经元是否应该被激活并传递信号到下一层。通过机制共同工作，深度学习模型可以学习复杂的非线性关系。

其次是反向传播和梯度下降。深度学习中的学习过程类似于人脑的学习和适应过程，通过反向传播算法来优化网络参数，使模型能够更好地适应数据，类似于人脑通过神经可塑性学习新知识。梯度下降是一种优化算法，用于找到最小化误差的权重值，这与人脑通过试错学习的过程相似。

最后是层次化学习。人脑在处理信息时会进行层次化处理，从简单的感知到复杂的抽象思维。深度学习模型通过多层处理也实现了类似的层次化学习。深度学习模型通过与环境的交互获得奖励或惩罚，并据此调整行为，这与人脑通过经验学习和有监督学习相似。

10.2.4 自然语言处理如何帮助人们回答问题

自然语言处理（Natural Language Processing，NLP）是人工智能的一个分支，专注于如何使计算机能够理解、解释和生成人类语言。NLP 在帮助人们回答问题方面具有明显优势。

一是信息检索。通过自然语言处理技术，可以构建搜索引擎和推荐系统，帮助用户快速找到他们需要的信息。通过理解用户的查询意图和上下文信息，NLP 能够提供相关的搜索结果或推荐内容。例如，在百度等搜索引擎中，输入航班号后可以看到航班状态，输入股票代码后可以看到股票信息。

二是问答系统。NLP 的问答系统通过解析用户的问题，提取关键信息，从知识库中检索答案，能够直接回答用户提出的问题。例如，ChatGPT、文小言等都可以很好地回答用户提出的相关问题。

三是聊天机器人。机器人能够回答用户的问题、提供建议或执行用户提出的一些任务。例如，现在很多平台客服已经开始使用在线聊天机器人，针对客户请求回复一些相关的有用信息。

四是语音识别和语音助手。通过语音识别技术，计算机能够将人类的语音转换为文本，并理解相关含义。例如，Siri、Alexa 和 Google Assistant 可以使用 NLP 来理解用户的语音指令并做出响应。

NLP 还在机器翻译、文本分析和情感分析、语言生成等领域有较好的应用，极大地提高了人们获取信息和进行交流的效率。

10.3 人工智能的功能

10.3.1 决策式人工智能和生成式人工智能的区别

目前常见的主流 AI 模型主要是决策式 / 分析式 AI（Discriminant/Analytical AI）和生成式 AI（Generative AI）两类。

决策式 AI，也被称为专家系统（Expert Systems）或规则引擎（Rule Engines），通过模拟专家的决策过程，学习数据中的条件概率分布，根据已有数据进行分析、判断、预测，可以提高特定任务的自动化和智能化水平。

生成式 AI 是指可以根据用户的需求和偏好，自动生成各种内容和服务的 AI 技术。人工智能生成内容（AI Generated Content，AIGC）是指生成式 AI 生成的内容，包括文本、代码、音频、视频、图片等。ChatGPT、Github Copilo 等工具都属于生成式 AI，它们生成的文本、代码、音频、视频、图片等内容就属于 AIGC。目前 AIGC 这个词在国内比生成式 Al 更流行，在很多情况下两者表述均可。

决策式 AI 和生成式 AI 两种技术都有着广阔的市场空间和创新潜力，技术架构和应用领域略有区别（见表 10.1）。从技术架构来看，都可以分为数据层、模型层、应用层三个主要组成部分，但决策式 AI 的数据需要更多结构化数据，也需要更多的用户行为数据，生成式 AI 的模型需要有更强的生成能力，应用层需要有更多的创意和互动。从应用领域来看，决策式 AI 主要应用于人脸识别、自动驾驶、机器人、风控系统等领域，生成式 AI 主要应用于内容创作、人机交互、产品设计等领域。生成式 AI 近期呈指数级爆发，已经出现了多个现象级应用。2023 年 7 月，国家网信办等七部门联合公布《生成式人工智能服务管理暂行办法》，对生成式人工智能服务实行包容审慎和分类分级监管，明确了提供和使用生成式人工智能服务总体要求。

表 10.1　决策式 AI 和生成式 AI 的对比

	决策式 AI	生成式 AI
概念内涵	通过模拟专家的决策过程，提高特定任务的自动化和智能化水平	可以根据用户的需求和偏好，自动生成各种内容和服务的 AI 技术
技术架构	需要更多的结构化数据，也需要更多的用户行为数据	模型需要有更强的生成能力，应用层需要有更多的创意和互动
应用领域	人脸识别、自动驾驶、机器人、风控系统等领域	内容创作、人机交互、产品设计等领域

10.3.2　常见的人工智能大模型

自从以 ChatGPT 为代表的通用人工智能大模型在全球掀起浪潮后，我国人工智能大模型市场也呈现日新月异的快速增长趋势。中国大模型产业化应用主要有两种并行发展路径：一是跨行业通用化人工智能能力平台，即通用大模型，如文小言、通义千问、紫东太初等通用化大模型，正在从办公、生活、娱乐领域向医疗、工业、教育等领域加速渗透。二是生物制药、气象等垂直领域的专业类大模型，如空天·灵眸、盘古气象等模型，发挥纵深优势不断深化落地，提供针对特定业务场景的高质量专业化解决方案。2024 年 12 月底，国产大模型 DeepSeek–V3 发布，仅用 557 万美元的训练费用，就达到了顶尖模型的效果，而且产品价格低廉，被网友们戏称为大模型界的“拼多多”“性价比之王”。表 10.2 介绍了一些常见的 AI 大模型，并对其进行了简单对比。

表 10.2　部分人工智能大模型对比

大模型	出品方	简介及主要应用
GPT–4	OpenAI	大型多模态模型，可以接收图像和文本输入并生成文本输出，具有高级的推理能力和处理更长篇文章的能力，可以理解和回应复杂的问题，为用户提供丰富准确的回答
Sora	OpenAI	人工智能视频生成工具，能够根据输入的文本提示，快速生成高质量、逼真的视频内容
Gemini	Google	Gemini 模型有三个版本，分别针对不同的使用情况。Gemini Ultra：最大、最先进的人工智能，能够执行复杂任务。Gemini Pro：性能和可扩展性均衡的模型。Gemini Nano：最高效的移动设备

续表

大模型	出品方	简介及主要应用
通义千问	阿里达摩院	拥有千亿参数，可用于智能问答、知识检索、文案创作等场景
文小言	百度	知识增强型对话语言模型，千亿级参数量，可用于知识问答、创意生成等领域
星火	科大讯飞	支持对话、写作、编程等功能，还能提供语音交互方式
豆包	字节跳动	支持视频脚本撰写、文案生成、营销策划等，可以提高创作效率
盘古	华为云	盘古 NLP 大模型可用于内容生成、内容理解等方面，盘古 CV 大模型可用于分类、分割、检测方面，盘古气象大模型可实现气象预报
混元	腾讯	腾讯 AI Lab 自研的大规模预训练生成语言模型，擅长开放域聊天、内容创作、知识问答等
Kimi	月之暗面	具备强大的长文本处理能力，能够处理长篇文档、复杂对话以及深度信息分析
商量 SenseChat	商汤科技	多模态对话交互平台，利用视觉、语言等技术，提供沉浸式人机交互体验
Stable Audio Open	Stability.AI	提供音乐创作和音频生成服务，开源的文本到音频模型，可生成长达 47 秒的采样和音效
DeepSeek-V3	DeepSeek	用于逻辑、数学、代码、文本等领域，被称为“AI 界拼多多”

10.3.3 “人工智能 +”是促进新质生产力加快形成的重要变量

随着人工智能技术跨越奇点式的爆炸发展，GPT-4、Sora 等 AIGC 模型相继横空出世，不仅推动了内容创作的革新，更在经济发展各领域产生了广泛影响，同时也在深刻改变国际技术发展重心与竞争格局。“人工智能 +”行动的提出，标志着我国对人工智能技术已从重点关注转向具体实施应用。

1. “人工智能 +”应用领域

“人工智能 +”行动的开展，意味着人工智能技术将更广泛地应用于各个领域，催生出更多的应用场景，并与传统行业深度融合，创造出新的价值和新的可能性。

“人工智能 + 各行业”。AI 技术在过去几年中取得了巨大的突破，逐渐渗透到金融、医疗、制造业、交通运输、教育、零售和电子商务等各行各业，对传统的工作流程、决策模式乃至行业生态产生了深远影响。以金融行业为例，AI 技术被广泛应用于风险评估、欺诈检测、投资建议以及客户服务等方面。利用机器学习和大数据分析，AI 能够精准地评估借款人的信用风险，提高金融机构的贷款效率和风险管理水平。此外，AI 也在量化交易、高频交易等领域发挥了重要作用，为金融机构带来了巨大的经济效益。

“人工智能 + 多场景”。AI 作为一种通用且赋能的技术，最大效用需通过与具体应用场景的紧密结合来实现。2022 年 7 月，科技部等六部门联合印发《关于加快场景创新以人工智能高水平应用促进经济高质量发展的指导意见》，指出推动人工智能场景创新对于促进人工智能更高水平应用具有重要意义。随后科技部发布的《关于支持建设新一代人工智能示范应用场景的通知》将智慧农场、智能港口、智能矿山、智能工厂、智慧家居、智能教育、自动驾驶、智能诊疗、智慧法院、智能供应链等列入首批支持建设十个示范应用场景。随着“人工智能 +”行动的深入开展，AI 技术的应用场景得到极大扩展。

2. 更好实现“人工智能 +”

开展好“人工智能 +”行动，利用好 AI 技术这一关键变量，做足“加法”，加快形成新质生产力，推动产业发展向智能化转型升级需要从以下几个方面着手。

一是要有序实现人工智能技术赋能重点领域。尊重 AI 技术发展的客观规律，循序渐进拓展应用场景，避免对技术抱有过高预期，防止“一窝蜂”“炒概念”“搞投机”等乱象分散发展合力，浪费创新资源。

二是要利用人工智能技术加快重塑产业生态。加强基础研究与产业应用的协同创新，务实推动技术创新攻坚克难，在颠覆式和前瞻式创新上实现突破。

三是要重视算力平台等新型基础设施的协同作用。提升新一代信息基础设施智能化水平，为制造业等领域的智能化转型升级提供坚实算力底座。

四是要加快人工智能相关领域制度建设。在算法公正与透明、人工智能安全监管、生成式人工智能领域及知识产权归属和利益分配等前沿领域率先探索，抢占国际人工智能治理话语权。

10.3.4 “懂王”ChatGPT 带来的机遇与挑战

1. ChatGPT 带来的发展机遇

ChatGPT 作为互联网现象级、杀手级的应用，不仅向全世界展现了人工智能领域取得的突破性进展，也引爆了对该产业尤其是生成式人工智能产业的空前关注，为相关产业带来新的发展机遇。

一是推动自然语言处理技术发展。ChatGPT 的成功为自然语言处理技术的发展带来了重要的推动作用。作为一个 Transformer 架构的语言模型，ChatGPT 能够自动学习语言的规律和结构，进而生成连贯且语义通顺的文本。这为自然语言处理技术的应用提供了更多的可能性，如在自动问答系统、机器翻译、智能客服等领域的广泛应用。

二是提高人工智能技术普及度。ChatGPT 作为一个有趣且实用的人工智能应用，不仅引起了科技界和互联网圈的集体亢奋，也吸引了很多普通用户的关注。在人们讨论人工智能是否会替代人类或消灭某类行业的同时，更多的在"会使用 AI 的人将替代那些不会使用 AI 的人"方面达成共识。更多的人开始关注和了解人工智能技术，并认识到它在日常生活和工作中的潜在价值，为人工智能技术的普及提供了绝好的机会，也将进一步促进人工智能技术的普及和相关应用场景的扩展。

三是增强人工智能产业发展信心。ChatGPT 的成功吸引了全球范围内的广泛关注，也为投资者提供了更多的信心和动力。这将进一步加速人工智能产业的发展，有助于相关企业获得融资，进一步成长壮大，为中国人工智能产业的发展注入了一针强心剂。

四是倒逼国产相关产品和应用涌现。ChatGPT 的出现，不仅展现出生成式人工智能良好的市场发展前景，它对中文出色的支持能力也为我国相关企业敲响了警钟。

五是丰富人工智能产业生态。ChatGPT 的成功也为人工智能产业生态系统带来了新的机遇。以 ChatGPT 为代表的生成式人工智能的应用和推广将催生出更多的产业链和产业生态的形成，例如基于生成式人工智能的自动化写作和内容创作产业链、教育智能化产业链，以及围绕人工智能技术部署的新一代基础设施和更为强大的算力等。除此之外，生成式人工智能还会在美术、音乐、设计等领域进行跨领域应用，启发从业者创作灵感，并辅助创造出更为出色的艺术作品。

2. ChatGPT 引发的"中国式"挑战

在 ChatGPT 掀起的人工智能风暴中，我们不仅要看到它可能带来的发展机遇，同时也要警惕其所引发的挑战。除对人工智能技术本身，如数据来源、著作权归属和回声室效应等普遍担忧外，ChatGPT 在我国引发的一些特有问题也值得关注。

第一，如何预防新型技术脱钩？一个有趣的现象，当我国用户无法通过国内网络连接到ChatGPT官网时，ChatGPT也无法通过中国内地和香港的手机号接收注册短信。就这一问题，ChatGPT给出的回答是受到电信运营商的限制。然而这种看似默契的“双向奔赴”，暴露出我国可能面临的新型技术脱钩风险，即外国高技术企业可能会以监管限制为由，将我国排除于技术应用的范围之外，导致我国普通用户无法分享到技术进步的红利，科技创新领域从业人员研发成本的增加，更为广泛地抑制了我国的创新活力。

第二，如何应对生成式人工智能的“错误”答案？在ChatGPT更新迭代过程中，还有一个现象同样值得我们关注，即ChatGPT曾出现过比较严重的语言涉黄和血腥暴力问题。所幸当时相当一部分受众是未成年人或年龄还比较小，没有被媒体和用户过度质疑和谴责，而且该问题很快被外包人工团队加以解决。然而，当ChatGPT爆火之后，其政治倾向等问题就又被重点关注。出于对国家安全和特殊发展时期的考量，在面对我国类似ChatGPT的生成式人工智能产品所生成的“错误”答案时，监管者对此类现象的包容程度与责任界定、归属等问题之间的统筹平衡，将会成为影响我国人工智能企业发展的又一重要因素。

第三，如何营造更有利于创新突破的研发环境？在ChatGPT所引发的中国互联网界狂热的背后，总有一个疑问如影随形，即“ChatGPT为何没有诞生在中国”。面对这一问题，乐观的回答认为我国人工智能在底层技术上与发达国家相比并不存在较大差距，仅是因为国内企业普遍商业化意识不足；悲观者则认为在制度上需要更大的改革，才能让更多类似ChatGPT的产品在中国涌现。然而，从OpenAI研发ChatGPT等产品的路径可以看出，该领域现象级产品的推出离不开大量的资本、人才、数据等要素的“暴力”投入。OpenAI背后就始终投射着微软、马斯克等“巨人”的庞大身影。未来，我国如何能够在平台监管、“掐尖式并购”等反垄断监管与充分发挥大型企业在技术研发和创新中的重要作用之间找到平衡，也许才是上述问题的真正答案。

10.4 人工智能给行业带来的巨变

人工智能与数字经济发展逐步融合成为趋势，我国在政策支持及应用场景上实现了多个突破。

10.4.1 政策支持人工智能技术与数字经济融合

政策是推动人工智能发展的核心力量之一，2020 年至今，中央及各地方政府出台了近百部数字经济相关政策，其中多部政策文件涉及人工智能，并鼓励人工智能与数字经济发展相结合。这些政策文件对人工智能产业、人工智能创新发展试验区、人工智能促进等方面给予了重点关注。

2020 年 3 月，科技部发布了《关于科技创新支撑复工复产和经济平稳运行的若干措施》。在重点举措的“培育壮大新产业新业态新模式”中，明确提出要大力推动关键核心技术攻关，人工智能是其中的一项。2020 年 4 月，国家发改委首次明确新型基础设施的范围，其中人工智能是新基建的一大主要领域。“十四五”规划纲要强调，应加强原创性、引领性科技攻关，特别指出要“瞄准人工智能、量子信息、集成电路、生命健康、脑科学、生物育种、空天科技、深地深海等前沿领域”。

2022 年 1 月，《“十四五”数字经济发展规划》中提出，要瞄准人工智能等新技术，加大科技攻关力度，提高自主供给能力，提升产业链韧性和竞争力。加快培育智慧销售、无人配送、智能制造、反向定制等新业态新模式，鼓励开源科技创新，推动开发者平台等新型协作平台发展。2022 年 7 月，科技部等六部门联合印发《关于加快场景创新以人工智能高水平应用促进经济高质量发展的指导意见》，提出以促进人工智能与实体经济深度融合为主线，以推动场景资源开放、提升场景创新能力为方向，强化主体培育、加大应用示范、创新体制机制、完善场景生态。2022 年 10 月 28 日，在第十三届全国人民代表大会常务委员会第三十七次会议上发布的《关于数字经济发展情况的报告》中指出，建设面向重点区域和重点行业的人工智能基础设施，聚焦人工智能、先进计算等重点领域，培育一批掌握关键核心技术、具有国际竞争力的生态主导型企业。2024 年《政府工作报告》中也提到将开展“人工智能 +”行动，打造具有国际竞争力的数字产业集群。

10.4.2 人工智能技术在数字经济领域应用广泛

人工智能技术在数字经济领域的应用非常广泛，它正在改变各行各业的运作方式，提高效率，创造新的商业模式，并推动经济增长。

1. 智能制造领域

AI 技术在制造业中的应用包括自动化生产线、质量检测、预测性维护和供应链管理。AI 与智能制造的结合正在引领制造业的转型，推动着生产方式向更加智能化、自动化和灵活化的方向发展。在智能制造的一些关键领域，AI 都有典型应用。

一是产品设计与开发。AI 技术可以辅助设计师快速生成和优化设计方案，缩短产品从设计到市场的时间。

二是生产过程优化。AI 技术可以对生产流程进行实时监控和优化，通过预测减少设备故障，提高生产线的效率和产出质量。

三是进行质量控制。利用计算机视觉和机器学习，AI 技术能够自动识别产品缺陷，提高质量检测的速度和准确性，减少不合格产品的产出。

四是供应链管理。AI 技术能够分析大量的供应链数据，预测市场需求，优化库存管理，减少库存成本，同时提高供应链的响应速度和灵活性。

五是智能物流。AI 技术在物流领域可以实现自动化仓库管理、智能路径规划和货物追踪等，提高物流效率，降低运输成本。

六是定制化生产。AI 技术使得制造业能够更加灵活地应对个性化需求，通过快速调整生产参数和工艺流程，实现小批量、多样化的定制化生产。

七是人机协作。AI 技术使得机器人能够更安全、更高效地与工人协作，提高生产效率，同时确保工人安全。

2. 金融科技领域

金融科技的目标是利用技术手段提升金融服务的效率、降低成本并创新业务模式，AI 为金融科技的发展提供了强大的支持。

首先，人工智能在风险评估、欺诈检测、投资决策、量化交易和客户服务等方面为金融机构提供了有效的解决方案。例如，通过大数据分析，人工智能可以帮助金融机构更准确地评估贷款和投资的风险，及时发现潜在的欺诈行为，并辅助投资者做出更明智的投资决策。

其次，人工智能的应用推动了金融科技的创新发展。随着技术的不断进步，人工智能在金融领域的应用场景也在不断拓宽，智能客服、智能营销、智能风控等创新应用正在逐步改变金融服务模式，提升金融服务的智能化水平。

3. 智慧医疗领域

AI 在医疗行业的应用包括疾病诊断、个性化治疗计划、药物研发和患者监护，辅助医生做出更准确的诊断。

AI 可以提供基因组学和个性化治疗。AI 通过分析大量的基因组数据，帮助识别疾病的遗传标记，并预测个体对特定药物的反应，有助于制定个性化治疗方案。

AI 可以帮助医学影像分析。AI 系统能够从 CT、MRI 等影像中识别和分类疾病标志，甚至在某些情况下，准确率超过了专家。

AI 可以提供临床决策支持。AI 可以整合患者的临床数据、实验室结果和历史病历，为医生提供诊断建议和治疗选择，提高决策的准确性和效率。2024 年 12 月 30 日，讯飞医疗在香港交易所主板成功挂牌上市，成为香港市场医疗大模型第一股。讯飞医疗的 AI 辅助诊断系统“智医助理”已经在全国 600 多个县区的基层医院落地，门诊有 8 亿人次。

4. 智能交通领域

AI 技术正在改变交通管理，包括自动驾驶汽车、智能交通系统和物流优化。

AI 在自动驾驶领域的应用已经相对成熟。通过集成多种先进的 AI 技术，自动驾驶汽车能够在没有人类司机的情况下自主行驶，这不仅可以提升道路安全，还可能改变我们的出行方式和交通系统。在自动驾驶中，AI 系统通过摄像头、雷达等传感器收集环境数据，使用深度学习等机器学习技术进行图像识别和物体检测，识别行人、车辆、交通标志和其他障碍物。通过强化学习和迁移学习，自动驾驶系统能够适应新的驾驶环境和情况，提高安全性。2025 国际消费类电子产品展览会（CES 2025）上，在 AI 技术推动下，各种全新的智能座舱、操作系统、汽车零部件和芯片纷纷亮相。

5. 智慧城市领域

AI 在智慧城市建设中的应用正成为推动城市可持续发展、提高城市管理效率和居民生活质量的关键因素，主要应用于以下领域。

一是交通管理。AI 技术可以分析交通流量数据，优化交通信号控制，减少拥堵。

二是城市公共安全。通过视频监控和图像识别技术，AI 有助于提高城市安全水平，例如自动识别和报警可疑行为，提高应急响应速度。

三是能源管理。AI 技术可以优化电网运行，预测能源需求，提高能源分配的效率，促进可再生能源的利用，降低碳排放。

四是环境监测。AI 技术可以实时监测空气质量、水质等环境指标，预测污染趋势，为环境保护提供决策支持。

五是城市规划。AI 辅助的数据分析可以帮助城市规划者理解城市发展趋势，优化城市布局，提高公共资源配置的合理性。

六是公共服务。AI 技术可以提供个性化的公共服务，例如通过智能客服系统提供政府咨询，通过 AI 辅助分析提供更精准的社会服务。

除此之外，人工智能还在其他诸多行业得到了初步的应用，正在给这些行业带来显著变化。

10.5 未来的智能世界

10.5.1 “人机共生”的时代拉开序幕

在人工智能的浪潮中，我们正迎来一个前所未有的时代——“人机共生”。这个时代是一个科技与人类生活深度融合的时代，特别是 AI 技术的广泛应用，不仅渗透到人们生活的方方面面，也在重塑人们对工作、学习和生活方式的认知和实践。

在“人机共生”的时代，智能机器人将不再是简单的工具，而是人类生活和工作的伙伴。它们将具备更高的智能和自主性，能够与人类进行更加自然和高效的交互。通过精确的手势识别和语音交互等技术，智能机器人可以更加快速、准确地理解人类的意图和需求，与人类共同或帮助人类完成各种任务。

人类和 AI 将是合作与互补关系，利用各自的优势共同进步。人类的创造力、直觉与 AI 的数据处理、模式识别和逻辑推理能力相结合，能够更加高效地解决难题和完成任务。

AI 将为我们提供个性化与定制化服务。从教育、医疗到娱乐和日常生活，AI 将能够根据每个人的需求和偏好提供个性化服务。在复杂问题面前，AI 可以提供数据分析和预测，辅助人类做出更加明智的决策。AI 脑机接口和可穿戴设备将直接增强人类的认知和身体能力，人们可以通过 AI 来扩展记忆、提高学习效率，甚至在身体上获得超越自然限制的能力。

“人机共生”的时代将是一个充满机遇和挑战的时代，这也要求我们在技术、社会、文化和伦理等多个层面进行深入思考和制度规范准备，以确保科技的发展能够长久造福全人类。

10.5.2 通用模型可能会走向趋同

首先，通用模型趋同是技术发展的自然趋势。在技术发展的早期阶段，多样性往往较高，因为不同的研究团队和企业会探索各种可能的技术路径。

然而，随着技术逐渐成熟，最有效的方法和架构会被广泛认可和采用，导致技术和应用趋向一致。在人工智能领域，一些核心的算法和模型架构，如深度学习的卷积神经网络（CNNs）和 Transformer 模型，已被证明在多个任务和领域中都非常有效，这会导致通用模型的趋同。高质量的数据集和强大的计算资源是训练高效能 AI 模型的关键。随着大型科技公司掌握越来越多的数据资源和计算能力，它们能够开发和优化先进的通用模型。这种资源的集中可能导致小公司和独立研究者难以与之竞争，这也推动模型的标准化和趋同。

其次，经济效益的驱动。开发和维护大型 AI 模型需要巨大的投资。一旦某个模型在多个任务上表现出色，企业和研究机构可能会倾向于使用和优化这个模型，而不是从头开始开发新模型。这种经济效益的驱动也可能导致通用模型的趋同。

最后，开源软件和预训练模型的影响。开源软件和预训练模型的普及使得研究者和开发者能够轻松访问到最先进的 AI 技术。目前很多大模型都是基于先进开源模型训练出来的，这种便利性促进了通用模型的广泛采用和快速迭代，也减少了从头开始构建模型的需求和动机。

10.5.3 为智能未来做好准备

随着人工智能各种创新和应用不断深入，未来不仅仅是简单重复工作不可避免地将被人工智能所替代，而且当前耳熟能详的生产组织形态、商业盈利模式、劳动供给结构等均将面临重塑再造，教育、医疗、养老乃至社会治理等领域也会有前所未有的重大变化。

对于个人而言，不是穷尽学习所有知识，而是要有终身学习的开放思维和准备意识，突出培养自己创造力和创新力的同时，不断更新与人工智能相关的技能，学会更好地使用人工智能工具，让自己具备更大的灵活性和可扩展性。

对于企业而言，不是简单信息化、数字化、智能化投入，而是要利用大数据、物联网以及人工智能技术，积极开发和主动探索新的组织形态、新的商业模式，要找到 AI 投入的效益出口，更好扩大生产，提高效率，满足消费者需求，提升企业竞争力。

对于政府而言，不是“毕其功于一役”，试图突破一点、一劳永逸，而是支持硬件发展与软件发展相结合，支持长期攻关和短期赚钱相结合，放宽人机协同、跨界融合等领域监管限制，为人工智能开拓应用场景和创新商业模式创造良好环境。

第11章 云计算

“云”是数字经济时代新的生产力，中国已成为全球第二大云服务市场，也是增速最快的市场。云计算作为数字经济和数字中国的基石，为大数据、人工智能、5G 等技术提供了基础支撑，是推进产业数字化转型的重要手段。

11.1 云计算的过去与现在

11.1.1 云计算在美国的发展演变

1. 云计算的起源和典型服务商

云计算的核心技术起源于 20 世纪 60 年代，并在 21 世纪初开始爆发性发展。1959 年 6 月，克里斯托弗·斯特雷奇（Christopher Strachey）在国际信息处理大会上发表了 *Time Sharing in Large Fast Computer* 论文，提出虚拟化概念，被公认为是关于虚拟化技术的最早论述。1996 年，康柏公司在一次内部会议上首次提出 Cloud Computing 概念。在 2000 年之后，亚马逊启用了 Amazon Web Service 平台，并提出把应用开发的通用部分抽离出来做一个公共基础设计服务平台。随后云计算进入快速发展阶段。

亚马逊 AWS、微软 Azure 和谷歌 Google Cloud Platform 是全球知名的云服务提供商，它们通过一系列战略举措和大规模投资，显著推动了云计算的商业化进程。这些公司在全球范围内建立了大量的数据中心，确保了服务的高可用性和低延迟。通过这种方式，它们能够为不同地区的客户提供稳定可靠的云服务，满足全球企业的需求。这些云服务提供商通过灵活的定价模式和经常性的折扣优惠，降低了企业的使用门槛。这种按需付费的模式使得企业能够根据实际使用情况调整支出。

2. 美国政府支持云计算的三步走战略

作为云计算使用和发展最充分的国家之一，美国政府采取了多层次、阶段性引导政策，培育互联、协同、反馈的创新生态网络，支持市场抢占全球科技、产业发展的制高点。

（1）第一阶段：云优先战略（Cloud First）。

首先，完善顶层设计，明确发展路线。为使联邦政府和机构加快体验云计算提升效率和节约资源等优势，联邦预算管理局在2010年发布了《改革联邦信息技术管理的25点实施计划》，提出“云优先”策略，要求将业务系统逐渐迁移到云计算平台中。2011年，美国发布《联邦云计算战略》，明确了将当时业务系统逐步迁移到云计算平台中的战略和详细路线图，致力于从“花钱建系统”向“花钱买服务”转变，希望通过政府应用云计算，营造云计算应用的优良环境，带动云计算产业的高速发展。联邦政府每年投入约200亿美元用于云计算的采购和研发，2011—2013年的政府云计算采购额增速均在60%以上，极大地推动了云计算市场的发展。

其次，制定云安全风险管控标准，建立云计算服务审查机制，引入第三方评估机制。基于风险的安全管理考虑，联邦预算管理局在2011年12月发布了一项关于“云计算环境信息系统安全授权”的首席信息官备忘录，正式启动云计算的“联邦风险及授权管理计划”（FedRAMP）。2012年2月，FedRAMP项目联合授权委员会（JAB）成立，由国防部（DoD）、国土安全部（DHS）、总务管理局（GSA）三方组成，三个机构作为美国联邦最高安全决策和政府服务保障机构，有力保证了各项审查法规、政策和标准的全面贯彻执行。JAB建立了完善的云计算服务安全审查机制，明确了云计算安全管理中政府部门的角色及职责，并强调以第三方评估机构作为支撑，对云服务进行安全评估，确保了云计算服务在联邦政府的安全推广应用。

（2）第二阶段：云智能战略（Cloud Smart）。

云优先战略是在云技术发展初期制定的，主要为了推动政府机构广泛采用基于云的解决方案。但由于缺少执行计划，政府机构云服务进程缓慢。美国政府问责局（GAO）在2019年的一份研究报告中指出，约有11%的联邦IT系统在云上运行，国防部更是仅有3%的技术“用云”，民用机构采用云计算技术的比例显著高于政府部门。为适应美国云产业发展需求，降低传统机构上云的难度，更好地发挥云效率实现现代化和智能化，联邦预算管理局在2018年9月发布了《云智能战略》（*Cloud Smart*）草案，重点为各机构提供所需的最智能工具。

一是强调安全，细化政府采购类别。“云智能”战略试图通过一种综合、跨学科的方法，将安全、政府采购和劳动力三个领域结合起来，形成一个统一战略。“云智能”战略强调将安全放在任何采购的首要位置，进一步强调了FedRAMP项目的重要作用，并通过类别管理来优化推动云智能战略的政府购买行为。通过定义行为类似的产品和服务，提高成熟商业创新成果和商业产品在联邦政府市场的采用率，联邦政府能够更为智能地统一采购，提高效率。2019年，微软获得美国国防部价值100亿美元的大型云计算合同“联合企业国防基建”订单。

二是制订行动计划。美国联邦政府首席信息官理事会联合各相关部门合作制定了推进云智能战略的具体议程，并指出将在18个月内制订行动计划，加快有针对性的政策更新。同时，根据云市场和新兴技术的变化，行动计划也将不断更新以适应发展需要。截至目前，美国在安全、政府采购和劳动力三个领域设置了19项行动方案，其中14项已经完成。

在政府采购引导的推动下，美国云计算技术在全球占据领先地位，云计算巨头高速增长，全球寡头格局进一步强化。2021年，亚马逊AWS、微软Azure、谷歌GCP三家美国云计算厂商在全球市场份额超过60%。

（3）第三阶段：软件现代化战略（DoD Software Modernization Strategy）。

基于政府机构和企业界的成功实践，美国将云战略拓展到军事领域。美国认为美军分布全球的信息系统是相互脱节的、“烟囱式”的，亟须发展云技术，为作战人员提供战术支援。在技术需求变化的推动下，DoD从2018年开始对其“云”环境建设做出了多次重大改变，先后发布了“DoD云战略”（2018年12月）、“美国本土外（OCONUS）云战略”（2021年6月）以及“DoD软件现代化战略”（2021年11月）。

“DoD软件现代化战略”强调，技术与软件交付是DoD竞争优势的关键所在，能否安全、快速地提供有弹性的软件将决定未来战争的成败，云服务和数据是软件现代化的基础。该战略提出了统一原则和工作框架，将安全性、稳定性、质量和速度置于首位，并总结了加快建设DoD的企业级云环境、打造面向整个DoD的软件工厂生态体系、以流程改革提升弹性和速度等三大长期目标，这也代表了实现软件现代化愿景的三项长期工作。DoD试图将云战略拓展至全球范围，面向全维全域战场前线提供韧性、安全的云服务，从而实现“主导性全域优势”。基于DoD技术需求引导和大力采购支持，以SaaS模式（软件即服务）为主的美国云计算市场将进一步形成“强者恒强”的规模优势。

11.1.2 云计算在中国逐渐走向高光时刻

2009年被业界称为中国的云计算元年。2009年5月，中国电子学会主办了第一届中国云计算大会。同年，阿里软件在江苏省建立首个“电子商务云计算中心”，阿里云正式成立。自此之后，各大巨头纷纷进入云计算行业。2010年，华为正式公布云计算战略，2017年成立云业务部门。2013年9月，腾讯云宣布正式面向全社会开放。2015年，百度智能云正式对外开放服务。

随着国内互联网、大数据、人工智能等技术的快速发展，云计算作为这些技术的重要支撑，得到了广泛的应用和普及。政府通过制定相关政策，推动云计算技术的创新和应用，为行业的发展创造了良好的环境。“十二五”期间，云计算软件行业开始成为国家重点发展产业。2012年《政府工作报告》提出，加快产业结构优化升级。大力培育战略性新兴产业，新能源、新材料、生物医药、高端装备制造、新能源汽车快速发展，三网融合、云计算、物联网试点示范工作步伐加快。2012年，国家发布《中国云科技发展“十二五”专项规划》，对云计算软件相关技术做出规划，标志着云计算正式成为国家战略的一部分。

“十三五”期间，云计算经历了夯实基础的阶段，国家层面强调云计算在促进产业升级和数字化转型中的作用，政策开始聚焦云计算基础设施建设、提升服务能力，尤其是云计算安全，以及规范市场秩序方面。到了“十四五”时期，云计算成为重点发展产业，数字中国建设被提到了新的高度。国家出台多个文件支持云计算发展，包括加强云计算基础设施建设，提升云计算与大数据产业的安全保障水平，推动云计算与其他产业的深度融合，构建战略性新兴产业增长引擎，推进数字产业化和产业数字化，以云计算等技术加强数字社会、数字政府建设，提升公共服务、社会治理等数字化、智能化水平。

11.1.3 云计算市场竞争越发激烈

全球云计算市场稳定增长，我国保持快速发展。相关数据显示，2022年，全球云计算市场规模为4910亿美元，增速19%，在大模型、算力等需求刺激下，市场仍在保持稳定增长。中国信通院《云计算白皮书（2023年）》显示，2022年我国云计算市场规模4550亿元，较2021年增长40.91%。相较于全球19%的增速，我国云计算市场仍处于快速发展期，预计2025年我国云计算整体市场规模将超万亿元。

云计算产业环境日益激烈，新一轮竞争全面开启。全球各国将云计算看作抢占新一轮科技革命制高点的关键环节。云计算提供商正不断推出新的技术和服务，如人工智能、机器学习、大数据分析和物联网等，以满足客户日益增长的需求。大型云服务提供商如亚马逊 AWS、微软 Azure 和谷歌 GCP 等不断扩大市场份额，同时，许多中小型云服务提供商也在特定领域或地区寻求差异化竞争优势。

11.2 解密云计算的三大支柱

11.2.1 云计算概述

1. 云计算的概念

目前对云计算的定义有多种说法，根据美国国家标准与技术研究院（NIST）的定义，云计算是一种模型，它可以实现随时随地、便捷、随需应变地从可配置计算资源共享池中获取所需的资源（如网络、服务器、存储、应用及服务），资源能够快速供应并释放，使管理资源的工作量和与服务提供商的交互降低到最低限度。

学者们对云计算的定义有多种表述，但普遍认为它是一种新型的计算范式，主要为用户提供可靠、可定制、具有服务质量保证的 IT 计算环境服务。例如，IBM 强调云计算中的“虚拟化”特色，将其定义为一种计算模式，其中应用、数据和 IT 资源以服务的形式通过网络提供给用户。加州大学伯克利分校的 Michael Armbrust 等在《伯克利云计算白皮书》中提出，云计算包括互联网上各种服务形式的应用以及这些服务所依托数据中心的软硬件设施。

云计算的原理基于分布式计算技术，通过网络“云”将巨大的数据计算处理程序分解成无数个小程序，然后交由计算资源共享池进行搜寻、计算及分析。这些小程序在由多部服务器组成的系统中进行处理，处理完成后，将结果回传给用户。云计算也就实现了计算资源的集中和共享，提高了计算效率和资源利用率。

此外，云计算还依赖于虚拟化技术、数据中心技术、分布式计算技术和大数据技术等多种技术手段。虚拟化技术使得计算资源得以高度集中和共享，实现了对物理资源的优化利用。数据中心技术为云计算提供了核心基础设施，保证了服务的可靠性和稳定性。分布式计算技术则提高了计算速度和计算能力，实现了大规模计算任务的高效处理。而大数据技术则能够高效地存储、处理和分析大量数据，为用户提供更准确、更有价值的信息。

云计算的核心在于能够按需提供包括服务器、存储、数据库、网络、软件等在内的计算服务，简化了企业的 IT 基础架构管理。这种服务模式使企业能够无须前期投资重金购买物理服务器和运行自有软件，也无须自行管理复杂的数据库系统。更为重要的是，它为企业员工提供了在全球任何地点访问数据、应用程序和计算资源的能力，从而加速了业务创新，提升了资源配置的灵活性，并实现了规模经济。

2. 公有云、私有云、混合云、社区云的定义

根据云计算的存在形式可以将云计算分为公有云（public cloud）、私有云（private cloud）、混合云（hybrid cloud）和社区云（community cloud），这是云计算服务常见的四种主要部署模式，各自有不同的特点和适用场景。

公有云是由第三方服务提供商拥有和运营的云计算环境，这些服务通过互联网向公众提供。用户可以根据需求租用计算资源，如服务器、存储和应用程序。多个用户共享相同的基础设施资源，可以根据需求快速扩展或缩减资源，不需要自己架设任何设备。公有云的资源是共享的，通常采用按需付费模式，虽然降低了初始投资和运营成本，但具有较低的安全性和成本效益。

私有云是企业内部搭建的一种云计算基础设施，相当于企业内部部署的云平台。这个平台包括计算资源、存储资源和网络资源等各种云服务，企业可以自主地在上面实现部署应用程序、存储数据、进行资源的调配和管理等功能。企业独享所有的计算资源，不与其他组织共享，可以根据自己的需求定制云环境。在安全性和合规性方面，由于云资源部署在企业手中，可以提供更高级别的数据控制和安全性，安全性更高，但成本也相对较高。

混合云是一种结合了多种云（如公有云、私有云、社区云）的云计算形态。它不是简单的叠加堆砌，而是以一种创新的方式，利用各种云部署模型的技术特点，提高用户跨云的资源利用率，催生出新的业务形态。混合云可以包括云与云的组合、云与传统 IT 系统的组合、云与虚拟化技术的组合等，根据具体的业务场景需求，使用混合 IT 的方式解决具体的问题。在灵活性方面，混合云结合了公有云的可扩展性和私有云的控制力。在成本方面，混合云可以根据工作负载的性质和成本效益选择最佳的部署选项。在业务连续性

方面，可以在公有云和私有云之间迁移工作负载，以应对不同的业务需求。在安全性方面，混合云可以根据数据敏感性和合规要求选择最合适的部署环境。

社区云是在一定的地域范围内，由云计算服务提供商统一提供计算资源、网络资源、软件和服务能力所形成的云计算形式。社区云是由特定社区的成员共享的云计算环境，这些成员通常有共同的关注点，有相似的需求和目标，如安全要求、政策和合规性考虑。社区云服务可以根据社区成员的特定需求进行定制，可以促进成员之间的合作和资源共享。

在资源共享程度方面，公有云共享程度最高，私有云和社区云则提供更高级的资源隔离和定制。在部署位置方面，私有云可以在本地或由第三方托管，公有云和社区云通常由第三方提供商托管。在成本方面，公有云和社区云倾向于按需付费，私有云可能需要更高的初始投资。在安全性和合规性方面，私有云和社区云通常提供更高级别的安全控制，公有云则依赖于服务提供商的安全措施。在适用场景方面，公有云适合需要高度可扩展性和弹性的业务，私有云适合对安全性和数据控制有更高要求的组织，混合云适合需要结合公有云和私有云优势的场景，社区云适合有共同需求和目标的组织群体。

11.2.2 IaaS、PaaS 和 SaaS 概况

从服务类型上，云计算可以分为 IaaS、PaaS、SaaS 三类，最近也有 DaaS（Data as a Service，数据即服务）等最新定义的云计算服务形式。

1. IaaS：基础设施的云端之旅

IaaS（Infrastructure as a Service，基础设施即服务），是云计算服务模型中的一种，它将传统的硬件基础设施（如服务器、存储和网络资源）转化为虚拟化的服务，并通过互联网提供给用户。IaaS 提供了一种灵活、按需的方式帮助用户获取和管理 IT 基础设施资源，而无须拥有或维护物理硬件。

在 IaaS 的云端中，云计算服务提供商会搭建和维护一个庞大的数据中心，其中包含了大量的物理服务器、存储设备和网络设备。这些物理资源通过虚拟化技术被抽象成虚拟资源池，供用户进行动态申请和使用。

用户可以根据自身的业务需求，通过云计算服务提供商的平台申请所需的基础设施资源。这些资源通常以虚拟机的形式提供，用户可以根据自己的需要自定义虚拟机的配置，如 CPU、内存、存储等。一旦申请成功，用户就可以像使用本地服务器一样，在虚拟机上部署和运行自己的应用程序。

除了虚拟机之外，IaaS 还提供了一系列附加服务，如负载均衡、安全组、自动备份等。这些服务可以帮助用户更好地管理和保护自己的云上资源，确保业务的稳定性和安全性。企业可以将数据中心迁移到云端，利用 IaaS 提供商的基础设施和服务，实现数据中心的现代化和优化。

目前 IaaS 的主要提供商有亚马逊 AWS（Amazon Web Services）、微软 Azure、谷歌 GCP、IBM Cloud、阿里云等，随着云计算技术的不断发展和普及，IaaS 将会在更多的场景中得到应用和推广。

2. PaaS：平台即服务的艺术与科学

PaaS（Platform as a Service，平台即服务），是云计算服务模型中的另一种形式，它提供了一个预配置的平台，允许开发者在云中构建、部署和管理应用程序。PaaS 的核心在于提供一个集成的环境，这个环境包含了应用程序开发和运行所需的各种工具、中间件、操作系统和基础设施。

PaaS 提供了一套完整的开发工具和服务，使开发者能够快速构建和部署应用程序，加速产品上市时间。PaaS 平台能够根据应用程序的需求自动扩展资源，当应用程序需要处理更多用户或数据时，可以通过快速增加资源来满足需求。同时，PaaS 避免了购买昂贵的硬件设备和软件许可证，降低了应用程序开发和运行的成本。

PaaS 的应用场景非常广泛，包括企业信息化平台建设、应用开发测试等。它可以帮助企业快速构建适合自身的信息化平台和业务系统，提升应用开发效率。

目前 PaaS 主要的供应商有微软 Azure App Services、谷歌 App Engine、亚马逊 Elastic Beanstalk 和 Heroku 等，通过提供灵活、高效和可扩展的平台和工具，为应用程序开发和部署带来极大的便利和效益。

3. SaaS：软件的无处不在

SaaS（Software as a Service，软件即服务），是一种软件分发模型，其中软件应用程序是通过互联网托管的，并由第三方提供商集中维护。用户不需要在本地计算机上安装或运行应用程序，而是可以通过网络浏览器或其他客户端软件访问和使用这些应用程序。SaaS 类的云计算服务，是距离普通用户最近的云计算服务，它能够帮助用户解决某个具体问题或者实现特定的功能。

SaaS 服务具有多个优点。一是易于访问，用户可以通过互联网从任何地方、任何设备访问 SaaS 应用程序，只要有网络连接，就可以使用服务。SaaS 应用程序由提供商在云端集中维护和更新，用户无须担心软件的安装和维护问题。二是按需订阅，SaaS 通常基于订阅模式提供服务，用户可以根据需要选择不同的服务计划和功能，按月或按年支付费用。三是可扩展性，用户可以随时增加或减少使用的软件功能和服务，以满足不断变化的需求。这种弹性伸缩的能力使得 SaaS 成为应对业务快速变化的有效工具。

SaaS 的应用范围非常广泛，几乎涵盖了所有行业和应用场景。无论是企业管理软件、办公软件、客户服务软件还是行业特定软件，都可以通过 SaaS 模式提供给用户使用。目前 SaaS 的主要提供商有 Salesforce、Microsoft 365、Google Workspace、Adobe Creative Cloud 等。SaaS 通过提供无处不在的软件解决方案，改变了软件的分发、使用和维护方式，为企业和个人用户提高了灵活性、可访问性和成本效益。

11.3 云计算应用行业

11.3.1 各大行业纷纷上云

随着云计算应用场景日益丰富，云厂商根据不同行业特点提供解决方案，包括数字政府、新零售、金融、制造业、体育、传媒、文旅、医疗健康、农业、能源等。

1. 政务云：开启智能治理时代

政务云是指运用云计算技术，为政府行业提供基础设施、支撑软件、应用系统、信息资源、运行保障和信息安全等综合服务平台。通过政务云的建设和应用，政府能够更高效地管理和利用数据资源，提升政府管理水平和服务效能，为推进国家治理体系和治理能力现代化提供有力支撑。

首先，政务云可以实现数据驱动决策，通过收集和分析大量数据，为政府决策提供科学依据，从而提高决策的精准性和有效性。其次，政务云可以优化服务流程，实现政务服务流程的数字化和智能化重塑，简化办事流程，提高公共服务的便捷性和透明度。再次，政务云可以实现跨部门协同，打破信息孤岛，实现数据的共享和业务的协同，促进跨部门、跨地域的合作，提升政府的整体服务能力。复次，政务云可以提供安全保障，确保政府数据的安全和个人隐私的保护，为智能治理提供坚实的安全基础。最后，政务云还能提升应急响应能力，加强在公共卫生、自然灾害等突发事件应对中的运用，提高政府的应急处置能力和危机管理水平。

以深圳市政务云项目为例，该项目于2019年初启动，主要构建了深圳市统一云管理平台，实现了市政府各部门基础设施共建共用、信息系统整体部署、数据资源汇聚共享、业务应用有效协同。深圳市政务云基于华为云，通过云管理平台实现市政务云与省、区的对接，实现统一管理，基于政务外网，实现了市与区的相互资源共享。

2. 金融云：开启安全创新舞台

金融云是一种基于云计算技术的金融信息化服务，是专门为金融行业定制的云计算平台，通过云计算技术提升金融业务的效率、安全性和创新能力。金融云的应用场景广泛，主要包括银行、证券、保险等金融机构。

以平安金融云为例，它是一个专注于金融行业的云服务商。平安金融云从基础硬件、架构设计、产品技术、解决方案、运维环境、数据安全及隐私保护等多方面入手，打造全栈平安金融云信创解决方案，赋能金融企业将"信创建设"与"数字化转型重构"两步并作一步走。借鉴平安集团的科技研发、运维管理经验，平安金融云集中向金融行业客户提供金融云服务和技术，已为银行、保险、投资等多个金融垂直领域提供云上解决方案。

3. 医疗云：开启数字健康纪元

医疗云是在云计算、大数据的基础上，通过构建基于云的服务平台，为医疗机构、医生、患者以及相关利益方提供数据存储、处理、分析和服务的一体化解决方案。它打破了地域限制，大幅提升医院和医疗产业研发、工作效率，缩短产品上市时间，节省平台和运维成本，并满足医疗产业对计算存储灵活拓展的需求。

例如，中山大学孙逸仙纪念医院深汕中心医院从创办起即全面走向智慧化，实现全院上云。华为云 Stack 是部署在客户本地数据中心的云基础设施，在智慧医院场景兼顾公有云的快速创新能力和私有云的可管可控。医院在华为云和合作伙伴的努力下，100多个业务系统主数据均通过医院主数据管理系统进行维护和管理，确保了实现全业务融合一体化、数据共享和流转更高效便捷。

11.3.2 云计算发展仍面临较大挑战

1. 安全挑战

一是数据安全和隐私保护方面。云计算基础架构具有多租户的特性，数据物理位置可能得不到保证，厂商们通常无法保证不同公司的数据实现物理分隔。随着数据量的不断增加，如何确保存储在云端的数据不被非法访问、泄露或滥用，成为云计算发展面临的重要挑战。用户对于数据的隐私保护和数据主权的担忧可能会抑制云计算技术的广泛应用。

二是供应链安全方面。云计算服务的供应链中可能存在安全风险，特别是关键组件如 CPU、内存等主要依赖境外供应商，这可能带来潜在的安全威胁。

2. 成本挑战

越来越多的企业通过优化资源使用来进行成本管控，但“成本刺客”防不胜防。云服务提供商的定价和费用模型通常相对复杂，还可能随着时间而变化。云计算服务通常按照资源使用量计费，由于缺乏分级分层管理，致使数据存储在云环境中不受控制地增长，费用大幅提高，导致云成本的浪费，因此，合理规划和优化资源的使用变得至关重要。

3. 标准挑战

云计算在显性标准和隐性标准方面都面临挑战。在显性标准方面，尽管大多数厂商都定义了基于标准的机制来访问及使用其服务，但云计算不同厂商和服务提供商的技术架构不同，数据管理、数据安全、API 接口等标准难以统一，这可能导致厂商锁定问题，使得用户难以在不同的云服务提供商之间迁移。在隐性标准方面，云服务的部署、管理、监控、运维等标准不统一，企业增加了使用和管理云计算的难度和成本。

4. 人才挑战

尽管许多高校和培训机构开始提供云计算安全相关的教育和培训，但培养出的专业人才数量和质量仍远远不能满足实际需求。《2023 年网络安全产业人才发展报告》显示，我国对网络安全人才的总需求量达到 150 万人以上，反映了我国网络安全行业对专业技术人才的迫切需求。

11.4 云计算未来的发展趋势

11.4.1 边缘计算与云计算的组合

边缘计算是一种新兴的计算模式，可以将计算任务和数据存储更靠近数据源或用户，从而减少延迟、提高响应速度，并优化网络带宽使用。边缘计算将数据处理和分析的任务从中心化的云计算转移到网络的边缘，靠近数据产生源头的位置，从而极大地降低网络延迟，提高数据处理速度和效率。这对于实时业务、应用智能、安全与隐私保护等方面有着巨大的价值。边缘计算的主要应用场景包括智能制造、智慧城市、直播游戏和车联网等，这些领域对时延、带宽和安全有着严格的要求。

云计算和边缘计算将实现协同工作，共同构建一体化的计算架构。边缘计算与云计算平台是共生互补的关系，它并不会取代云计算，而是通过边缘侧的算力，让传统的云计算框架进一步去中心化，在边缘侧完成部分计算工作，然后将结果汇聚到云端进行统一处理。

11.4.2　人工智能与云计算的融合

人工智能与云计算的融合正在引领科技发展的新趋势，被认为是云计算的第三次浪潮，这一浪潮将推动产业的数字化转型和创新。企业可以利用云计算的弹性和灵活性，快速构建和扩展自身的数字化能力，提高生产效率和质量。与人工智能融合后，云计算的智能化水平进一步提高，能够更好地满足新的业务需求。

两者融合具有多重优势，目前已经在智能客服、智能物流、智能金融、智慧城市和智能制造等领域有了广泛的应用。一方面，云计算提供了强大的数据存储和计算能力，可以满足人工智能算法对大规模数据的需求。另一方面，云计算平台提供了强大的计算能力和分布式处理能力，可以加速人工智能模型的训练和优化过程。

11.4.3　量子计算与云计算的结合

量子计算与云计算的结合是一种新兴的技术趋势，它将量子计算的强大计算能力与云计算的灵活性和可扩展性相结合，为用户提供了更加高效和强大的计算服务。

一方面，量子计算可以提供更强大的计算能力，帮助云计算更有效地处理大规模的数据和复杂的计算任务。例如，在密码破译、材料设计以及人工智能等领域，量子计算可以突破经典计算的限制，实现更高效的算法和模型。另一方面，云计算可以为量子计算提供更灵活、更便捷的服务，让更多的人受益于量子计算的强大能力。通过云计算平台，用户可以方便地访问和使用量子计算资源，无须自己搭建和维护昂贵的量子计算设备。这种结合可以在生物医药等多个领域发挥重要作用，带来重大产业变革。

第12章 量子计算

量子计算作为未来重大科技攻关领域，在加密算法破译、人工智能领域具有广泛应用场景。可以说，谁掌握了先进算力，谁就掌握了重要发展“胜算”。随着技术突破和不断迭代，量子计算将为金融、能源、医疗、网络安全等领域带来颠覆性变革，具有巨大的商业价值。

12.1 量子计算简述

12.1.1 既是物理实验，也是计算机

量子计算是以量子比特为基本单位，利用量子叠加和量子纠错等量子现象实现高效信息处理和计算，可以在某些计算困难问题上提供指数级加速，甚至可以解决某些经典计算无法有效计算的问题。

2020 年，我国自主研发的光量子计算原型机“九章”问世，标志着我国在量子计算领域取得重大突破。与此同时，有些人认为“九章”更像是一个“光学实验”而不是“计算机”。事实上，“九章”既是光学实验，也是计算机。正如现在日常所见的计算机既是电学实验，也是计算机。普通计算机利用电路的“通电”和“断电”进行计算，而量子计算则是使用量子力学的规则进行计算。

12.1.2 量子计算的演进历程

量子计算的起源之一是物理学家理查德·费曼（Richard Feynman）在 1981 年的演讲《用计算机模拟物理》(*Simulating Physics with Computes*)。费曼在其演讲中提出了使用量子计算机来模拟量子系统的想法，他指出经典计

算机不足以模拟量子系统①。

在此之后，量子计算并没有引起太大的关注。量子计算发展的第一个里程碑事件是质因数分解量子算法的提出。1994 年，彼得·肖尔（Peter Shor）提出了一种高效的质因数分解量子算法②，这也是第一个具有实用价值的量子算法，展现出了量子计算对经典计算的指数级加速，学术界对量子计算的兴趣急剧上升。此后 20 余年，量子算法、量子计算机硬件、量子操作技术等不断发展，推动量子计算取得长足进展。

2019 年，量子计算取得了跨越性的进展。谷歌 AI 量子实验室团队首次宣布实现量子优越性③。量子计算原型机“悬铃木”(Sycamore）执行随机线路采样，在 200 秒内对一个量子线路取样 100 万次，而当时最强的超级计算机需要 1 万年④。这是量子计算发展的又一里程碑事件，至此量子计算迈入了大众视野。2020 年，潘建伟院士、陆朝阳教授的研究组也实现了量子优越性⑤。“九章”执行高斯玻色取样，在 200 秒内采集到了 5000 万个样本，而当时最强的超级计算机需要 6 亿年。在 2024 年的末尾，谷歌的量子芯片 Willow 和我国的“祖冲之三号”再次引发了大众对量子计算的关注，二者量子比特数均达到了 105 个，多方面的性能均实现了显著的提升。

可预期的量子计算的发展大致有三个阶段：第一阶段的目标是验证量子优越性，谷歌的“悬铃木”和我国的“九章”先后实现量子优越性后，第一阶段的目标已经实现。第二阶段的目标是实现有实际应用价值的量子优越性和具有应用价值的专用量子计算机，目前量子计算发展正处于该阶段，但短期尚未产生突破性的应用。第三阶段的目标是实现可编程的通用量子计算机，这是量子计算发展的远期目标，目前无法预计实现的时间。

---

① Richard P Feynman. Simulating Physics with Computers［J］. International Journal of Theoretical Physics，1981（21）：467–488.

② Shor P W. Algorithms for Quantum Computation：Discrete Logarithms and Factoring［C］. Santa Fe：Proceedings 35th Annual Symposium on Foundations of Computer Science，1994.

③ quantum supremacy，即“量子霸权”，指量子计算机对特定问题的计算能力超越超级计算机，由量子理论物理学家约翰·普雷斯基在 2012 年提出。

④ Arute F，Arya K，Babbush R，et al. Quantum Supremacy Using a Programmable Superconducting Processor［J］. Nature，2019（574）：505–510.

⑤ Zhong H S，Wang H，Deng Y H，et al. Quantum Computational Advantage Using Photons［J］. Science，2020，370（6523）：1460–1463.

12.1.3 多技术路线并行

经过 40 多年的发展，量子计算从概念提出发展到实际应用探索，取得了令人瞩目的进展，但目前量子计算仍未投入实际应用。量子计算存在多条技术路线，且未呈现出收敛的趋势，超导量子、光量子、离子阱、半导体、中性原子等技术路线并行发展。不同技术路线具有不同的优劣势，面临的技术与工程挑战存在较大差异，短期内难以出现具备压倒性优势的技术路线，多种路线并行发展的局面将持续。

超导量子路线是最受关注的技术路线，也是目前最有前景且有望率先实现实际应用的量子计算路线之一。2023 年 12 月，IBM 发布了拥有 1121 个超导量子位的量子计算处理器 Condor，是现有量子比特数之最。光量子计算路线同样是备受关注的技术路线，我国在该技术路线研究领域处于国际领先地位。潘建伟院士领衔的团队构建的255个光子的量子计算原型机“九章三号”，刷新了光量子信息的技术水平和量子计算优越性的世界纪录。其他技术路线也在近几年得到了快速发展，例如 Atom Computing 公司发布 1225 原子阵列和 1180 量子比特的中性原子量子计算原型机，但目前没有技术路线可以实现实际应用。

专栏 12.1 量子计算主要技术路线介绍

超导量子路线：当前最受关注和研究最多的技术路线，核心单元是“超导体—绝缘体—超导体”三层结构的约瑟夫森结电子器件。该路线具有可设计、可拓展和可操作性较好等优势，是目前最有前景且有望率先实现实际应用的量子计算路线之一。然而，超导量子系统工作时对环境的要求极为严苛，需要在极低温环境（接近 –273 摄氏度）、低噪声环境中运行，是该技术路线面临的挑战之一。

光量子计算路线：以光子作为信息载体进行量子比特编码，可分为逻辑门型和非逻辑门型，逻辑门型是未来实现通用量子计算的发展方向之一，非逻辑门型可用于组合优化和凸轮问题求解等专用计算问题。光量子的优势在于光量子系统与周围环境互相作用弱，具备可常温工作、相干时间长、保真度较高等优势，但光子间相互作用微弱、高品质光源技术和光子探测技术仍不成熟等问题是该线路的瓶颈之一。

离子阱系统：最早用于量子计算的物理系统，该路线同样是受关注度较高的技术路线之一。离子阱的优势在于无须极低温冷却、操控精度高、相干时间长等，目前实现单比特量子逻辑门保真度 99.9999%，实现双离子系统中单比特量子逻辑门保真度 99.99%、双比特量子逻辑门保真度 99.9%。离子阱的劣势在于可拓展性、系统稳定性等方面较差。

半导体量子计算路线：利用硅同位素量子点结构中的电子自旋构造量子比特，被认为是最有希望实现固态量子计算机的物理体系之一（张建军等，2024）①。该路线具有可拓展性好、门操作速度快和精度高、比特相干时间长等优势，同时大部分工艺与集成电路工艺技术兼容，并且可以在 1~4K（–272.15~ –269.15 摄氏度）的“高”温下工作。该路线仍然面临量子比特数目少、保真度不够高、测控电路不完善等问题。

中性原子路线：采用激光冷却和囚禁技术，利用单个原子的内态能级编码量子信息，激光激发原子里德堡态进行逻辑门操作或量子模拟演化。中性原子路线的主要优势在于相干时间长、可拓展性良好、串扰低、原子间相互作用强等。

12.2 量子计算与经典计算

对量子计算的理解不能仅仅停留在更快上，量子计算更重要的是体现在利用量子力学特性设计出巧妙的量子算法，从而解决“算不出来”的问题，以及加速“可以计算”的任务。

12.2.1 解决“算不出来”的问题

经典计算机“算不出来”的问题，指的是计算量太大，难以在有效时间内求解的问题，也就是说，这些问题是不可有效计算的，即使是最快的经典计算机也需要花上以万年为单位的时间才可以完成计算。组合优化问题便是常见的无法有效计算的问题，想要确定最优的组合仅需要列出全部组合，从中

① 张建军，李海欧，郭国平．半导体量子计算芯片［J］. 中国科学：信息科学，2024，54（1）：102–109.

便可以选择最优解。在组合内元素较少的时候，问题可以快速计算，但是随着元素的增加，问题的计算量迅速攀升，成为难以在有效时间内解决的问题。

显然，仅仅依靠更快的超级计算机或“堆显卡”并不能完成需要上万年甚至是亿年计算时间的计算任务。然而，量子计算的出现改变了这一情况，量子计算可以通过设计专用的量子算法改变问题的计算复杂性，把一些经典计算解决不了的问题变为可以解决。例如，经典计算解决一个问题的时间是按天计算，量子计算处理同样的问题所需时间仅为秒。量子计算便是以这种“抄近路”的方式对计算过程实现了指数级加速。

现实中，组合优化、因数分解、图论问题等都属于这类问题，这类问题常见于人工智能、金融投资、交通物流、网络安全等领域，覆盖了数字经济发展中的多数场景。针对因数分解、组合优化、机器学习、量子模拟等问题，量子计算可以为解决问题提供指数级加速。其中，组合优化更是短期内最有望实现量子计算实际应用的领域，在优化货物装载方面，Quantum–South 和 Amerijet 已经宣布成功验证量子计算用于提升飞机货物装载率，预计装载率将提升 30%①。

目前人工智能发展的瓶颈之一就是解决指数级复杂度的问题。量子计算在机器学习中具备优越性已从原理上被证明（Huang et al.，2022）②，而 HHL 算法、量子神经网络和量子近似优化算法（QAOA）等量子算法也展现出了在人工智能领域的应用前景。显而易见，当量子计算实现实际应用时，算力也将实现跨越式的发展，同时数字经济中的各个领域也将迎来颠覆性的冲击。

需要注意的是，量子优越性是体现在同一个计算任务上的，即量子计算机可以解决的是经典计算机无法有效计算的问题。在量子计算机这一全新的计算模型出现后，普遍认为拓展丘奇—图灵论题是错的，但丘奇—图灵论题仍然是正确的（袁岚峰，2021）③。在可计算性的层面，量子计算并不强于经典计算，但在有效计算的层面，普遍认为量子计算强于经典计算（季铮锋、夏盟佶，2016）④。也就是说，对于“计算不了”的问题，量子计算机和经典计算

① 资料来源：https：//quantum–south.com/?s=amerijet。

② Huang H Y，Broughton M，Cotler J，et al. Quantum Advantage in Learning from Experiments［J］. Science，2022，376（6598）：1182–1186.

③ 袁岚峰. 量子信息简话：给所有人的新科技革命读本［M］. 合肥：中国科学技术大学出版社，2021.

④ 季铮锋，夏盟佶. 计算的极限［J］. 科学通报，2016，61（Z1）：404–408.

机都没办法计算。

专栏 12.2 P 与 NP 问题

P 与 NP 问题是在理论信息学中计算复杂度理论领域里没有解决的问题，它被“克雷数学研究所”（Clay Mathematics Institute，CMI）在千禧年大奖难题中收录。P 代表经典计算机可以在多项式时间内解决的问题，NP 代表可以在多项式时间内验证的问题。P 与 NP 问题可以简单总结为“可以快速验证的问题是不是都可以快速求解”，其中“快速”指加算量随着问题规模的增加速度呈多项式增长。如果 P=NP，则表明问题的答案可以快速验证，其答案也可以被很快计算出来；如果 P ≠ NP，则表明问题的答案可以快速验证，但其答案无法被很快计算出来。

12.2.2 加速“可以计算”的任务

对于庞大计算量的计算困难问题，量子计算可以提供指数级加速，让问题能够在有效的时间内完成计算，但是量子计算并非在所有问题上都能够呈现出指数级加速。在一些应用中，经典计算机已经能够在有效的时间内完成计算任务，如数据库搜索、局部优化问题、特定情况的组合优化和化学模拟等。对于这些问题，经典计算机已经有针对性算法或其他解决途径，例如用于计算困难问题求解的近似算法、分支定界算法、并行和分布式计算等，可以为实际应用提供可行的解决方案，但却不是高效的方案。

对于经典计算“可以计算”的任务，量子计算可以为计算提供多项式的加速，也就是让计算时间不随问题规模增长而快速增长。虽然，在这种情况下量子计算没有展现出惊人的“快”，但是量子计算可以在实际应用中为处理这些问题和任务提供更高效的解决方案。

在数据库查询和化学模拟这类问题上，量子计算具备巨大潜力和应用前景。在数据库查询方面，量子计算可以利用量子态的特性，配合相关量子搜索算法，在未排序的数据库中提供加速，显著提升了数据检索的效率。在化学模拟方面，量子计算可以通过量子力学原理模拟分子，尽管这个过程可能不会实现指数级加速，但在处理复杂分子系统时，量子计算可以提供比经典计算更高效的计算途径，在新材料设计和药物设计方面具有较大的应用前景，例如IBM与Moderna已开展合作，将量子计算用于mRNA疫苗的研究①。

然而，量子计算并不能更快地解决所有问题和计算任务，例如在最简单的加减乘除问题上，量子计算甚至没有表现出任何优势。对于一些经典计算机已经可以快速处理的问题，使用量子计算甚至会导致更高的计算成本。

12.2.3 量子计算机中短期内难以取代经典计算机

对于量子计算，备受社会关注的问题之一就是在量子计算机成为现实时，量子计算机是否会完全取代经典计算机。事实上，学术界普遍认为量子计算并不能全面替代经典计算。

首先，量子计算机的使用有许多限制。由于量子比特容易受到环境干扰，因此量子计算机需要在特定环境中运行。例如，超导量子计算机需要在接近0K（-273℃）的温度下进行，以避免环境对量子比特的干扰，这就要求配备能提供接近绝对零度制冷量的制冷设备。显而易见，除非工程技术上有重大突破，让接近绝对零度变得容易或是让量子计算机对环境的要求不再那么苛刻，否则这都不是一台能够“走出”特定场所的计算机。

其次，量子计算的优势主要在于计算效率提升，其只针对某类可以设计出量子算法的问题计算速度特别快，而不是对所有问题计算速度都特别快。对于许多经典计算已经可以快速处理的问题，量子计算其实并没有展现出优势。同时，由于量子计算机的使用限制和纠错成本等原因，当需要解决的问题在大小和难度等方面较低时，使用量子计算的综合成本将高于经典计算。因此，让量子计算机全面替代经典计算机并不是一种经济的做法。

正如上文所说，量子计算和经典计算的区别主要在于效率高低，在可预见的未来，量子计算并不能全面替代经典计算，与之相反，原则上经典计算可以替代量子计算。量子计算机的未来也许并不是要全面取代经典计算机，也不需要执行所有的计算任务，而是能够准确地、快速地解决某类问题，解决经典计算机无法有效计算的问题。事实上，类似的思想已经在经典计算机中发挥着重要作用，图形处理器（GPU）便是一个例子。基于量子计算的特性，即使进入了容错量子计算（FTQC）时代，量子计算也仍需要经典计算的

① 资料来源：https：//newsroom.ibm.com/2023-04-20-Moderna-and-IBM-to-Explore-Quantum-Computing-and-Generative-AI-for-mRNA-Science。

配合[①]。或许未来量子计算也将像GPU一样，成为计算体系中的一个模块，用于解决特定任务。

12.3 量子计算：新引擎和新挑战

毫无疑问，量子计算将成为数字时代的新引擎，但同时也是破坏传统密码体系的“定时炸弹”。

12.3.1 突破算力瓶颈的尖刀

随着 5G、人工智能技术的快速发展和设备数量的不断增加，日常产生的数据量也以较高的增速不断上升。《全国数据资源调查报告（2023 年）》显示，2023 年我国数据产生总量达到了 32.85ZB，同比增长 22.44%。传统计算机提供的算力在面对如此大规模的数据时，将难以在短时间内处理。在大模型训练对算力需求越来越大、各行业对算力需求不断增加的背景下，全社会的算力逐渐来到瓶颈期。

作为全新的计算范式，量子计算有望以其处理数据和解决计算困难问题的独特优势，突破传统计算面临的算力瓶颈。量子计算基于量子比特的叠加态和纠缠态，能够并行处理大量数据，从而在短时间内处理大规模数据和搜索。此外，解决计算困难问题是现有算力的痛点之一，在短时间内快速解决可以使大模型训练、优化决策更快速、更节能。量子计算利用量子纠缠的特性，可以加速求解经典计算棘手的优化和决策问题，而这也正是数字时代对于算力的需求之一。量子计算作为突破算力瓶颈的“尖刀利刃”，正在引领计算领域的新一轮革命。

12.3.2 挑战网络安全的隐患

量子计算是否会突破现有的密码体系，进而挑战网络安全，这也是备受社会关注的问题之一。这个问题的答案并没有太多争议。RSA 是最常用的密码体系之一，是基于因数分解的困难性而设计的体系，质因数分解量子算法（肖尔算法）早在 1994 年就被提出。肖尔算法可以快速地完成因数分解，例如，用一台每秒计算一万亿次的计算机分解 300 位的十进制数字需要 15 万

① 付耀斌，周辉．量超协同计算发展概述［J］．信息通信技术与政策，2023，49（7）：36–43.

年，但通过量子算法仅需要不到一秒的时间。RSA 密钥长度一般为二进制的 1024 位和 2048 位数，即十进制的 309 位和 617 位数。普遍认为要打破 RSA-2048 方案至少需要数百万个物理量子位才能实现，但新的研究表明，利用新的量子算法，仅需要具有 372 个物理量子位就可以挑战 RSA-2048 的密码方案（Yan et al.，2022）。

对于 RSA 密码体系而言，量子计算就像是“定时炸弹”。只要能够准确运行量子算法的量子计算机面世，RSA 密码体系就会被突破，RSA 密码体系被破解只是时间问题。虽然，常用的椭圆曲线密码、哈希加密等密码体系还没有出现针对性的量子算法，但也仅是还没有相应的量子算法出现而已。当通用量子计算机被成功研发，基于数学问题的密码体系或许将不再安全。

12.4 量子计算的应用探索

正如“量子优越性”的提出者约翰·普雷斯基（John Preskill）所说，我们距离可容错通用量子计算还有很漫长的一段时间，在这之前我们都将处于“中等规模含噪声量子”（NISQ）时代[①]。在 NISQ 时代，量子计算能解决什么问题受到广泛关注，虽然目前还没出现实际应用，但量子计算已逐渐在一些领域中开展探索。

12.4.1 量子组合优化

量子组合优化是利用量子算法在一系列可能的组合中高效寻找最优解。随着组合中的元素增加，组合优化的计算规模呈指数级增长，受到计算资源的限制，导致问题在有效时间内难以求解或难以获得全局性最优解。量子计算通过并行性、量子叠加和量子纠缠等特性，可以更好地处理大规模问题，从而提升解决问题的效率，被认为是当前有可能率先突破应用的方向之一。量子组合优化在金融、交通物流、航空航天、气象预测、药物设计和电信等领域中具有广泛的应用潜力。

近年来，量子组合优化是量子计算领域中受关注度较高的应用探索方向，开始在许多实际应用场景尤其是需要解决复杂组合优化问题的场景中崭露头角。各行各业的企业纷纷与量子计算企业合作，探索量子组合优化的实际应

① Preskill J. Quantum Computing in the NISQ Era and Beyond［J］. Quantum，2018（2）：79.

用。例如，华夏银行与玻色量子在毫秒级时间内对 99 只真实股票动态组合完成问题求解，计算速度超越经典计算；英伟达、Rolls-Royce 和 Classiq 合作，模拟用于计算流体动力学的量子计算电路，进而制造更高效的喷气发动机；中国移动分别与玻色量子和本源量子合作完成基于专用和通用量子计算真机的移动通信网络优化算法实验。

随着量子计算技术和量子算法不断发展，量子组合优化率先在化学、生物医药、金融等领域得到应用，并逐步探索在物流、航空和电信等领域的应用，量子组合优化呈现出应用范围不断扩大的趋势。然而，量子组合优化仅仅是量子算法中的一种，量子算法还包括量子搜索算法、量子近似优化算法和量子神经网络等，可适用于药物研发、运输、人工智能等领域。未来将有更多的量子算法进入大众视野，用于解决各类问题，为各行各业带来效率提升和深远影响。

12.4.2 量子人工智能

人工智能领域需要解决指数级复杂度的问题和处理海量的数据，更大的问题规模和数据规模也带来了更大的计算开销和资源消耗，仅靠更快的计算机解决问题并不现实，这也正是人工智能领域中诸多问题的瓶颈所在。量子计算在解决计算困难问题、优化问题和大规模数据处理等方面可以提供指数级的加速，可以为解决复杂问题和提升计算效率提供新的机会。正因如此，结合量子计算和人工智能的量子人工智能应运而生，量子人工智能（Quantum Artificial Intelligence，QAI）是一种基于量子计算的人工智能技术。

量子计算和人工智能的交叉融合体现在两个方面，量子计算赋能人工智能加速模型训练，而人工智能可以协助优化、改进量子算法。

一方面，人工智能利用量子计算在数据处理、模型训练、优化算法等方面的优势，提升计算困难问题的解决效率，实现更高效的模型训练。目前，业界已经展开量子人工智能的探索，科技巨头推出了量子平台，如谷歌的 TensorFlow Quantum（TFQ）、英伟达的 DGX Quantum，为模型训练提供量子计算。量子计算与人工智能领域结合的前景非常广阔，随着量子计算硬件、量子算法等的不断演进，量子人工智能有望在自然语言处理、图像识别与处理和机器学习等领域取得突破。现在绝大多数量子机器学习算法实现量子加速是通过替换经典算法的子程序，未来跳出传统机器学习的框架，从全新的角度利用量子计算特点解决计算困难问题是更受期待的发展方向①。

另一方面，人工智能可以协助优化和改进量子算法，改善量子计算中的控制和测量，对辅助和改进量子计算的效率和性能提供了帮助。业界已经开始在量子计算领域中引入人工智能，如量子算法设计自动化、量子电路智能优化，这将有助于推动量子计算更多地在实际应用中发挥强大计算能力。

虽然将量子计算引入人工智能可以加速训练速度，但仍面临将经典数据转换为量子数据这一艰巨工作。目前，量子人工智能领域尚处于早期阶段，仍需要更多的基础研究和硬件开发才能进一步兑现量子人工智能的潜力。

12.5 展望未来

12.5.1 量子计算距离“变现”仍较为遥远

过去，约翰·普雷斯基曾用 NISQ 这一模糊术语来表示目前量子计算所处的阶段，而在 2024 年的 Q2B 硅谷大会上，他为量子计算领域设定了新目标。他在会上探讨了量子计算实现重要经济价值所需的条件，并提出了百万量子比特操作（megaquop）或十亿量子比特操作（gigaquop）系统，即能够执行百万次或十亿次量子操作的机器。潘建伟院士在 2024 量子科技和产业大会中提出通用量子计算机需要相干操纵至少百万级量子比特，该观点与约翰·普雷斯基提出的量子计算领域新目标相似。

尽管，谷歌、IBM 等企业，英国、法国等国都提出了在 2035 年前后实现 100 万量子比特相干操纵的目标，投资界也对量子计算展示出了较大的投资意愿，但也应该清楚地意识到，能够运行各种各样应用程序且具备重要经济价值的量子计算机仍是相当遥远的目标。短期内，量子计算机仍是“温室中的萌芽”，还存在许多需要突破的技术瓶颈，当前任务主要是研制专用量子计算模拟机，与实现重要经济价值的目标仍有较长距离。

中短期内，按照目前的技术发展情况，量子计算与超级计算将在未来协同提供算力，即量超融合，将成为量子计算发挥经济价值的主要方式。量超融合通过将计算任务分解、调度和派发，实现量子计算和超算之间的融合，提高计算速度。二者的结合可以充分发挥各自的优势，其中量子计算负责解

① 王健，张蕊，姜楠．量子机器学习综述［J/OL］．软件学报：1–35［2024–03–19］．https：//doi.org/10.13328/j.cnki.–jos.007042.

决计算困难问题的关键步骤，协同超级计算进而提高复杂问题求解效率，提供更快速、更高效的计算解决方案，将比任何一个单独的系统提供更强的算力优势。

近年来，量超融合发展迅速，已经从理论阶段迈入实践阶段。各国机构和企业纷纷开展实际应用探索，我国与德国、加拿大等国家和地区积极探索超算中心和量子计算的集成，英伟达、IBM、日本理化学研究所和中国电信等企业也开始布局量超融合项目。目前，量超融合依托经典云服务，通过网络向用户提供算力。

12.5.2 社会算力瓶颈或将加快技术落地

正如量子计算的提出者费曼所说，经典计算难以模拟量子系统，这也揭示了传统计算面临的窘境，传统计算机在处理复杂问题时的能力导致了社会算力瓶颈。

随着技术进步和数字化转型的深入，从大数据分析到人工智能应用，再到复杂科学模拟和优化计算，传统计算资源已经越来越难以满足现代社会和科技发展的需求。复杂问题处理的需求日益增加，导致社会算力瓶颈问题越发凸显，社会对算力需求达到了前所未有的高度。为了应对当前社会算力瓶颈，寻找一种能够大幅提升算力的新技术成为迫切的需求。量子计算成为破解这一局面的办法之一。

社会算力瓶颈不仅凸显了传统计算的局限，也加速了量子计算技术的研发，加快推动量子计算技术的商业化进程。

从融资上看，根据 ICV TA&K 的统计，2020—2023 年全球量子计算总融资金额高达 59.8 亿美元，年复合增长率高达 34.53%，2021 年、2022 年和 2023 年，三年的当年融资额都超过了 15 亿美元，这些数字充分说明了各界对量子计算技术的关注和期待。同时，投资也逐渐从基础领域转向了应用领域，更多资金开始投入到量子计算软件、专业化应用等方面，这种趋势表明投资者们越来越关注量子计算技术的实际应用和商业前景。高速增长的融资和投资领域的转移也反映出了各界对算力的急迫需求，这将推动量子计算技术加速商业化。随着量子技术的成熟和应用场景的拓展，量子计算有望在可预见的未来实现突破性进展，从而实现真正的技术落地，成为算力重要支柱，推动数字经济快速发展。

12.5.3 量子计算或将形成新的算力壁垒

算力是数字经济时代的核心资源之一，许多领域的发展都取决于算力，例如人工智能中的模型训练就高度依赖强大的算力。毫无疑问，量子计算将会是一次算力革命，届时带给各行各业的冲击并不亚于历史上其他生产力变革。但是，量子计算的算力却很有可能帮助巨头们继续巩固自身的领先地位，成为中小企业难以突破的“算力壁垒”。

最显而易见的原因便是量子计算机的高昂造价。量子计算是挑战人类操控微观世界极限能力的系统工程，集合了几乎所有学科的极限水平技术。在这一背景下，量子计算机的硬件和设备必然十分昂贵。而且，量子计算各技术路线在未来或许会根据自身优势处理不同的任务，而各技术路线需要的设备不尽相同。对于科技巨头而言，有足够的资金和动力支持它们去布局不同的量子计算机，进而巩固它们的领先地位。相反，对于中小企业而言，搭建一台量子计算机将是一笔难以承受的支出，搭建多个路线的量子计算机更是不可能的事情，这必定会在算力层面进一步扩大科技巨头和中小企业的差距。

未来，服务商通过云服务提供量子计算服务，可以一定程度地降低中小企业的进入门槛。但是，人才的缺乏将让中小企业难以突破量子计算带来的壁垒。量子计算的算法包括量子算法和量子门操作算法，设计算法涉及物理学、数学、计算机科学等多个学科的专业知识，对设计算法的专家有极高的要求。Classiq 的 CEO Nir Minerbi 认为全世界能设计出 10 量子比特的量子门操作算法的专家仅有数千人，而其中可以设计出 50 量子比特的量子门操作算法的人仅有数百位。虽然量子计算的编程软件可以缓解人才短缺的情况，但是编程软件并不能在算法创新、算法优化等方面缩小开发者之间的差距。而对于顶尖人才的吸引力，科技巨头与中小企业可谓天壤之别，人才缺乏导致的壁垒将是中小企业难以突破的。

12.5.4 量子计算最终会不会是“竹篮打水”

近年来，许多国家、科技巨头、初创企业、高校和科研机构纷纷卷入“量子热潮”，投入大量人力物力，也取得了许多重大进展。面对浪潮，人们不禁思考，量子计算机会不会造不出来？量子计算机真的比经典计算机强大很多吗？

对于第一个问题，主流观点认为实现可拓展的通用容错量子计算不存在原则性困难，也就是说，造一台通用量子计算机理论上是可行的。因此，对于量子计算的长远发展，多数人持较为乐观的态度。然而，量子计算机是挑战人类极限的工程，控制大规模的量子系统是很困难的，从量子比特数量这个较为直观的指标就可以知道距离实现通用容错量子计算机还很遥远。普遍认为，通用量子计算机至少需要达到百万级的量子比特才可以实现，而目前量子比特数量最多的 Condor 仅为 1121 量子比特，现有成果距离目标还有几个数量级的差距。即使按照 IBM 每年量子比特数量翻倍的计划，要实现百万级比特至少还需要 10 年，而且量子比特数量增加的难度是指数级增加的。此外，还有纠缠比特对数、量子纠错等关键指标需要提升。量子计算机的工程难度之大，不免让人怀疑是否能够实现。事实上，理论上可行但却造不出来的设想并不少，太空电梯就是一个例子。

那么量子计算机是否真的比经典计算机强大很多？在介绍了量子计算有多么强大后提出这个问题似乎有些冲突，但这也正是量子计算发展的关键问题之一。约翰·普雷斯基在演讲中提到，研究者们至今也不能从数学上或者实验上证明经典系统不能精确地模拟量子系统（Preskill，2012）。换言之，并没有任何证据可以证明，存在量子计算可以快速解决而经典计算不能快速解决的任务，即 P 对 BQP 问题。举个例子，虽然量子算法已经实现快速因数分解，但并不能说明经典计算就不存在快速分解大数的算法，也许这样的算法只是尚未被发现或还没有公布而已。不过，多数研究者还是相信量子计算确实强于经典计算。如果最终证明量子计算机并没有比经典计算机强大，那将算得上是大自然开得最大的玩笑了，但是也正如约翰·普雷斯基在演讲中所提到的，如果量子优越性是无法实现的，那可能是由于尚未被发现的物理定律。

专栏 12.3　P 对 BQP 问题

BQP（Bounded-error Quantum Polynomial time）的全称为有限误差量子多项式时间，是量子计算机可以在多项式时间内解决的问题。P 代表经典计算机可以在多项式时间内解决的问题。目前，已经证明 BQP 问题包含 P，但是还没有证明 P=BQP 或者 P ≠ BQP。如果最终发现 P=BQP，那么量子计算机就会变得没有用处，因为经典计算机和量子计算机可以在多项式时间内解决的问题是一样的。

第13章 Web3 技术

随着互联网技术的飞速发展，Web3 作为下一代互联网技术，以其去中心化、数据资产化和用户自主等特性，探索数字经济发展新的边疆[①]。

13.1 “少一点信任，多一点真实”

中心化网络通过中心节点提供稳定和可靠的基础设施，为数十亿用户提供便捷互联网服务，但是在这一过程中也诞生了中心化的巨头，少量的平台“控制”了多数人的互联网。正是在这一背景下，Web3 的概念被提出，Web3 的出现让用户期待互联网发生一场变革。Web3 代表的是一个更好的互联网愿景，旨在构建一个由用户主导并且更加开放、透明的互联网。

Web3 并不等同于 Web3.0。Web3.0 最早由万维网的发明者 Tim Berners-Lee 于 1998 年提出，用于描述让网络中的数据可以更好地被计算机理解和处理，进而可以更智能服务用户的概念。Web3 的概念由以太坊联合创始人 Gavin Wood 于 2014 年提出，其核心目标是创建一个更加开放、自由和去中心化的网络环境，使用户能够更好地掌控自己的数据和在线体验。Web3.0 是 Web2.0 演进的下一步，语义网是这一演变的主要组成部分，而 Web3 是正在形成中的新一代互联网框架，不是互联网的演变，而是替代方案的提议。Web3 强调用户对自己数据和身份的控制，用户拥有自己的数字身份和数据所有权，并有权选择如何使用和分享这些数据，而不是被中心化的平台所控制和监管。

Web3 是基于分布式账本技术和加密技术的新型互联网范式，虽然目前

① 本章中的 Web3 是指目前以以太坊区块链生态系统为代表的一组技术和协议，用于构建去中心化应用程序（DApps）和去中心化金融（DeFi）应用。Web3 是 Web3.0 技术的一个组成部分，但不等同于 Web3.0。

还没有一个被广泛接受的明确定义，但其具有去中心化、去信任、用户平等、用户主导等核心理念。去中心化主要表现为数据和权力被分散存储在网络的各个节点上，与存在着中心化平台的Web2.0不同，Web3没有单一的控制中心，用户可以更好地控制自己的数据和身份。去信任指在一个系统或者平台中，参与者之间不需要相互信任，也不需要依赖中介方或者第三方，而是通过工作量证明和权益证明等分布式账本技术进行交易或合作。用户平等最主要的特征就是每个用户都有参与Web3的平等权限，如平等的访问权、参与权、数据所有权等。用户主导表现为用户拥有更多的权力和控制权，通过去中心化自治组织（DAO）等机制参与决策，自主决定Web3的发展方向和运行规则。

作为Web3的提出者，Gavin Wood曾总结，Web1.0是一个只读网络，Web2.0是一个读写网络，而Web3承诺的是提供一个无中介的读写网络，即一个去中心化的互联网。他认为Web3的定义是“少一点信任，多一点真实”（Less Trust，More Truth）。

13.2 从互联网演化看Web3

互联网从Web1.0发展至Web2.0，如今正处于迈向下一代互联网技术阶段。Web3作为一种愿景，在互联网迈向下一代的过程中被提出。

Web1.0阶段主要是20世纪90年代初至21世纪初。Web1.0最主要的特征就是用户“被动接受”，由开发者向用户提供易于访问的静态网页，用户只能被动浏览网页，用户与网站之间缺乏交互。

Web2.0在21世纪初开始发展，至今仍处于该阶段。进入Web2.0后，互联网不再是开发者单向发布信息，而是由平台和用户共同创造内容和服务，用户既是内容的获取者，也是内容的生产者，互联网增强了互动性。Web2.0阶段见证了平台经济的崛起，诞生了谷歌、亚马逊、腾讯、阿里巴巴、字节跳动等互联网巨头，平台成为连接用户、内容和服务的重要中介，呈现出中心化的特征。中心化意味着少数平台掌握了大量用户数据，并提供个性化服务和推荐，平台在决定用户体验、内容流量和广告投放等方面掌握了巨大的权力。随之而来的是，人们也对中心化的平台产生了担忧，即平台可能滥用用户数据，损害用户隐私权和信息安全。一些人也呼吁推动去中心化的技术和平台模式，以减少对个别平台的依赖，实现更加公平和开放的互联网环境。

2014年，Gavin Wood提出Web3的核心目标，即对抗亚马逊、谷歌等高度中心化的Web2.0巨头。

Web3阶段始于21世纪10年代初，相较于Web2.0，Web3最主要的变化就是去中心化。Web3是互联网演进的重要方向，正在形成以去中心化的底层网络架构为核心，以数据主权控制和价值传输为目标的新一代互联网框架[①]，旨在创建一个更加去中心化、加密化和用户控制的网络环境。Web3的演进阶段更多地涉及技术和理念的变革，以实现更加开放、去中心化和加密化的网络环境。区块链技术和智能合约是实现去中心化的关键因素之一。区块链作为一种分布式数据库，确保了数据的安全性和透明性，消除了传统中心化系统中单点故障和数据篡改的风险。智能合约是在去中心化的网络上执行自动化的合约，实现了无须第三方信任的交易和协议执行，从而推动了去中心化应用程序的发展，使得网络更加透明、可靠和安全。Web3去中心化的特性赋予用户对数据的所有权和控制权，用户可以管理个人数据，并保护隐私。

13.3 Web3技术现状

自提出以来，Web3进入快速发展阶段，相关技术不断成熟，同时，随着Web3的技术应用不断丰富，Web3也逐步迈入合规监管时代。

13.3.1 技术架构基本成型

Web3基本形成了设施、基础、扩展和应用的四层架构。

设施层是Web3技术架构的基础，提供了网络的基础设施和硬件支持，主要包括分布式网络、区块链硬件和存储解决方案等基础设施。分布式存储解决方案如IPFS和Filecoin，提供了可靠数据存储方式，为Web3应用提供了坚实的数据基础。

基础层是Web3的核心，是构筑可信协作网络的基础，具备区块链协议和网络的基本功能，主要包括共识算法、智能合约和加密技术等关键技术。智能合约技术的进步使得更复杂的去中心化应用成为可能，例如以太坊平台上的Uniswap和Aave，以及波卡生态中的去中心化交易所（DEX）；零知识证

① 中国信息通信研究院. 全球Web3技术产业生态发展报告（2023）[R]. 中国信息通信研究院，2023.

明（ZKP）等隐私保护技术的应用，如zkSync，允许用户在保护隐私的同时进行交易。

扩展层旨在提高基础层的性能和功能，使其能够容纳和连接更多的应用，从而推动应用创新，主要包括跨链技术、状态通道和侧链技术等。作为Web3的基石，区块链技术不断成熟，Polygon、Optimism等Layer2解决方案和Cosmos、Polkadot等跨链技术的发展提高了网络的可扩展性和互操作性。

应用层是用户直接交互的界面，包括各种去中心化应用和服务，例如去中心化金融、非同质化代币（NFT）、去中心化社交网络和去中心化自治组织（DAO）等。OpenSea是一个去中心化的NFT市场，用户可以创建、购买、出售和发现NFT；数字藏品平台如蚂蚁链“鲸探”和腾讯“幻核”等平台利用区块链技术为用户发行限量版数字藏品。

13.3.2 应用迈向虚实融合

Web3分布式应用的核心理念是由数据驱动的价值分配和价值流动，通过区块链、智能合约等技术形成从数据权益化、权益资产化到资产流通化的价值闭环[①]。目前，数字原生应用仍是Web3应用的主要形式，但虚实融合的关注度在不断提升。

在金融领域，现实世界资产（Real World Assets，RWA）通证化是指将现实世界中的各种资产表达为数字世界加密通证的过程。包括摩根大通、高盛、BlackRock和Fidelity在内的传统金融巨头纷纷入场探索现实世界资产通证化。现实世界资产通证化的兴起，为资产的流通、交易和融资提供了新途径，深化传统金融和加密世界的连接。

在支付领域，传统支付巨头开始探索在Web3中连接法定货币和加密货币。传统支付巨头VISA使用以太坊网络进行USDC稳定币支付结算；PayPal在以太坊区推出美元稳定币PayPal USD，作为Web3支付的尝试。

在营销领域，Web3的应用使传统的营销模式更加多元化，品牌可以通过创建自己的代币或NFT来激励用户参与品牌活动，如购买产品、分享内容或提供反馈，同时提升品牌忠诚度。星巴克、LV、耐克、阿迪达斯、保时捷等行业龙头入驻Web3领域，积极探索与传统业务融合，重塑品牌与消费者的

① 中国信息通信研究院．全球Web3技术产业生态发展报告（2022）［R］．中国信息通信研究院，2022.

连接，拓展业务边界。

在其他领域，OpenAI 的 CEO Sam Altman 推出 Web3 项目 Worldcoin，致力于提供具有人类生物特征的 World ID，以及为每个人提供普遍基础收入（UBI）的愿景。Filecoin 利用分布式存储网络、区块链技术实现去中心化文件的存储和分享，从而消除了对中央管理机构的需求，确保文件被安全存储，并能够在没有审查风险的情况下访问。虚拟现实平台如 Decentraland 和 The Sandbox 允许用户在虚拟世界中创建、拥有和货币化土地和资产，提供了一个全新的社交和游戏环境。

13.3.3 合规监管逐步加强

围绕 Web3 的监管体系逐步完善，各国正在加速推动稳定币、央行数字货币、NFT 等相关法律法规出台。2023 年，国际货币基金组织和金融稳定委员会发布了全球加密资产统一监管框架，并向二十国集团（G20）各国领导人提供了政策建议。2023 年 10 月，G20 财政部长和中央银行行长发表联合公报，宣布一致通过加密资产监管路线图，包括政策框架、宣传计划、全球协调、合作和重要信息共享。这是全球 Web3 监管体系建设的里程碑事件，意味着统一加密资产监管框架正式形成。

围绕 Web3 的监管手段也逐步完善，立法、执法和监管沙盒共同助力提升监管执行效能。在立法方面，各国加速推进加密资产相关法律，例如欧盟已出台《加密资产市场监管法案》、美国联邦层面正在推进多项法案。执法方面，美国证券交易委员会针对加密交易所和 NFT 行业采取了监管执法措施。监管沙盒也在多国取得实践，为创新企业提供了安全可控的运行空间，有效平衡技术应用创新和风险可控。

13.4 虚拟世界应用仍是主战场

13.4.1 数据资产化的重要探索

Web3 强调数据的使用权和价值要归还给数据要素创造者，其去中心化的特点重塑了互联网信任体系，消除单点故障和数据集中风险，提高数据安全性和可信度。在 Web3 中，用户数据的所有权可以通过区块链等技术清晰记载，用户数据的交易和价值实现可以通过智能合约自动执行，实现数据的确权和流通，加速数据共享和交易，进而促进数据资产化。

此外，Web3 还为数据资产化提供了去中心化数据市场，并确保数据交易的透明性和可追溯性。在 Web3 中，数据市场可以通过智能合约和区块链技术实现去中心化，数据供需双方可以直接进行数据交易，不需要依赖中介。去中心化数据市场为数据资产化提供了更加开放和高效的平台，降低了数据交易的成本和风险，促进了数据的流通和应用。区块链的技术特点也使所有交易都将被记录在链上并且难以篡改，交易历史可以被所有人查看和验证。高透明度和可追溯性增强了数据交易的可信度，为数据资产化提供了更加可靠的基础。

未来，Web3 将在去中心化数据交易平台、数据交易的标准化和规范化、隐私保护、跨链数据交易等方面开展探索，为数据资产的流通和应用创造更加开放、安全、高效的环境，推动数据资产化。随着越来越多的去中心化数据交易平台的涌现，利用区块链技术可以为数据提供安全、透明、高效的交易环境，同时提升交易便利性和平台用户数，进而促进数据资产的流通和交易。数据交易和数据资产化的进一步成熟将对数据标准和数据交易规范等提出更高的要求，以确保数据交易的安全、合法和公正。此外，用户对隐私保护的重视程度将不断提升，Web3 中将会出现更多的数据隐私保护方案，为数据资产化提供更强大的保障。

数据治理将是 Web3 在数据资产化探索中的另一个重要议题。例如，不同区块链平台的发展和应用导致数据存储在不同“链”上，跨链数据交易将是 Web3 需要重点关注的演进方向，如何实现不同区块链之间的数据交易和价值传输，促进数据资产的跨平台流通和应用，是 Web3 推动数据资产化的关键之一。

13.4.2 元宇宙发展的关键组成

Web3 是元宇宙的关键构成要素之一，其为元宇宙提供了底层运行规则，包括组织范式、价值交换体系、数字身份等，区块链、智能合约、隐私计算等技术为元宇宙的规则运行提供了技术基础。目前，Web3 在元宇宙中的应用主要集中在虚拟资产、数字身份、内容创作等方面。

在虚拟资产方面，Web3 为元宇宙提供了去中心化虚拟资产确权和交易，区块链和智能合约等技术可以为元宇宙中的虚拟资产提供去中心化交易平台，用户可以真正拥有虚拟资产，并在元宇宙中自由交易。在数字身份方面，Web3 可以为用户提供安全、私密的数字身份，使用户能够在元宇宙中建立信任关系并进行社交互动。通过去中心化身份验证和加密技术，用户可以控制自己的个人数据，并在元宇宙中与他人进行安全、私密的交流和互动。在内容创作方面，Web3 为用户提供了去中心化的内容创作和分享平台，使用户能够自由创作、分享和传播内容。通过智能合约和去中心化存储，用户可以在元宇宙中发布和共享内容，并获得相应的激励和回报。

元宇宙是一个虚拟的数字世界，而 Web3 正是构建这个虚拟世界运行规则的关键，未来，Web3 将围绕虚拟世界建设、价值传输、自治组织和跨平台互通等开展探索，为用户提供更加丰富、开放、安全的虚拟世界体验。

元宇宙是一个巨大的虚拟世界，需要大量的虚拟环境、场景和资产来构建这样的世界。Web3 可以为元宇宙提供去中心化的虚拟世界建设平台，通过区块链技术和智能合约实现虚拟资产的创建、交易和管理，为用户提供更加开放、自由、安全的虚拟世界体验。元宇宙中的虚拟资产包括虚拟土地、数字艺术品、虚拟货币等，这些资产的交易和价值传输需要一个安全、高效、透明的交易平台。去中心化交易平台可以实现资产的安全交易和价值传输，为用户提供更加便捷、安全的数字资产交易服务。自治组织将是元宇宙的主要组织范式，去中心化自治组织高度契合元宇宙自治组织的需求，通过 Web3 的底层技术可以实现元宇宙虚拟社区和组织的自动化管理和决策，为用户提供更加公平、透明的虚拟社区和组织环境。

未来，元宇宙中的虚拟世界将涉及多个平台和应用，用户希望能够在不同的平台之间自由流动和交互。跨链技术和互操作协议将会是 Web3 的探索方向之一，用于实现元宇宙中不同平台和应用之间的互操作性，为用户提供更加无缝、流畅的虚拟世界体验。

13.4.3 让游戏成为玩家的游戏

Web3 游戏是基于区块链技术和去中心化理念构建的游戏，其与传统游戏最大的区别在于玩家拥有 Web3 游戏生态系统内资产的所有权，玩家与发行方从消费者与企业的关系变成了“利益共同体”的关系，游戏资产的增值由发行商和玩家共享。

Web3 游戏使用区块链技术来创建和管理游戏内的虚拟资产，如道具、角色、土地等，这些资产都是以区块链上的数字资产形式存在的，使得游戏内的虚拟资产具有真实的所有权，并且可以在游戏内外进行去中心化的交易，实现游戏内资产的所有权向玩家转移。由于游戏内的虚拟资产是以区块链上的数字资产形式存在的，因此可以在不同的游戏平台之间进行互操作。玩家可以将自己在一个游戏中获得的虚拟资产带到另一个游戏中继续使用，从而实现跨游戏的资产流动和互通。

开放性和透明性也是 Web3 游戏区别于一般游戏的主要特征之一。Web3 游戏内部的数据和规则存储在区块链上，使其不可篡改和公开可验证，玩家可以了解游戏的内部运行机制和规则设定，确保了 Web3 游戏的公平性和透明度。Web3 游戏玩家可以投票参与游戏的决策过程，确保游戏的发展方向和规则制定是公开、透明和民主的。

Web3 游戏未来的演进趋势可能会涵盖技术创新、跨链互操作、元宇宙互联等多个方面，为玩家提供更加丰富、多样化和社交化的游戏体验。随着区块链和加密技术的不断发展，Web3 游戏将会不断涌现出新的技术创新，包括更高效的区块链架构、更安全的智能合约、更多样化的去中心化身份验证等，从而为玩家提供更稳定、更安全、更便捷的游戏体验。不同区块链平台上的游戏实现互通要求跨链操作性能进一步增强，未来，Web3 游戏将会实现跨链资产的自由流通和互通，玩家可以将自己在一个游戏中获得的虚拟资产带到不同链上的另一个游戏中继续使用，从而拓展了游戏的边界和可能性。

13.5 颠覆现实还是空想主义

13.5.1 融入实体经济程度不高

Web2.0 发展成熟，其应用模式和思想理念已经全方位融入现实社会中，成为其密不可分的一部分。与之相比，Web3 仍处于发展初期，虽然逐步形成了核心思想，但体系、生态、应用和商业模式还处于探索阶段，与实体经济的融合程度较低。在技术、规则、监管等限制之下，Web3 缺乏快速融入实体经济和社会运行的有效手段。围绕 Web3 去中心化、透明度高等特点的相关商业模式还处于早期阶段，未来的演进路径不清晰，对于是否可以在实体经济中找到真正有价值的应用场景还存在较大不确定性。此外，Web3 的概念和应用对于许多人来说还比较陌生，存在认知障碍，对于区块链、加密货币等概念存在误解和疑虑，缺乏信任和认可。

13.5.2 基础设施碎片化问题凸显

Web3 生态系统存在不同区块链平台、不同技术标准等，导致了基础设施碎片化的问题。在平台方面，Web3 生态系统中存在多种不同的区块链网络，如比特币、以太坊、Polkadot、Solana 等，每个网络都有自己的特点、技术架构和社区支持。多样化导致不同区块链网络之间的互操作性和互通性较差，使得跨链应用和资产转移变得复杂和低效。在技术标准方面，不同的区块链项目和开发团队采用不同的技术架构和标准，导致应用程序之间的互操作性不足，难以实现数据和价值的流动和共享。此外，Web3 生态系统中还存在大量的链下数据，目前缺乏有效的链下数据管理工具和标准，导致链下数据碎片化和不互通，给应用开发和运营带来了一定的挑战。

13.5.3　安全风险问题层出不穷

Web3 技术虽然具备去中心化、透明度高和用户控制等优势，但也伴随着一些安全风险问题，如智能合约漏洞、私钥和钱包安全、网络攻击等。智能合约一旦部署在区块链上，就很难或无法更改，如果智能合约存在编程错误或漏洞，可能导致资金损失或其他安全问题；私钥被存储在不安全的环境中、通过网络传输时未加密等也可能导致私钥泄露的风险；网络攻击则包括区块链 51% 攻击、DDoS 攻击等，这些攻击可能会影响网络的正常运行和交易的安全性。此外，DApp 本身也可能存在风险，DApp 直接与区块链交互，可能存在安全漏洞，如权限控制不当、用户数据泄露等都可能导致安全问题。

13.5.4　监管是 Web3 技术健康发展的关键

Web3 的去中心化特点和创新性质带来了新的经济和社会机遇，同时也带来了诸多挑战，如安全风险、合规问题以及用户权益保护等。用户自治的规则制定方式容易产生对用户不利，甚至损害用户利益的规则。由于 Web3 已经具备公共品的性质，因此需要有效监管确保公平竞争，保障用户权益，并维护市场稳定。监管在 Web3 的发展过程中扮演着至关重要的角色，不仅可以规范市场行为，还能够减少技术和市场风险，防范潜在的滥用、不当行为和投机炒作。通过建立健全的法律法规框架、采用先进的监管科技手段、设立监管沙盒等灵活机制，监管机构能够更好地应对 Web3 的变化和挑战，为其可持续发展提供有力支持。完全自治的 Web3 旨在对抗当前互联网及用户数据由少数巨头控制的局面，但也存在乌托邦主义的倾向。监管不仅是保障 Web3 技术健康发展的必要条件，也是推动其朝着更加成熟和可靠方向迈进的关键因素。

第14章

新一代移动通信技术

新一代移动通信技术主要指的是第五代移动通信技术（5G）及正在探索中的第六代移动通信技术（6G），代表着人类通信技术发展的最前沿。新一代移动通信技术的发展不仅改变了大众的生活方式，也深刻影响着工业、交通、医疗等领域，推动人类社会迈入“万物互联”时代。

14.1 新一代移动通信技术概况

14.1.1 5G、6G简述

5G具有高速率、低时延和高连接数密度三大特点，其理论峰值速率可以达到每秒20Gbps以上，远超第四代移动通信技术（4G）的理论峰值速率（100Mbps）；5G的空中接口时延最低仅为1毫秒，为自动驾驶、远程手术等有极高实施反应要求的应用提供了可能性；5G能够支持每平方千米百万计的设备连接数，极大地支持了工业互联网、智能制造和物联网（IoT）等领域的发展。

国际电信联盟（International Telecommunication Union，ITU）定义了5G的三大应用场景：增强移动宽带（eMBB）、超高可靠低时延通信（URLLC）和机器类通信（mMTC）。eMBB主要应对移动互联网流量爆炸式增长，提升用户体验；URLLC是用来满足工业控制、远程医疗、自动驾驶等时延和可靠性要求高的应用；mMTC针对智慧城市、智能家居、环境监测等传感和数据采集应用。自2019年商用以来，5G已经在全球范围内迅速推广并且广泛部署。

专栏 14.1　5G 应用情况

全球 5G 网络稳步发展。截至 2024 年第一季度末，全球 119 个国家和地区的 308 个运营商推出基于 3GPP 标准的 5G 商用网络，全球 5G 商用网络超过 308 张，季度新增 4 张。2024 年 6 月 18 日，在上海举行的 3GPP RAN 第 104 次会议上，Rel–18 标准正式冻结，标志着 5G–A（5G–Advanced）技术的诞生。

截至 2024 年第一季度末，全球 5G 基站部署总量约 549 万个，同比增长 36.5%，季度新增 32 万个。其中，中国 5G 基站累计建成开通 364.7 万个，北美地区 5G 基站约 34 万个，欧洲地区 5G 基站约 36 万个，韩国 5G 基站超 22 万个，日本 5G 基站约 16 万个，其他地区约 75 万个。预计 2025 年全球将建有 5G 基站 650 万个。

2024 年第一季度，全球 5G 用户总数约 16.8 亿，同比增长 47.4%，季度新增 5G 用户约 1.1 亿。其中，中国 5G 用户数达到 8.74 亿，北美 5G 用户数约 2.7 亿，欧洲 5G 用户约 1.7 亿，日本 5G 用户数约 7000 万，韩国 5G 用户数约 3790 万，其他国家和地区 5G 用户数约 2.43 亿。

5G 赋能效应日益显著，我国 5G 融合应用深度广度不断拓展，规模化发展持续取得新成效。截至 2024 年第一季度，我国 5G 应用已经覆盖 71 个国民经济大类，5G 应用案例超过 9.4 万个，在工业、矿业、电力、港口、医疗等行业深入推广，实现规模复制[①]。

6G 是继 5G 之后的下一代移动通信系统，其内涵将远超通信范畴。在 5G 的基础上，6G 将从人联和物联迈向万物智联，实现全球无缝覆盖。6G 在峰值速率、时延、连接数密度、可靠度和定位能力等方面都将远优于 5G（见图 14.1）。

2023 年 6 月，ITU 完成《IMT 面向 2030 及未来发展的框架和总体目标建议书》等文件，描绘了 6G 目标与趋势，提出了 6G 应用的 6 大典型场景，其中，3 大类为 5G 应用增强，分别是沉浸式通信（Immersive Communication）、

① TD 产业联盟. 5G 产业和市场发展报告［R］. TD 产业联盟，2024.

超大规模链接（Massive Communication）和超高可靠和低时延通信（HRLLC）；3类新增应用场景分别为泛在连接（Ubiquitous Connectivity）、人工智能与通信融合（Integrated AI and Communication）和感知与通信融合（Integrated Sensing and Communication）（见图14.2）。

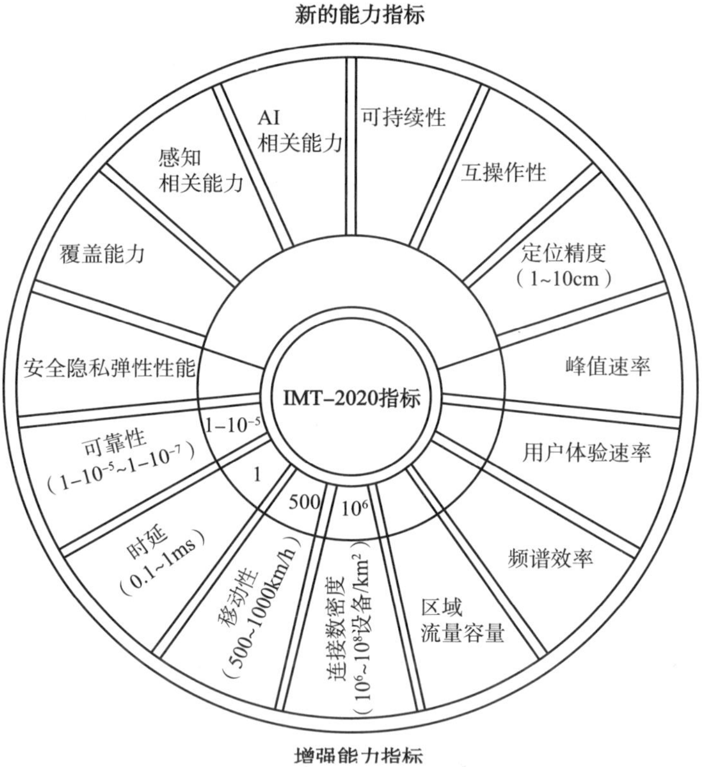

图14.1　IMT-2030 6G通信能力

图片来源：笔者根据ITU相关资料重新绘制。

根据第三代合作伙伴计划（3rd Generation Partnership Project，3GPP）的6G标准时间表，2027年上半年将启动6G标准制定，2029年完成；6G基础版本标准，即Rel-21版本标准，有望在2030年前后实现商用。

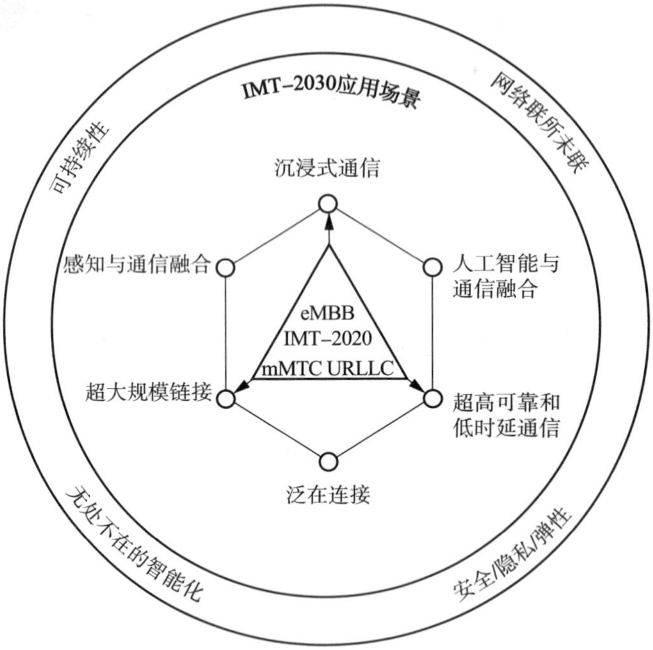

图 14.2 IMT-2030 6G 应用场景

图片来源：笔者根据 ITU 相关资料重新绘制，eMBB 指增强移动宽带，URLLC 指超可靠和低时延通信，mMTC 指大规模机器类型通信。

专栏 14.2 IPv6 和 5G

互联网协议第 6 版（Internet Protocol Version 6，IPv6）是互联网工程任务组（IETF）设计的用于替代互联网协议第 4 版（Internet Protocol Version 4，IPv4）的下一代 IP 协议。IPv4 网络地址资源不足的问题严重制约了互联网、物联网等领域的发展，而 IPv6 可以提供充足的网络地址资源，甚至号称可以为全世界每一粒沙子编号。IPv6 的使用顺利解决了多设备接入的障碍，为 5G 时代万物互联夯实了基础。此外，IPv6 有助于优化网络的时延与可靠性。

5G 的不断发展和应用也激发了基于 IPv6 的技术创新。“IPv6+”正是面向 5G 和云时代的智能 IP 网络，其包括 SRv6、网络切片、IFIT、BIERv6、APN6 等协议创新，以及以网络分析、自动调优等网络智能化为代表的技术创新，可以高效支撑移动互联网、物联网、云计算、大数据和人工智能等领域的快速发展①。

14.1.2 移动通信技术的演进历程

移动通信技术大约每10年就会产生新一代技术，而业务的普及和应用则通常需要经历两代，即20年左右的时间才能成熟。移动通信技术的发展已经经历了五代，从简单的声音通信逐渐发展到今天的高速数据和多媒体服务，如今正迈向第六代移动通信技术。

第一代移动通信技术（1G）是模拟蜂窝系统，其发展可以追溯至20世纪70年代中期。1978年底，美国贝尔实验室成功研发了高级移动电话系统（Advanced Mobie Phone System，AMPS）。AMPS是全球首个移动蜂窝电话系统，也是在全球范围应用最广泛的系统，曾在超过72个国家和地区运营。此外，英国的全接入通信系统（Total Access Communication System，TACS）也是应用较为广泛的系统，我国的1G系统采用的便是TACS。1G存在容量有限、保密性差、通话质量不高和不能提供漫游等问题，使其无法被大规模普及和应用。

第二代移动通信技术（2G）是窄带数字蜂窝系统。随着电子信息技术的成熟，20世纪80年代后期移动通信技术逐渐转向了数字通信技术。2G时代的代表系统是全球移动通信系统（Global System for Mobile Communications，GSM）和码分多址（Code Division Multiple Access，CDMA），其中162个国家采用GSM，而我国的2G系统采用了GSM和CDMA。2G在引入数字技术后，有效地改善了通话质量，提高了通话保密性，并且提供了国际漫游功能。

第三代移动通信技术（3G）最早由国际电信联盟（ITU）于1985年提出，3G时代开启了移动通信由语音业务为主向数据业务为主的转变。3G的3个主要国际标准及其商用系统分别为美国的CDMA2000、欧洲的宽带码分多址（Wideband CDMA，WCDMA）和中国的同步码分多路访问（Time Division Synchronous Code Division Multiple Access，TD-SCDMA）。相较于2G，3G最

① 资料来源：https：//info.support.huawei.com/info-finder/encyclopedia/zh/IPv6---.html。

明显的特征就是全面支持更加多样化的多媒体技术，并将无线通信与国际互联网等多媒体通信结合。

随着人们对更高数据率的通信需求日益增加，4G 标准化制定被提上议程。3GPP 于 2005 年 3 月启动空口技术的长期演进（Long Term Evolution，LTE）项目，并于 2008 年发布了 Rel–8。虽然 LTE 被宣传为 4G 标准，但 LTE 实际仅为“3.9G”，其并未达到 ITU 对 4G 性能指标的要求，直到 LTE–Advanced 的出现才真正满足了 ITU 对 4G 的要求。4G 具有高速率、低时延、灵活漫游等特点，支持在任何地方接入互联网，集多功能于一身。同时，4G 的高速率、低时延等特点也刺激了移动端的应用创新，引发了社会和生活的变革。可以说，4G 和智能手机共同开启了数字时代。

与 2G、3G、4G 不同，5G 不是一种单一的无线接入技术，而是多种新型无线接入技术和现有 4G 后向演进技术集成后的解决方案的总称[①]。5G 可以被称为融合网络，其融合了多项技术，实现了速率、连接数密度等关键指标的全面提升。目前，我们正处于后 5G 时代，5G 的技术和应用逐渐成熟，不断影响着社会和各行各业。如今，业界已经开始了 6G 的研发。

14.2　5G：开启万物互联时代

相较于 4G，5G 在速率、时延、连接数、网络管理和可靠性等方面都有了质的飞跃，为用户提供了更高质量的移动通信体验，极大地改变了用户的日常生活，推动了多个行业的数字化转型和新技术应用，并持续开展更多的应用场景探索。国务院新闻办公室于 2024 年 4 月 18 日举行的新闻发布会透露，我国 5G 应用已融入 97 个国民经济大类中的 74 个，工业互联网覆盖全部 41 个工业大类。按照中国信息通信研究院测算，自 2019 年商用以来，5 年间，5G 直接带动经济总产出约 5.6 万亿元，间接带动总产出约 14 万亿元，正逐渐成为经济发展的新引擎。

14.2.1　用户体验革新

更快的速率、更低的时延、更高的可靠性和更广泛的连接数使得 5G 能够支持全新的应用场景，从而给用户的日常生活和工作方式带来重大变化。

---

① 朱晨鸣，王强，贝斐峰，等．6G：面向 2030 年的移动通信［M］．北京：人民邮电出版社，2022.

首先，极快的数据传输速率为用户提供了前所未有的移动设备使用体验。5G 的理论峰值下载速度可以达到每秒 20Gbps 以上，在实际使用中，5G 通常可提供比 4G 快数十倍的速度。速度的提升意味着用户可以在数秒内下载一部高清电影，即时加载大型应用程序和游戏，无缓冲地观看 4K 视频等。这使得移动设备的使用体验更加流畅和愉悦，尤其是视频的观看体验。

其次，超低的时延为许多需要实时响应的应用提供了可能性。5G 的另一个关键特性是极低的时延，这对于需要实时响应的应用至关重要，如线上游戏、视频通信和远程操作等。在新冠疫情期间，5G 为大众居家生活、学习和办公等提供了极大的便利，低时延确保了几乎实时的交互，极大提升了用户的使用体验。

最后，5G 的大连接特性也极大拓展了其应用场景。在物联网领域，5G 可以支持更多的设备同时接入网络，实现设备之间的互联互通。这不仅为智能家居、智慧城市等应用场景提供了强有力的支持，还推动了物联网产业的快速发展。通过 5G，消费者可以更加便捷地控制和管理家中的智能设备，享受更加智能、舒适的生活。

5G 带来的不仅仅是网络速度的提升，更是通过技术创新实现了网络服务的全方位革新，将用户带到了一个万物互联的时代，为用户带来全新的体验。

14.2.2 垂直行业应用

对于大众而言，5G 只是更快的移动通信技术，尚未对日常生活形成颠覆性的影响，但在一般消费者不太熟悉的垂直领域中，5G 已深入各行各业。部分领域 5G 已经实现了“从 0 到 1”的应用突破，在矿山、码头等场景中更是实现了“从 1 到 N”的模式复制。例如，过往矿山开采作业高度依赖人工，工作人员需要深入井下进行机器操作，存在大量的安全问题，而 5G 的出现使得远程操作机器完成开采作业成为可能。工作人员可以在地面进行远程操作，彻底避免了在井下工作的安全风险。

虽然 Wi-Fi 可以提供较高的传输速度和较低的时延，目前应用中的 Wi-Fi 6（第六代无线网络技术）最高速率达到了 9.6Gbps，时延可以低至几十毫秒，这对于多数家庭和商业应用已经足够。然而，垂直领域内的许多场景对网络的可靠性和时延有极高的要求，其中对时延的要求更是达到了毫秒级，即使是最新的 Wi-Fi 6 也难以满足。同时，大多数路由器只能支持接入 250 个左右的设备，而当下智慧工厂中涉及大量传感器、机器人和其他智能设备协同工作，250 个左右的设备接入量难以支持复杂的自动化、智能化生产流程。此外，Wi-Fi 网络与调度系统相连，还存在同频干扰、数据丢包、热点切换卡顿、安全性差等问题。

柔性制造的发展也对 5G 有极大的需求。当市场需求多元化且快速变化时，要求企业的产线能够迅速调整，从而满足个性化、定制化的生产需求。过往以线缆连接设备的工厂产线无法实现柔性制造，难以应对越来越快的市场需求变化。5G 的特点正好满足了柔性制造的需求。5G 可以打破传统工业制造的物理边界，通过庞大连接数实现对生产要素的广泛连接。超低时延、高可靠性、大连接数的 5G 网络，使得工厂中的设备不再受线缆的掣肘，设备模块可以便捷移动，迅速组成定制的流水线。

14.2.3　物联网发展

部分行业或许存在替代 5G 的技术方案，但如果没有 5G 技术，物联网的发展将会严重受阻。物联网正经历着前所未有的变革，在这个变革的浪潮中，5G 技术无疑是推动物联网发展的关键支撑。

5G 几乎完美契合物联网的需求，其高速率、低时延和大连接的特性，为物联网设备提供了应用所需的连接能力和数据处理能力。不妨设想，如果没有 5G，自动驾驶汽车将难以对周围的实时数据进行分析，从而做出准确的决策；智能家居系统也许只能实现有限的远程控制，而无法实现实时视频传输和分析；远程医疗可能因为传输速度和网络延迟的限制，导致无法进行高清视频诊断和即时数据传输。

5G 和物联网的结合还激发了更多创新的可能性，持续为各行各业注入新活力。在智慧城市的构建中，“5G+ 物联网”可以支持车与车、车与基础设施之间的连接，让管理部门能够实时收集和分析道路、环境和车流等数据，使实时交通管理、自动驾驶车辆协调和城市环境检测等得以高效率、低成本地实现，从而更有效地管理城市和应对城市问题。在农业方面，“5G+ 物联网”也展现出了巨大的应用前景。通过部署大量传感器，开展对农作物、土壤和环境的实时监测，实现精准灌溉和施肥，可以显著提高农作物的产量和质量，减少资源浪费。此外，近年来进入大众视野的低空经济同样是在“5G+ 物联网”技术的赋能下迅速发展起来的。

14.3 5G-A：迈向6G的道路

移动通信标准制定通常需要经过技术海选、技术选择和技术冻结三个阶段，一般需要10年左右的时间。Rel-18标准的冻结标志着5G-A时代的开启。作为5G向6G的过渡，5G-A将解决5G时代面临的挑战，为6G技术的发展奠定坚实的基础。

14.3.1 5G技术的局限性

5G虽然带来了更快的速度、更低的时延和更大的连接数，但在实际应用和推广过程中也面临一些问题和挑战。

1. 成本和能耗

相较于4G，5G带来更快传输速度和万物互联，但也导致了更高的网络部署和维护成本，以及更高的基站功耗。

一方面，5G的技术特点导致了更高的网络部署和维护成本。由于频段原因，5G网络需要更多的基站实现信号覆盖。4G基站的覆盖半径是1~2千米，而5G采用了更高的频段，其基站的覆盖半径为300~500米。如果5G要达到4G的覆盖规模，5G基站的数量需要是4G基站的数倍以上。

另一方面，5G基站的功耗远高于4G。为了实现更高的传输速率，5G网络采用了大规模MIMO技术和更高的频宽，增加了5G基站功耗。4G基站信号发射功率为160W，5G基站信号发射功率为320W，在效率相同的情况下，5G基站的功耗是4G的2倍。更高的单位能耗，叠加更多的基站数量，5G全网的耗能是4G的数倍。

2. 时延

随着更多应用场景涌现，5G技术也面临时延和确定性无法满足业务需求的情况。3GPP对5G时延有明确定义，对于URLLC（高可靠、低时延通信场景）上下行的标准值为0.5毫秒（RTT 1毫秒），对于eMBB（增强型移动宽带场景）上下行的时延各4毫秒。在结合UPF下沉后，5G端到端的基本时延为16~20毫秒，在部分需要极低时延的应用场景中，端到端的时延可以达到更低。但这些数据都仅仅是理论值，在应用中，由于带载、带宽等原因，5G实际时延远远达不到理论极限时延。

VR、无人驾驶等应用场景对于端到端的时延有极高的要求。以VR为例，由于人眼的视觉系统极为敏感，VR 端到端时延需要在 8 毫秒以内，否则会导致画面卡顿并引起用户头晕等不适感，但是目前 5G 网络远远达不到这个要求。根据 Ookla 发布的 2023 年第三季度中国市场网络速度测试报告，中国运营商 5G 网络的平均中位数时延为 27 毫秒。

14.3.2 5G-Advanced

裸眼 3D、工业实时控制等创新应用对 5G 网络的传输速率、确定性能力、实时交互能力、安全等方面提出了新的演进需求，因此 5G-A 应运而生。5G-A 是 5G-Advanced 的简称，即增强版的 5G，是 5G 技术的自然延伸，能够补强 5G 技术的缺陷，也是发展 6G 技术的基础。2024 年 6 月 18 日，在我国上海举行的 3GPP RAN 第 104 次会议上，Rel-18 标准正式冻结，标志着 5G-A 技术的诞生。5G-A 的上场，尤其是 RedCap、通感一体技术的广泛应用，正在为 5G 赋能千行百业创造更有利的条件。作为 5G 向 6G 演进的中间阶段，5G-A 不仅是未来 10 年 5G 应用发展的基石，更是塑造未来数字化社会的关键。

1. 网络能力进一步提升

从传统性能指标上看，5G-A 将带来更高的传输速率、更低的时延和更多的连接数量。

在传输速率方面，5G-A 技术将有 10 倍的增强。5G-A 的下行峰值速率将提升至 10Gbps，而上行峰值速率也将提升至 1Gbps，而 5G 的下行峰值速率为 1Gbps、上行峰值速率约为 100Mbps。

在时延方面，5G-A 将能够提供毫秒级的传输时延。目前，大量的应用场景对时延的要求在 100 毫秒左右，但是未来的应用场景对时延有更高的要求。例如，120 千米 / 时的汽车 10 毫秒的行驶距离是 0.33 米，在 5G 接近 100 毫秒的时延下，自动驾驶的安全性将大打折扣。5G-A 能够将端到端的时延缩减至毫秒级，可以满足多数场景对于传输时延的需求。

此外，5G-A 支持“全场景全能力千亿连接”，能够支持高达千亿级别的设备连接数量，极大扩展 5G 的连接能力，为未来万物互联的时代夯实基础。同时，5G-A 引入轻量级的 5G 物联 RedCap（Reduced Capability）技术，通过能力裁剪，实现终端降成本、降功耗，有效地解决了 5G 部署成本过高的问题。

2. 通感一体技术

除了对传统性能指标提升之外，5G-A 还将依托无源物联（Passive IoT）

实现通感一体化，即通信和感知结合，实现一网两用。

通信与感知一直呈现并行发展模式，5G 毫米波和高频段的使用，使通信和感知的频率性能、关键技术和网络架构已具备一体化的可能性。二者正向着相辅相成的方向融合与发展，实现一网两用。无源物联利用环境能力采集技术，将周围可利用的信号与能力转化为可驱动自身电路的电能，同时利用以反向散射为核心的通信模式，实现目标节点传递信息的技术，满足可穿戴设备、工业传感器、视频监控、智能电网、资产盘点、物流跟踪等场景应用需求。无源物联的应用，将实现降低终端价格、扩大覆盖距离，从而支撑数百亿的无源物联新场景。

此外，5G–A 通感一体化技术基于电磁波反射原理，利用回波时间差、多普勒效应及反射波束解析，还可以计算出运动物体的距离、速度和位置等状态参数，进而主动完成目标测距、测速、测角、成像、目标检测、目标跟踪和识别。

3. 智能化和天地一体化网络

在提升传统性能指标和带来通感一体化之外，5G–A 还实现了内生智能和天地一体化网络融合。

5G–A 网络具备自我优化和管理的能力，高效适应不同场景和服务需求。随着无线网络持续发展，承载的业务越来越丰富，网络复杂度也在持续提升，面临的极简运维、降低能耗、提供业务多样性、保障业务体验的挑战也日趋严峻。5G–A 基于通信大模型，实现告警精准识别、快速问题定位、故障预测预防等功能，助力运营商从响应式运维走向预测预防式运维，实现网络“零”故障。引入网元智能化，实现资源智能调度，能使多频段多站异构组网的体验与容量达到最优，最大化提升频谱效率，结合多种特征，形成统一的性能泛化预测模型，减少多目标串行预测的累计误差，实现多 KPI 精准快速预测，助力运营商从性能最优走向性能能耗双优，在保证网络性能稳定的基础上，最大化提升网络节能效果。通过 5G–A 智能化解决方案 IntelligentRAN，将助力运营商建设一张运维智简、网络智优、业务智营的自动驾驶网络。

在天地一体化网络融合方面，虽然 5G 已经允许终端通过卫星基站接入统一 5G 核心网，但在语音业务、传输时延等方面存在一定的局限性。在此之上，5G–A 以地基网络为基础，天基网络为补充和延伸，借助 5G 系统的技术框架，构建全球无缝立体覆盖信息通信网络，实现 5G 通信系统对空、天、地、海多场景的统一服务。5G–A 支持不同轨道高度的卫星网络与地面 5G 网络的融合，支持星地或星间组网，支持终端同时使用卫星接入和地面接入，以优化业务数据传输，支持卫星接入或者地面接入属于一个或者多个运营商。支持天地一体化网络融合的 5G-A 开启了“消费级”卫星通信时代，即便在偏远地区、农村、海洋等场景，用户也可以使用短信、语音和数据等业务，同时还为抢险救灾等场景提供强有力的通信保障。

14.3.3 5G-A 的应用情况

全球运营商积极布局 5G-A，加速推进商用进程。目前，全球已有 13 家运营商发布 5G-A 试点网络，包括中国移动、中国联通、中国电信、中国移动香港、澳门电讯、香港电讯、和记电讯、STC 集团、阿联酋 du、阿曼电信、沙特 Zain、科威特 Zain、科威特 Ooredoo 等。2024 年第一季度，我国 5G-A 商用进程加速，运营商、设备商、垂直行业企业等产业主体积极探索，在煤矿、钢铁、低空、车联网、沉浸式 XR、物流、运输等领域率先实现 5G-A 创新应用落地。

中国移动与华为在山西晋控集团三元煤业打造 5G-A DMN（地下移动通信网络）试点标杆矿山项目，推出“5G+ 综采面全景视频拼接”“5G+ 巡检机器人”“5G+ 采煤机远控”“5G+ 掘进机远控”“5G+ 智能矿灯”等各类应用；与黄花机场成立 5G-A 智慧机场创新专项工作组，运用 5G-A 技术构建新型低空通感网络，打造主动实时的交互式安全监测系统，赋能机场低空安防；与新石器、华为等产业合作伙伴率先在北京亦庄高级别自动驾驶示范区打造 5G-A 车联网精品示范道路，并实现 L4 级无人物流车的规模化部署；与当红齐天集团、中兴通讯、高通启动 5G-A XR 大空间对战游戏项目，在首钢打造沉浸式 XR 竞技游戏应用试点。

中国联通与长城精工自动化打造全国首个工业领域 5G-A URLLC 车柔性产线，并在重庆长安、浙江巨石等多个项目中实现规模复制；与宝武欧冶金服在钢卷抵押仓落地 5G-A 无源物联应用试点，实现钢卷出入库、仓储等全流程的透明化管理；在海南自贸港通过 5G-A 无源物联技术和海关仓储应用平台实现端到端的物流追踪；在上海嘉定汽车城完成 5G-A 通感算一体车联网连片组网试验区建设。

中国电信打造江苏首个 5G-A 通感领域创新实验基地，在建邺江心洲、江宁滨江多次开展 5G-A 多站点、多无人机全场景测试能力验证；与中兴通讯合作，在黄浦江航道完成 5G-A 航道通感试验，实现对船舶等对象进行感知并通过航道数据提高航道管理效率及精准度；与华为基于 5G–A 技术助力宝钢数字化转型，实现控制程序与底层 I/O 设备（输入输出设备）之间的实时交互，多工序的协同控制，有效提高生产控制环节工作效率。

14.4 6G：万物智联时代

2024 年 7 月，我国率先搭建了国际首个通信与智能融合的 6G 外场试验网，实现了 6G 主要场景下通信性能的全面提升，6G 关键技术迎来新突破。回顾移动通信的发展历程，1G 实现了语音业务，2G 改善了通话质量，3G 开始支持移动多媒体业务，4G 开启了移动互联网时代，5G 则实现了万物互联。5G–A 技术的出现更是解决了许多 5G 技术存在的问题，移动通信技术已经相当完善。在此背景下，6G 还能实现哪些突破？

14.4.1 超越通信范畴的移动通信技术

在 AI 革命大背景下，2023 年 6 月，国际电信联盟完成对 6G 愿景的框架定义工作，从两个方面回答了什么是 6G。一方面，6G 将持续演进移动通信，持续 eMBB、URLLC，以及海量连接 mMTC 等三大业务场景，提供沉浸式、确定性的通信体验和支撑海量连接的能力。另一方面，6G 将超越移动通信的范畴，实现通信感知一体化、AI 通信一体化，以及空天地泛在的全域连接，让人们超越人眼“观察”物理世界，并在虚拟世界中构建数字孪生。6G 的愿景是全球共识的重要成果，是向 6G 全球统一标准迈进的重要里程碑。未来 10 年，AI 技术和应用将不断成熟，大规模数字孪生应运而生，在此背景下产生的 6G 网络将重塑社会和经济，为未来的万物智能奠定坚实的基础。6G 将如同一个巨大的分布式神经网络，集通信、感知、计算等能力于一身[①]。

6G 作为新一代信息服务网络，将是一个连接智能、支撑数字与物理世界融合、实现多要素信息服务的时代。6G 网络将成为一个开放创新和提供信息服务的平台，其架构特征是具备超越连接的服务能力。包括无处不在的连接算力网络能力，可信安全、感知、数据服务能力以及基于 AI 的网络智能自治等能力。在传统性能指标方面，6G 将使用太赫兹（THz）频段，峰值传输速度将达到 100Gbps~1Tbps，是 5G–A 峰值传输速度的 10~100 倍；定位精度将

① 华为技术有限公司. 6G：无线通信新征程［R］. 华为技术有限公司，2022.

达到厘米级，通信时延可低至 0.1 毫秒，可靠性高达 99.99999%，能耗也将大幅下降。除了性能指标的提升，6G 还将实现原生 AI、通感一体化、空天地一体化网络和原生可信等。

14.4.2 现有应用增强：沉浸式通信、超大规模链接、超高可靠低时延通信

《IMT 面向 2030 及未来发展的框架和总体目标建议书》等文件提出了 6G 应用的 6 大典型场景，其中 3 大类为 5G 应用增强，分别为沉浸式通信、超大规模链接和超高可靠低时延通信。

沉浸式通信是指通过 6G 技术，在 XR 应用和智能通信中获得沉浸式体验和多感官互动。用户可以通过 6G 网络，享受到如同现实一般的体验，无论视觉、听觉还是触觉，都可以得到全方位的满足。6G 将极大地改变人们的生活方式，为用户提供全新的体验。

超大规模链接则是通过 6G 可以支持更多的设备同时连接到网络。在 5G 技术的基础上，6G 技术将进一步扩大网络的容量，提高网络的连接能力。在智慧城市、智慧农业、智慧交通等应用场景中，海量终端之间将通过轻度连接来承载零散业务。

超高可靠低时延通信是指 6G 技术可以提供更高的通信可靠性和更低的通信时延。针对工业 4.0、动作控制、机器人、自动驾驶等应用场景，6G 将提供感知和 AI 能力，以及超低时延、高可靠性和精准定位，满足应用场景的需求。

14.4.3 面向未来的全新场景：泛在连接、人工智能与通信融合、感知与通信融合

6G 应用的另外 3 类是新增应用场景，分别为泛在连接、人工智能与通信融合和感知与通信融合。

泛在连接意味着 6G 技术将实现全球范围内的无缝网络覆盖，让每一个角落都能享受到高速、稳定的网络服务，为人类社会带来更加便捷的通信体验。通过天地海网络一体化，未来无论是在楼宇密集的大城市，还是荒无人烟的山区，抑或是茫茫大海中，用户都可以随时随地连接到网络，获取所需的信息和服务。

人工智能与通信融合使得 AI 技术广泛应用于 6G 网络中，使网络运营更

加智能化，实现更高效的数据处理和更精准的服务定制。AI 旨在将分布式智能体智能地连接起来，以便在各行各业大规模部署 AI。实时 AI 将为分布式学习提供高频谱效率、大容量、低时延的传输，包括大量智能体之间的数据和模型参数交换。

感知与通信融合则是指 6G 技术将集成感知技术，使得网络不仅能传输信息，还能感知环境。网络感知创造了一种通信之外的新型应用场景，涵盖一系列用例，如基于设备甚至无设备的目标定位、成像、环境重构和监控、手势和活动识别等。感知为通信系统增加了全新的性能维度，如检测准确率、感知分辨率和感知精度。

14.5 移动通信技术的未来展望

14.5.1 随着应用的逐步成熟，5G 将得到蓬勃发展

2020 年前后，5G 商用在全球快速铺开，进一步提升了通信能力，不仅拓展了“人联”，更在千行百业的终端之间建立了“物联”，标志着移动通信实现了从“人联”走向“万物互联”。但是，5G 商用已经过去了 5 年，在用户层面，我国 5G 的普及速度不及 4G，在终端层面，5G 的“统治力”也不及同期 4G 的表现。相关数据也表明了这一点，2013 年 12 月，工信部向三家运营商发放了 TD–LTE 牌照，2018 年末，我国 4G 用户规模达到 11.7 亿，而 5G 在发牌 5 年后，全国用户规模仅有 8.89 亿，与同期 4G 的表现差距明显。部分用户认为，4G 性能基本可以满足自身使用需求，导致向 5G 升级的意愿不强。5G 尚未形成 4G 替代 3G 般的强大效应，5G 应用不如预期的关键原因在于缺乏核心应用，正如中国工程院院士邬贺铨此前表示，5G 缺乏杀手级应用，没有带来真正的体验提升。移动通信发展经验表明，应用往往滞后于技术发展，这是技术发展的普遍规律，新业务应用由出现到成熟往往需要两代周期来培育，1G 实现了语音业务，在 2G 获得了广泛应用；3G 开始可以支持移动多媒体业务，到 4G 时代移动互联网业务得到了蓬勃发展，5G 应用场景首次由移动互联网拓展到物联网领域，支持垂直行业的深度融合，因此大批的颠覆性、现象级应用也许将在 6G 时代涌现。

14.5.2 6G 标准争夺已经拉开帷幕

移动通信技术的发展历史同样也是移动通信标准的争夺历史。在 3G 时代，不管是哪个国家的标准和技术都是基于高通 CDMA，高通拥有超过 4000 件的 CDMA 专利，各国移动通信运营商都缴纳了高昂的“高通税”。业界普遍认为 6G 技术将在 2030 年确立标准甚至是商用。

目前作为 6G 的底层基础，5G–A 的 Rel–18 标准已经正式冻结，未来围绕 6G 技术的标准争夺将更为激烈。《全球 6G 技术专利布局研究报告》显示，截至 2023 年 12 月，全球共有约 2 万件涉及 6G 技术的专利申请，其中我国申请量最多，达到 8074 件，占比高达 40.4%；美国以 7040 件排名第二，占比为 35.2%；随后的日本、欧洲和韩国占比分别为 9.9%、8.9% 和 4.2%。中美两国在 6G 标准的竞争上十分激烈。为了争夺 6G 标准控制权，2024 年 2 月，美国、英国、日本、韩国等国家宣布组成 Next G 联盟，旨在共同研发 6G 无线通信系统，争夺 6G 技术的话语权。

14.5.3 AI 时代，移动通信技术的发展前景

随着 AI 大模型的迅速发展，用户对算力的需求达到了空前的高度。在 AI 技术的推动下，各种 AI 终端设备，如 AI 计算机、AI 手机等，已逐渐问世，引领着科技发展的潮流。展望未来，移动通信网络将不可避免地面临巨大的数据传输压力，同时，用户对算力的需求也将达到一个新的高度。为了满足这一需求，移动通信技术必须做出相应的创新和发展，以提供更加高效、稳定的数据传输服务，为用户带来更加便捷、快速的通信体验。

此外，未来的移动通信网络还将更加智能化和自适应，通过自动感知和预测用户的需求，实现智能调度资源，确保用户在使用 AI 应用时能够获得最佳的网络体验；要有强大的自修复和自优化能力，以应对可能出现的故障和性能瓶颈；要有边缘数据标记能力和数据处理能力，以及强大的边缘计算能力，从而减少对网络的负担。

肆

企业篇

第15章 数字经济时代的企业

随着数字经济浪潮的汹涌而至，企业正站在变革的十字路口，唯有认识和理解数字经济时代的商业逻辑与行业规律，才能深刻把握时代的航向和数据的力量，合理定位企业规模与边界，创新组织形态和发展模式，洞察消费市场的瞬息万变，在这个充满机遇与挑战的时代浪潮中乘风破浪，实现可持续的发展与繁荣。

15.1 万物皆数

15.1.1 数与大数据

公元前500多年古希腊哲学家毕达哥拉斯提出了“万物皆数”的哲学思想，他认为“数”不是抽象符号而是万物本源，世界就是按“数”的关系构成的和谐整体。2000多年过去了，人类不断发现毕达哥拉斯所说的“数”的神奇，如万有引力定律、麦克斯韦方程组、相对论和量子力学等，这个纷繁复杂的世界居然是可用数字记录、验算和解释的。

现代科技发展让人们获得了前所未有的记录、验算和解释事物的海量数据，我们称之为大数据。大数据的生成和广泛应用正在更加直观地把毕达哥拉斯的哲学思想变成现实。大数据有结构化数据，还有非结构化数据，不仅数据体量大，远远超出传统数据的规模上限，更重要的是其生成速度快，时效价值高，匹配有实时或近实时的数据处理速度和能力，能够快速响应变化和需求。大数据分析应用允许噪声数据，不求完全精准，可以用海量数据分析淹没个别的错误数据信息，进而得出有价值的结论。当然，也可通过分析非主流数据蕴含的新信息和新知识，产生“惊喜和意外”创新。

15.1.2 大数据与生产要素

从企业角度来看，大数据已远远超越了企业资产负债表、损益表、现金流量表三张报表的表象数据，也超越了支撑企业高效生产经营、市场营销的神经系统信号价值，成为一种宝贵的生产要素，而且与其他生产要素产生强烈的替代效应。企业大数据广泛应用，以"黑灯工厂"、无人驾驶等方式替代劳动者，以人工智能、机器学习等方式改变科技范式，以开辟交易、社交等数字网络空间降低土地依赖，以减少销售、服务等物理网点投放方式减少资本投入。

然而，并非企业堆积数据、扩大数据规模就是在投入数据要素。大数据成为企业可用的生产要素，首先是企业的决策者认识到大数据的重要性，无数据不决策，生产组织、市场开拓等企业运营要以数据支撑讨论与决策。众多传统企业数字化转型不成功的根本原因就在于决策者仍习惯于模糊信息并冲动做出决策。其次，数据可以帮助企业检控设备运行状态、优化生产流程、提高物流效率、精准市场营销等，但大数据的最大价值不是释放旧模式的效率，而是开辟不同于以往的全新模式。一些企业数据化转型的获得感不强，本质上在于其并没有基于大数据搭建或转变传统模式。正如智能手机对于传统通信手机，新能源汽车对于传统燃油汽车，其不仅仅是信息通量由小变大，燃油动力变为电驱动力，叠加社交功能、娱乐功能等，更重要的是智能手机和新能源汽车从一个使用终端变为重要的数据平台与数据通道，其硬件本身可以少赚钱或不赚钱，但其只要搭建起广泛使用的平台和通道就可以源源不断地产生收入。

15.2 企业大小

15.2.1 大企业之大与小企业之小

从最大企业的演化来看，20 世纪 70 年代全球最大市值的公司是代表大型计算机的 IBM，80 年代是代表电信电话服务的 NTT 公司，90 年代是代表计算机操作系统的微软，到 21 世纪头 10 年是代表石油资源供给的埃克森美孚公司，21 世纪 10 年代是代表智能通信手机终端的苹果公司，再到 20 年代涌现出的苹果、微软、英伟达等系列巨头争霸人工智能发展，其市值规模已从

20世纪70年代的1000亿美元，跃升至当前的3万亿美元以上。可以看出，数字经济时代那些以数据为主要经营资源或经营对象的企业，其规模在急剧扩张。这与大数据这种生产要素特性有重大关系，由于数据要素可复制、可共享、可无限扩展，以及使用过程不存在自然衰减或损耗，因此相对于其他生产要素，其规模效应异常显著，以数据为经营资源或经营对象的企业就具有更大规模的红利。

我们还可以观察到，在数字经济时代"巨无霸"企业崛起的同时，一些小微企业和小微个人开始与"巨无霸"企业共生共荣，特别是依托"巨无霸"企业信息供给、任务派发和过程监控，自我雇佣的零工经济、富裕资源的共享经济蓬勃发展。当然，一些专注于小众的、独特设计的、工艺精湛的，又不依赖"巨无霸"企业生态的小而精、小而美企业，仍会有自己的立足之地，可赢得追求个性化、体验性的特定消费群体的青睐。但我们这里探讨的是与数字经济高相关性的企业。

15.2.2 大小企业的边界

在数字经济时代，企业大，有没有大的边界？企业小，有没有小的道理？数字科技与新型模式极大模糊了企业的边界，借助互联网、云计算、大数据等技术，企业可以轻松与外部供应商、合作伙伴、客户形成广泛的连接与协作，既可以将非核心业务外包给外部机构，又能以平台生态等形式整合外部资源，构建互利共赢的商业网络。一些数字科技企业的发展展现了规模报酬递增情形，从社交网络到电子商务，从电子商务到品牌生产，从品牌生产到物流配送，从物流配送到畜牧养殖，如京东、网易等。也有一些人以网络效应、规模效应、范围经济来断定该类企业就是越大越强、越大越好。

事实上，这是不可能的。诺贝尔奖获得者科斯认为，企业存在的理由就是内部交易成本低于外部交易成本，进而企业的边界就是内部交易成本等于外部交易成本。数字生产要素虽然更具规模效应，企业边界可以拓展和重塑，但数字科技企业扩张到一定程度仍会造成内部管理、协调、控制等交易成本极大上升，一旦超越相对恒定的外部交易成本，规模经济就会转向规模不经济。现实中也是如此，一个企业不可能什么都做，当前市值最大的企业苹果公司放弃努力了10年的电动汽车项目，专注于人工智能领域发展；微软公司手机等硬件领域的收购并不成功，而与ChatGPT合作人工智能软件领域则取得显著成效；英伟达公司长期坚守GPU芯片领域，终于等来人工智能芯片产业的爆发。

反之，数字经济时代小企业同样可以按照科斯关于企业性质的理论重塑其边界。由于企业数字化转型需要大量资金和资源建设信息技术设施、改造升级信息系统、培养专门维护人才，小企业加入数字科技企业的产业生态，借助其数字化能力推动数字化转型，就成为降低内部交易成本、实现更好发展的一种理性选择。在现实中，已有很多小微企业或个体户的资金收付及财务管理系统、办公自动化系统、供应链管理系统、广告投放及营销系统以及相应的数据中心，借助数字科技企业平台或服务成功实现了数字化转型。

15.3 组织形态

15.3.1 液态组织

数字经济时代海量规模数据和高度密集信息的出现，使企业必须能够敏捷处理数据、及时反馈信息和高效组织生产，以层级分明、分工明确、权力集中为特征的传统科层组织不能有效应对数字经济环境下创新的日新月异和市场的快速变化。在此背景下，具有高度灵活性、适应性和创新性的液态组织应运而生，组织成员的沟通协作更加扁平化、网络化，信息能够快速在组织内部流动，团队可以根据项目需求快速组建和解散，员工的角色和职责也更加多元化和动态化。当然，液态组织要整合不同成员的专业优势、释放快速创新和高效执行的合力，必须依赖大数据要素资源和智慧化组织协调。

液态组织的一个重要特点就是“让听到炮火的人指挥战斗”。一线员工往往能够最直接地感知市场变化、客户需求和竞争态势，特别在数字经济时代，一方面市场竞争更加激烈，另一方面企业也有了管控商战态势的数字能力，从传统的集权管理模式向授权模式转变，赋予一线员工更多的决策权和自主权就成了必然选择。需要强调的是，授权的同时必须注重对员工的数字赋能，让他们能够在面对复杂多变的市场情况时做出正确的决策并有效地执行。

15.3.2 网状产业

从中观产业层面观察，产业组织形态从单维链型结构发展到了多维网状结构。单维链型结构即从原材料供应商到生产商、分销商、零售商，再到最终消费者，各环节之间是一种线性的上下游关系；而多维网状结构则是服务商、生产商与供应商、合作伙伴、客户之间的关系更加复杂和多元化，形成了一个相互依存、相互协作的网络生态系统，每个主体都是一个数据节点，数据节点交互共享带来了系统整体价值提升，同时增强了系统的稳定性和抗风险能力。由此也可看到，国内很多产业政策仍停留在对产业组织形态单维链型结构的简单认识，制定所谓的链主企业认定，开展所谓的建圈强链延链，反而不如加强数据基建，优化营商环境，让多维网状结构的产业组织自然成长起来。

15.4 商业模式

15.4.1 “羊毛出在猪身上”

数字经济高度发展使“羊毛出在猪身上”成为一种可行的商业模式。传统的“一手交钱一手交货”主要发生在较少交互信息量且交易双方信任度不高的情况下，而“羊毛出在猪身上”则是因为交互信息数量本身蕴含着巨大价值，其既是信用评估的工具，又是优化交易的基础，更是研判和释放某个领域规模经济效应的资源。当前最常见的是，数字科技企业以提供免费新闻资讯、数字通信、网络社交等产品或服务吸引大量用户，然后再以广告收入、增值服务、数据收费等获得相应收益。特别是某些电商平台动辄大规模补贴买卖双方，导致消费者看到某些商品价格之低时以为商家亏本销售，如非恶性竞争，这也许就是一种使“羊毛出在猪身上”的商业模式。当然，消费者也应认识到，所谓“免费”其实并不“免费”，因为消费者事实上已成为帮助企业积累流量和赚取利润的生产者。

15.4.2 是否应该跨界发展

数字经济的高度发展促使大型数字科技企业纷纷涉足与自身传统业务看似无关的领域，跨界发展现象日益频繁。这是否不务正业？可以肯定地讲，这不是不务正业，而是基于数字技术连接性、融合性寻求新的增长点和创新机会的一种有益探索。第一，跨界发展的基座是数字技术，能够有效控制企业内部交易成本扩张；第二，跨界发展的目的是价值创造，能够使企业客户获得全新消费或使用体验；第三，跨界发展也使企业获得了构建“羊毛出在猪身上”新型商业模式的腾挪空间。国内最早的电商平台当当网就是由于停留在买卖线上图书、没有构建数字生态，错失了大好的发展机会；京东则从买卖3C电子产品到全品类购物平台，再到自建物流体系，成为中国最具影响力的电商平台之一。

15.4.3 正确看待“烧钱”模式

在数字经济发展的初期，许多互联网企业采用了“烧钱”模式，用大规模的补贴吸引用户，迅速扩张市场份额，那么在数字经济走过初期发展阶段后，“烧钱”模式结束了吗？答案可能是“没有结束”。因为数字经济的特点就是具有超强的规模经济和范围经济效应，企业用最短的时间成长起来就是依靠企业构建核心竞争力，至今国际上异常火热的人工智能领域发展的背后，依旧是超级海量的资本资金源源不断的支持。需要说明的是，国内前一段时间出现的“烧钱”模式乱象，本质与资本方和监管者不能准确地理解数字经济时代企业发展规律有关，资本方压根儿就搞不明白企业商业模式盈利性和可持续性，监管者也放松了企业合规监管和消费者保护，在数字经济领域的部分创新创业项目成了骗子们的天堂。

15.5 消费市场

15.5.1 长尾客户的春天

数字经济时代以前，由于缺乏数字技术连接融合的手段，企业受到成本和资源限制，往往将主要精力集中在满足主流客户群体的需求上，因而忽略了那些需求相对小众、分散的长尾客户。随着互联网发展和数字经济时代来临，数字技术极大降低了企业内外部的交易成本和信息不对称，特别是数字平台模式让企业拓展长尾客户的边际成本极低，甚至趋近于零。按照企业利润最大化的边际收益等于边际成本的原理，即使对单位收益不高的长尾客户，企业的盈利动机也使之愿意为其提供个性化的产品或服务。例如，互联网银行模式仅建设网络风控和业务平台，不设物理营业网点，其小额信贷申请由客户网上填报，贷款审批由系统自动完成，这就意味着其新增一个小微客户的边际成本极低，小额信贷的利息足以覆盖，这样服务海量小微客户就是自然而然的事情了。当然，互联网银行模式也是有客户服务上限的，其网络风控和业务平台的最大数据通量和容量决定了服务小微客户的最终数量。

数字经济时代“羊毛出在猪身上”的商业模式，也让消费者消费行为数据成为企业的数据资产。企业可利用数字化手段收集消费者在购买、使用产品或服务过程中产生的各种数据，如消费偏好、浏览记录、使用反馈等，这些数据成为企业了解消费者、优化产品和服务的重要依据。从这个意义上看，数字经济时代消费和生产高度关联，某些商品的消费市场其实也就是生产基地，如在考虑到未来3D打印技术更加成熟后，一般制造业的消费和生产物理空间上不分彼此也是非常有可能的。

15.5.2 营销行为的变化

数字经济各种模式创新同样搅动了一些相关营销行为的巨大改变。数字经济“唯快不破”使得领先数字科技巨头们必须预热市场、培育市场，数字经济“规模效应”又使得领先数字科技巨头们并不十分担心被后来者超越。这就是特斯拉开放专利的原因，其开放专利可以吸引更多的企业进入电动汽车行业，共同推动电动汽车技术及充电桩等基础设施的发展和普及，降低电动汽车的用车成本，快速扩大消费市场规模。同时，特斯拉技术专利红利远不及其数字网络红利，其数字网络可以带来更快的技术迭代和客户膨胀，使后来者的效仿永远赶不上其创新迭代步伐。

15.5.3 类人服务机器人

数字经济时代，服务机器人发展日新月异，国内外有一个共同的疑问，服务机器人非要“人形”吗？确实服务机器人并不一定非要设计成人形，非人形机器人在某些特定场景下可能具有更高的实用性和性价比。但考虑到各种社会生活设施均是以适合人类活动为导向的，在不做大规模设施改造的情形下，发展类人服务机器人可能是一种更加经济的选择。当下国际上领先数字科技巨头们纷纷聚力开发类人服务机器人是有道理的。

第16章 数字巨头企业做什么

当前，全球知名“数字巨头”主要是指美国七大科技巨头企业，被称为Magnificent Seven。从早期的GAFAM（Google、Apple、Facebook、Amazon、Microsoft）五大巨头，加上后来赶上的Nvidia和Tesla，形成现在的七大巨头，其凭借大数据、区块链、元宇宙、Web3、人工智能等新兴数字科技优势，引领了世界数字经济发展。

16.1 打造发展生态

16.1.1 从“一招鲜”到“招招鲜”

“罗马不是一天建成的”，数字科技企业崛起并非偶然，其借助数字技术乘风破浪，实现了从“一招鲜”到“招招鲜”。

1975年，锚定计算机微型化发展的比尔·盖茨成立微软公司，决定把BASIC（Beginners’ All-purpose Symbolic Instruction Code）编程软件向个人计算机提供易操作的语言，成为世界PC（个人计算机）软件开发的先导。20世纪90年代互联网兴起，微软凭借其强大的软件研发能力成功布局了计算机互联网软件领域，逐步发展成为全球最大的电脑软件提供商，坐稳了系统软件“头把交椅”。

1976年，同样笃定个人电脑发展的乔布斯开创了苹果公司，成功设计出人类史上第一台个人电脑设备Apple I。凭借乔布斯极致的纵向一体化发展理念，苹果发展成为致力于设计、开发和销售消费电子、计算机软件、在线服务和个人计算机的世界终端硬软件巨头。

1993年，看中处于萌芽阶段的PC图形芯片市场的黄仁勋创办了英伟达，但长期以来发展一直“不温不火”。21世纪初人工智能的兴起，让英伟达的图形加速器扩展至通用计算领域。伴随ChatGPT横空出世引发的人工智能热潮，英伟达 GPU 芯片歪打正着成为 AI 领域全球各大公司梦寐以求的数据算力芯片，英伟达也以其核弹级算力硬实力成为世界半导体巨头。

1994 年，极富远见的贝索斯发现了互联网的潜力和特点，以实现网络书店为目标成立亚马逊公司，成为最早经营电子商务的互联网公司。随着平台经济的井喷式发展，亚马逊迅速扩展综合网络零售业务，发展成为“无所不卖”的世界互联网零售巨头。

1998 年，互联网信息数据爆发式增长，拉里·佩奇和谢尔盖·布林审时度势开发了谷歌在线搜索引擎，为全球用户提供互联网信息搜索服务。凭借互联网大数据红利，谷歌开启全科技领域战略布局，一举成为世界互联网大数据平台巨头。

2003 年，扎克伯格发现高校学生对于社交互动具有强烈需求，随即快速响应开发了 Facebook 校园社交网站，脸书一举成为全球最大的互联网社交平台。随着元宇宙和 Web3 技术的爆发，脸书宣布更名为“Meta”，社交巨头全力转战元宇宙。

2004 年，高度看好电动汽车行业前景的马斯克入股正处于资金危机的特斯拉，成为特斯拉董事长。凭借其构建的特斯拉“宏图计划”（Master Plan），一步步将特斯拉打造成为世界电动汽车领头羊，登顶全球汽车产业霸主地位。

16.1.2 巨头们的收购兼并

纵观科技巨头们的发展历程，收购与兼并皆为快速成长与战略扩张的主要方式，且大多数收并购都以提升企业核心竞争力为重要目标，不惜重金谋求在技术、人才、业务、市场等层面的快速扩张，以建立自身强大的“护城河”，助力企业立于不败之地。

微软面向未来网络的收购兼并之路。微软拥有几十年的发展历程，每次收购行动都预示着微软对于布局新兴市场的战略发展意图，且微软的收购一向财大气粗，彰显其世界第一企业的雄心壮志。20 世纪 90 年代，由于互联网的普及，微软意识到互联网软件服务将取代电脑本地软件，便从互联网通信领域开启战略布局，先收购邮件服务提供商 Hotmail，后斥资 85 亿美元收购即时通信软件 Skype。2010 年，智能手机成为时代宠儿，微软亟须快速布局移动互联网平台，先以超 70 亿美元收购诺基亚手机弥补手机硬件缺失，并以微软手机逐渐取代诺基亚成为世界主流手机品牌，后以 262 亿美元收购社交网站 LinkedIn，以 687 亿美元收购游戏巨头动视暴雪。微软对于人工智能领域的布局更是出手阔绰，每一笔在投资界都属于“王炸”，因此推动了世界巨头在人工智能领域的“军备竞赛”。微软先以 160 亿美元收购 AI 及语音技术公司 Nuance Communications，其后以超百亿美元收购震惊世界的人工智能团队 OpenAI 49% 的股权。

苹果极致的纵向一体化发展之路。在苹果整个发展历程中，收购行动都旨在弥补或完善其自有品牌终端硬件产品的应用功能以增加用户黏性。1996 年，为完善操作系统，濒临破产的苹果以 4.29 亿美元收购了 NeXT 电脑公司，目的是将 NeXT-Step 操作系统集成在苹果电脑中，成为至今苹果 Mac OS X 和 iOS 两大操作系统的核心基础，这笔收购也为乔布斯回归苹果打下基础，成为苹果起死回生的重要转折点。自 iPhone4 成为智能手机行业的领导者后，苹果也为完善 iPhone 手机功能进行了多次重要收购。首先，收购语音数字助手 Siri，完善语音操控功能。其次，为提升 iPhone 屏幕性能，苹果以约 4.83 亿美元收购 Renesas Electronics 液晶部门。此后，苹果以 30 亿美元收购 Beats，获得 Beats 旗下的流媒体音乐订阅服务和耳机生产线，使苹果能够在基于互联网的流媒体领域获得立足之地，以打破 YouTube、Spotify 和 Pandora 等流媒体市场的主导地位。

英伟达在并购扩张中悄然崛起。英伟达早期收购行动全都基于自身产品研发需求或弥补技术缺陷，而近年来的收购均是为了扩张其人工智能领域的技术研发或行业应用，以利于在半导体及人工智能硬件领域构筑优势。2000 年，英伟达以 7000 万美元收购 3D 显卡技术先驱及同期竞争对手 3dfx，成为英伟达最具代表性的重大收购事件，使英伟达在图形加速芯片行业站稳脚跟。2003—2008 年，英伟达分别收购多个与技术开发相关的企业，以完善其产品及提升研发能力。为加速 AI 布局，2015 年后英伟达的投资并购进程加快，对于初创公司扶持力度也开始加大，并于 2018 年发起英伟达初创加速计划，开启了 AI 应用领域的飞速扩张。

亚马逊典型平台经济的扩张发展。由于美国本土网络书店的迅速崛起，亚马逊看到了电子商务的巨大市场前景。1998 年，亚马逊开启了上市后的首个收购项目——英国最大的网上书店之一 Bookpages，借此进入英国市场，从此开启亚马逊全球电子书店的收购扩张，以快速抢占全球网络书店市场。随着全球平台经济模式的兴起，亚马逊认识到收购是开拓互联网市场、抢夺用户最快速的方式，于是开始全面收购细分电商市场以补充自己平台的商品品类，逐渐发展成为全球第一互联网零售巨头。2004 年，为进军中国市场，亚马逊以 7500 万美元收购了中国网上书店卓越网，卓越网的发起人就是小米创始人雷军，至今雷军对于出售卓越仍心存惋惜，称其倒在了中国互联网零售爆发的黎明前。2022 年，亚马逊以 84.5 亿美元收购美国百年电影制片厂米高梅，意味着未来将有超过 4000 部电影和 17000 小时的电视内容收归亚马逊。从 2009 年推出自营品牌开始，消费电子与智能家居就成为亚马逊自营品牌的销售重点，亚马逊致力于以收购方式将人工智能技术集成到自研的智能音箱 Amazon Echo 及内置 Alexa 语音交互助手，使之成为全球智能家居领域的头部玩家。2022 年，亚马逊宣布以总价约 17 亿美元收购全球扫地机器人龙头 iRobot，扩大亚马逊在消费机器人领域的影响力。

谷歌全科技领域战略布局。自 2004 年谷歌成功在纳斯达克上市后，收购就成为谷歌最主要的版图扩张方式，通过数百起收购、并购、投资及合作研发加速自身发展，使其迅速成长为全球知名科技企业，并撬动公司二级市场估值的稳步增长，多年来稳居世界前三。成为世界第一搜索引擎后，谷歌亟须扩大自身平台功能以获取更多用户及广告收益，因此开展了多项软件服务类的收购行动。在完善了谷歌互联网平台自身功能应用后，谷歌又通过收购开启了全科技领域的战略布局，全面开启“买买买”模式。谷歌在 2014 年就率先开始布局人工智能，从以 6.5 亿美元收购 DeepMind 开始，迅速加入人工智能竞赛。

脸书持续拓展社交平台更加强大的功能。相较于其他几大科技巨头，脸书的收购行动完全是基于拓展自身社交平台功能考虑的，一方面为了提升 Facebook 的功能应用，另一方面为了提升用户量及用户黏性。2007 年，脸书完成了第一次收购，从 Blake Ross 和 Joe Hewitt 手中收购了网页操作系统软件 Parakey，这次收购是脸书人才收购的经典案例，主要是为了将业内名气极高的 Blake Ross 和 Joe Hewitt 收入麾下，只因两人是 Mozilla Firefox（火狐）浏览器的核心开发人员。2012 年，脸书以 10 亿美元收购了当时迅速增长的图片分享应用服务商 Instagram，这对于当时还没上市的脸书而言是天价，但 Instagram 具有巨大的创收潜力，且脸书也要避免其成为未来竞争对手。2014 年，脸书宣布以约 190 亿美元全面收购 WhatsApp，成为互联网产业最具争议且最大规模的并购交易，脸书凭借 WhatsApp 在移动即时通信市场站稳脚跟。同年，脸书宣布以约 20 亿美元收购沉浸式虚拟现实技术公司 Oculus，正式进军 VR 穿戴设备行业。

特斯拉工业奇迹背后的垂直整合。在特斯拉整个发展历程中，主要以新能源汽车为核心进行了两个阶段的收购计划。第一阶段为提升特斯拉汽车的生产制造技术收购传统汽车及相关技术制造商。2015 年，特斯拉感知到自身发展能力有限，需要通过技术收购确保汽车量产，从收购冲压件制造商 Riviera Tool 开始了成立以来的第一次整合。2016 年，特斯拉收购德国汽车制造商 Grohmann Engineering，实现了“造机器的机器”这一目标。2017 年，由于 Model 3 量产困难，马斯克最终承认特斯拉的流程自动化存在局限性，以至于先后收购自动化设备制造商 Perbix 和 Compass Automation 以克服困难。第二阶段在于完善新能源汽车的性能及驾驶应用。2016 年，特斯拉以 26 亿美元收购美国太阳能发电系统供应商 Solar City，使特斯拉转型成为全球仅有的垂直整合能源公司，这项交易被形容为“左手牵右手”，因为太阳城公司董事会主席及控股股东正是马斯克。2019 年，特斯拉开始布局人工智能技术研发，通过收购 Deep Scale 试图用计算机视觉来实现自动驾驶。同年，特斯拉收购电池制造商 Maxwell Technologies 和 Hibar Systems，目的在于通过缩短电池制造过程中的涂层过程来提高生产率。2020 年，特斯拉收购德国电池模块制造商 ATW Automation，该公司为宝马和戴姆勒提供电池和变速器。2021 年，特斯拉收购环保负极材料商 Spring Power 和 Sillion，以提升电池领域的发展能力。

16.2 超级数据中心

随着区块链、人工智能、云计算、量子计算、Web3、新一代通信技术等数字科技长足发展，海量数据、天量算力、超级大模型必将成为数字时代三大核心要素，超级数据中心已成为人类科技发展至关重要的基础支撑。科技巨头们正在基于超级数据中心，从端、管、云三大领域建立各自的“护城河”。

16.2.1 智能终端“可硬可软”

智能终端是巨头们的“必争之地”，抢夺智能终端定义权即占有用户与市场，获取海量数据要素，构筑独属的超级数据中心，成为数字时代“弄潮儿”。“可硬可软”“软硬结合”已成为巨头们科技竞赛的发力点。微软凭借其世界第一的软件研发能力、千亿级别的 AI“豪赌”，联合一众硬件厂商抢滩 AI PC，引领新一代智能电脑。苹果以“忍痛割爱”的方式，放弃汽车拥抱 AI，企图以 AI iPhone 手机定义人工智能手机。英伟达正依托其强大的算力芯片，联合各大终端巨头，积极参与智能终端“军备竞赛”。谷歌以巨资收购的方式开启硬件战略，先后收购摩托罗拉、智能穿戴、智能家居等企业，打造多领域智能终端布局。亚马逊更是从2004年就专注于软硬件研发，希望以智能家居设备结合其强大的AWS系统进入发展“快车道”。脸书早在all in元宇宙之前就斥重资布局沉浸式头显设备，将VR设备作为连接虚拟世界的主要接口。马斯克则更是依托特斯拉、Neuralink等企业以人形机器人、脑机接口、自动驾驶为核心战略，打造通向未来的智能终端。

16.2.2 云计算与智慧中枢

科技巨头们的超级数据中心价值实现需要面向客户的海量服务和强大的中枢控制能力，对此云计算、人工智能就成为其必然匹配的一种能力。微软为与OpenAI豪门联姻，不惜斥资千亿美元打造号称“星际之门”（Stargate）的人工智能超级计算机，为此计划配备数百万个专用AI芯片及5千兆瓦的电力支持。英伟达宣布与微软Azure、谷歌Cloud、数据云Snowflake等多家云服务供应商合作，推出NVIDA DGX Cloud，在AI领域进行定制化设计，试图将AI三要素（数据、算力、大模型）整合于云服务，为客户提供全方位算力服务。亚马逊通过向三家火箭公司定购太空发射服务，加紧实施部署互联网卫星群，该项目被称为柯伊伯计划（Project Kuiper），亚马逊预计通过83次发射计划，5年内向近地轨道发射3236颗微型卫星，以构建空基互联网，从外太空提供网络接入服务。脸书则凭借其35万片英伟达H100 GPU芯片的储备量开启AI军备竞赛，计划未来将达到60万片储备量以支持元宇宙算力需求。马斯克2015年宣布SpaceX卫星互联网服务计划，将约1.2万颗通信卫星发射到轨道，并从2020年开始工作，该项目被命名为“星链”(Starlink)，意图在全球范围内提供低成本的互联网中枢服务，截至2024年4月已向近地轨道发射星链卫星6145颗。

16.3 下注人工智能

ChatGPT的横空出世引爆全球，让人们感受了AI的巨大爆发力。科技巨头们纷纷下注AI“军备竞赛”，AI技术领域的“肉搏战”已经开启，“AI争霸”局面初现端倪，世界科技之争演变为“得AI者得天下”。

16.3.1 英伟达的崛起

2006 年，英伟达以图形处理器布局人工智能应用，推出用于通用 GPU 计算的 CUDA 平台，软件开发者可以通过该平台完成复杂的计算。2012 年，由于 ImageNet 大赛中以 GPU 为基础进行视觉识别训练的 AlexNet（卷积神经网络架构）在准确率上获得了突破性进展，英伟达开始关注并全面布局人工智能市场。2015 年，英伟达发布支持高级驾驶辅助系统的 NVIDIA DRIVE，同年又发布了为训练深度神经网络而打造的处理器 GeForce GTX TITAN X 及移动芯片 Tegra X1，试图为深度学习和计算机视觉应用程序带来更高的算力能力。一系列产品的发布，标志着英伟达正式投身人工智能深度学习研发领域。

2023 年 3 月，英伟达在 GTC 2023 大会上推出针对各种生成式 AI 应用程序进行优化的推理平台，帮助开发者快速构建专业的人工智能应用程序。2024 年 3 月，黄仁勋在英伟达 GTC 2024 开发者大会上发布了下一代数据中心的核心 GPU“Blackwell B200”，业界称之为英伟达核弹级 AI 产品。英伟达凭借算力优势即将开启一个加速计算和生成式 AI 的新时代，有望推动人工智能发展进入新阶段。B200 的 AI 训练性能是上一代的 4 倍，推理性能则超出 30 倍，能效比也提高了 25 倍。GTC 2024 大会使英伟达登上人工智能世界算力之巅，凭借着全世界各大公司梦寐以求的数据中心 GPU，登顶世界 AI 硬件第一巨头。

16.3.2 微软的豪赌（ChatGPT）

2023 年起，微软全面拥抱 AI，在 AI 技术上进行了一场“豪赌”，企图从全球软件系统领导者转变为全球 AI 领跑者。谈及微软主动拥抱 AI 变革之路，必须先了解 OpenAI。OpenAI 是一家位于美国旧金山的人工智能研究公司，成立于 2015 年，由萨姆·奥尔特曼（Sam Altman）、彼得·泰尔（Peter Thiel）、里德·霍夫曼（Reid Hoffman）和埃隆·马斯克（Elon Musk）共同发起创立，其核心宗旨在于“创建造福全人类的安全通用人工智能（AGI）”。OpenAI 以大模型为核心开创了 AI 领域的新一轮创新范式，成为引领通用人工智能领域的领军企业。

2019 年 7 月，微软正式入股 OpenAI，首次投资就高达 10 亿美元，双方将携手开发人工智能技术应用。随着 OpenAI 发布 ChatGPT 聊天机器人模型，ChatGPT 便成为用户破亿速度最快的消费级应用。2023 年 1 月，微软又为 OpenAI 筹集了 100 亿美元巨资，使微软占股比例达到 49%，OpenAI 当时估值达到 290 亿美元。截至 2023 年底，微软已向 OpenAI 投资了 130 亿美元，拥有其 49% 的股份，OpenAI 逆袭成为全球 AI“新王”，开启了新一轮 AI 革命大幕。

随着 OpenAI 估值的水涨船高，微软正筹划新一轮融资计划，预计项目融资高达 1000 亿美元；OpenAI 估值也已突破 1000 亿美元，成为美国估值第二高的创业公司，全球独角兽企业估值排名位列第三。入股 OpenAI，成为微软步入数字经济时代的又一次华丽革新，使之从全球软件系统领导者变为全球 AI 领跑者。

微软与 OpenAI 的豪门联姻，加速了 AI 的全球化进程。微软和 OpenAI 正计划建设一个启动资金高达 1000 亿美元的数据中心项目，核心是一台名为“星际之门”的人工智能超级计算机，该计算机将配备数百万个专用服务器芯片，旨在为 OpenAI 的 AI 技术提供强大算力。该数据中心项目的研发成本是目前一些大型规模数据中心项目的 100 倍，微软将承担项目的资金投入，展现其对推动 AI 技术发展的坚定信心。整个数据中心项目将分为五个阶段，目前正处于第三阶段，后两个阶段的重要节点分别为 2026 年和 2028 年。目前微软已开始数据中心的扩建工程，最终造价将高达 100 亿美元。而计划最大开支将是购买英伟达的 AI 芯片，采购成本将会占到总投资额的 50%。另外，电力投入也是该项目的重大难点，经初步计算，“星际之门”要想正式运转，至少需要 5 千兆瓦的电力支持，相当于目前几个大型数据中心所需的电力总和。“电力 + 芯片”成为微软这场 AI 豪赌的重大难题，微软将再次突破极限。

16.3.3 苹果“忍痛割爱”

2024 年，苹果正式宣布放弃开展了 10 年的泰坦（Titan）计划，结束了苹果电动汽车项目。自 2014 年起，苹果一直在探索电动汽车的可能，其间经历了多次领导层变动和技术路线的调整。然而，面对资金投入的巨大压力，以及特斯拉等竞争对手在人才和技术上的双重挑战，苹果最终“忍痛割爱”，决定削减造车支出，将团队部分成员转岗至 AI 领域。

苹果公司 CEO 蒂姆 · 库克在公司线上股东大会上表示，苹果公司正在向生成式人工智能大力投资，表明苹果正在拥抱生成式人工智能科技热潮，AI 成为苹果探索的下一个增长点。苹果在人工智能领域拥有深厚的积累，其机器学习算法和人工智能技术已经广泛应用于多个产品线中，从 Siri 智能语音助手到 Face ID 面部识别，都展示了苹果在 AI 方面的强大能力。预计苹果将在即将推出的 iOS18 系统中包含全新的人工智能应用，苹果也正在继续开发由大型语言模型技术驱动的新版本 Siri，并加大研发投入力度将大型语言模型集成到 iOS 系统中。与此同时，苹果正在与谷歌进行紧密谈判，旨在将谷歌的生成式人工智能模型 Gemini 集成到 iPhone 中。对于中国市场，苹果正在和百度进行谈判，以便能在中文苹果设备上使用百度人工智能生成技术。一切的努力，都将寄托于苹果全新定义的 AI iPhone 手机，使苹果再一次站在时代创新的顶峰，巩固自身世界终端硬软件巨头的地位。

16.3.4 脸书“算力竞赛”

随着 OpenAI 的面世，扎克伯格坚信生成式 AI 将彻底改变应用程序的使用方式，且使用率占比会越来越大。对于公司的后续发展，扎克伯格表示，2024 年 AI 将成为脸书最大的投资领域，公司将降低非 AI 项目的优先级，并将重要研发人员转向从事 AI 工作。扎克伯格预言未来的虚拟世界将由 AI 生成，并充满陪伴真人的 AI 角色。

于是，脸书开始全方位投入 AI 竞赛。首当其冲的就是“算力竞赛”。2024 年 4 月，美国 X 网络社交平台用户发布了世界人工智能公司对于英伟达 H100 型号 GPU 的储备量排名，脸书以 35 万片的储备量名列前茅。然而，埃隆・马斯克对于该排名表达了强烈不满，指出其麾下特斯拉和人工智能公司 xAI 同样储备了大量的 H100 芯片，其两家公司的储备总量完全可以与脸书抗衡，起码也应该排名第二。扎克伯格称，考虑到其英伟达 A100 和其他 AI 芯片的需求量，到 2024 年底，脸书将拥有近 60 万块 GPU 库存用于 AI 算力支撑。由此可见，“算力竞赛”已经成为世界巨头在人工智能领域的核心“军备竞赛”，犹如大国之间的核武器储备量竞争。

此外，脸书已经开始进行大语言模型的开发。脸书目前正在培训的 Llama 3 将具有生成代码的能力。随着 Llama 3 及迭代模型的发展，脸书的抱负是构建业界领先的大模型。2024 年 4 月，脸书推出新一代训练和推理加速器 MTIA，这是专为 AI 工作负载而设计的定制芯片系列。新一代 MTIA 的算力和内存带宽超越以前的解决方案达 1 倍。MTIA 系列芯片将成为脸书的一项长期投资，旨在为脸书独特的人工智能构建和扩展最强大、最高效的基础设施。

16.4 雄心与资本互动

科技创新离不开强大的金融资本支持，雄心与资本的相辅相成，成为革命性技术得以突破发展的重要保证。全球科技巨头的发展史，一级市场的天价融资及二级市场的超级估值是每一家企业步入正轨、成为巨头的重要助推器。美国科创金融与美国股市作为全球最大金融资本平台，为科技创新提供了充足的融资支持。

16.4.1 一级市场的天价融资

2003 年，遭遇发展瓶颈的特斯拉得到了马斯克 630 万美元的天价融资，之后为维持公司运转，马斯克又拿出了仅存的 6000 万美元作为特斯拉流动资金。2010 年，特斯拉成功 IPO，以 17 美元发行价融资 2.26 亿美元。开盘当日，马斯克力挽狂澜，账面上迅速增加了 6.3 亿美元，特斯拉成为当时唯一一家在美国上市的纯电动汽车独立制造商。2004 年，创立不到一年的脸书，就获得 PayPal 创始人彼得・蒂尔价值 50 万美元的投资，对价脸书 7% 的股份，成为脸书第一个外部投资人，如今这部分股份价值超 200 亿美元。随着名声大噪，2005 年脸书获得 Accel Partners 公司高达 1270 万美元风险投资，Accel Partners 合伙人吉姆・布雷耶还个人追加了 100 万美元投资。2012 年，飞速发展的脸书正式 IPO，市值达到 1152 亿美元，成为当时史上规模最大一宗科技公司 IPO，以开盘价 42.05 美元计算，扎克伯格的身价超过 224.55 亿美元，成功跻身全球富豪榜前 20。

数字经济迅猛发展使相关领域一级市场投资呈现了巨大的魅力，成为后续资本追逐科技扩张的新方式。微软不惜重金布局人工智能，首次投资 OpenAI 就高达 10 亿美元，2023 年追加 100 亿美元巨资，占股比例达到 49%，OpenAI 当时估值高达 290 亿美元。微软预计下一步为 OpenAI 融资 1000 亿美元，OpenAI 估值也已突破 1500 亿美元，成为美国估值第二高的创业公司，全球独角兽企业估值位列第三。为能够在 AI 竞争中占据一席之地，亚马逊向 OpenAI 的竞争对手 Anthropic 初始投资 12.5 亿美元，又于 2024 年追加 40 亿美元投资，成为 Anthropic 背后最大的股东。为抢占超 4 亿用户的印度市场，脸书不惜斥资 57 亿美元入股印度互联网巨头 Jio Platform，以 9.99% 股权成为 Jio Platform 最大的少数股东。

数字巨头们的技术之争，加速推动了国际资本大鳄们“烧钱”的脚步，一级市场的天价融资更加凸显数字经济超强的规模经济和范围经济效应。2024 年，美国 AI 独角兽 Databricks 宣布获得 100 亿美元风险投资，国际知名投资机构 Thrive Capital、Andreessen Horowitz、DST Global 等共同参与，本轮融资令 Databricks 估值跃升至 620 亿美元，成为当前全球市值前十的非上市科技公司。华裔天才 Alexander Wang 创办的人工智能公司 Scale AI 也在 2024 年完成新一轮融资，由 Accel 领投，Y Combinator、英伟达等 20 多家知名投资机构及个人投资者参与，融资金额高达 10 亿美元，使企业估值达到 138 亿美元。马斯克创立的人工智能初创公司 xAI 同样在 2024 年融资高达 120 亿美元，包括卡塔尔投资局、沙特王国控股、Andreessen Horowitz、贝莱德、富达、红杉资本、摩根士丹利等知名投资机构，以及英伟达和 AMD 等战略投资者竞相参与其中，使 xAI 估值跃升至 500 亿美元。2024 年底，美国当选总统特朗普宣布，孙正义代表日本软银集团将向美国人工智能开发用途的数据中心等 AI 相关领域投资 1000 亿美元，计划于 2029 年特朗普离任前完成。

16.4.2 二级市场的超级估值

截至 2024 年底，Google、Apple、Facebook、Amazon、Microsoft、Nvidia、Tesla 7 家数字科技巨头总市值超 18 万亿美元，占美股总市值的 30% 以上，相当于全球第二大股票市场中国 A 股市场及香港联交所股市市值总和。

作为数字七巨头中先发上市的苹果，2012 年 4 月以超过 5200 亿美元的市值稳居世界第一；2018 年 8 月，苹果盘中市值首次超过 1 万亿美元，以 203.57 美元刷新股价历史最高位；2020 年，苹果股价一度突破 468 美元，总市值首次突破 2 万亿美元。2022 年 1 月 4 日凌晨，苹果市值第一次站上 3 万亿美元的台阶，成为全球首个突破 3 万亿美元市值的企业，该体量相当于当时全球第五大经济体的 GDP，仅次于美国、中国、日本及德国。截至 2024 年底，苹果市值超 3.86 万亿美元，有望成为全球第一个超过 4 万亿美元估值的企业。

受益于人工智能的“弯道超车”，英伟达于 2023 年 5 月成为首家市值达到 1 万亿美元的芯片企业，股价 2023 年全年上涨 239%，2024 年再次飙升 177%，市值高达 3.35 万亿美元，成功超越谷歌母公司 Alphabet、微软，成为 AI 最大受益者，全球市值第二大企业。

2024 年 1 月，微软总市值达到 3 万亿美元，成为继苹果之后第二家挺进

“3 万亿美元市值俱乐部”的公司，年中曾一度超过苹果成为全球第一市值企业，截至 2024 年底，微软以 3.2 万亿美元暂列第三。

谷歌 2012 年市值扩大至约 2499 亿美元，曾超越微软成为市值全球第二大科技公司，截至 2024 年底，谷歌市值达到 2.36 万亿美元，成为全球市值第四大公司。

2017 年，亚马逊销售额高达 1780 亿美元，公司市值超 8000 亿美元，其业务几乎覆盖了所有电商领域，从全球最大书店变成选择范围最广的互联网购物天堂。2018 年 3 月，亚马逊市值曾超越谷歌母公司 Alphabet，成为仅次于苹果的全球第二大市值公司。同年 9 月，亚马逊股价一度超过 2050 美元，成为继苹果之后第二家市值破万亿美元的公司。截至 2024 年底，亚马逊市值达到 2.35 万亿美元，位列全球第五。

2012 年上市之日，脸书市值就高达 1152 亿美元，成为史上规模最大一宗科技 IPO。2021 年 6 月，脸书市值首次突破万亿美元，成为继苹果、微软、亚马逊、谷歌之后，第五家达到这一里程碑的美国公司。截至 2024 年底，凭借其全球第一超 30 亿用户量，脸书总市值超 1.5 万亿美元，成为全球第六市值科技企业。

特斯拉作为美股市场上首家纯电动汽车独立制造商，市值堪称世界汽车新霸主，尤其在特朗普赢得大选后，特斯拉股价走出了翻倍行情。截至 2024 年底，特斯拉市值高达 1.38 万亿美元，成为全球第七市值科技巨头。同时，作为特朗普最大的金主，马斯克刷新了世界首富里程碑，成为全球第一个身家超 4000 亿美元的企业家。

16.4.3 从特斯拉宏图计划说起

宏图计划第一篇章。早在 2006 年 8 月 2 日，马斯克在博文《特斯拉汽车的秘密宏图》中介绍了特斯拉的四步计划，正式开启了“宏图计划第一篇章”。第一步，打造一款产量很小的车型，该车型价格肯定是昂贵的，最终以特斯拉第一辆电动车 Roadster 实现。第二步，用赚到的钱，开发一款产量适中的、价格相对低的车型，最终以 Model S 和 Model X 实现。第三步，再用赚到的钱，创造一款量产的、价格亲民的车型，最终以 Model 3 实现。第四步，向公众提供太阳能电力产品，最终以“Powerwall”太阳能产品达成实现。

宏图计划第二篇章。10 年后，马斯克在 2016 年 7 月 20 日公开了特斯拉

“宏图计划第二篇章”。第一步，创造惊人高效的、配备集成储电功能的、美观的太阳能板，此计划与第一章最后一步相呼应，通过 Powerwall、Megapack 等储能产品得以实现。第二步，扩充电动汽车产品线，覆盖主要细分市场，最终以推出 Cybertruck 电动卡车、Semi 半挂式电动卡车相继实现。第三步，基于大量汽车行驶数据，开发出比手动驾驶安全 10 倍的自动驾驶，以 FSD 系统实现，只是目前仍未全面量产。第四步，汽车共享，让车辆在不使用时也能为车主赚钱。

马斯克和特斯拉宏图计划第一、第二篇章，提出的打造电动汽车、提供太阳能电力产品、提供储能一体化方案、自动驾驶等设想大都兑现，不禁让外界对宏图计划第三篇章充满了期待。2023 年 3 月 1 日，特斯拉在美国得克萨斯州奥斯汀超级工厂举行公司史上首次投资者日活动，万众瞩目的“宏图计划第三篇章”终于揭开面纱。

宏图计划第三篇章。马斯克在活动上详细介绍了“通往地球完全可持续能源未来的道路”。相较于前两个篇章，马斯克发布的第三篇章愿景更加宏大，向人类发展“实现可持续能源经济”发起最终挑战。经过严密思考，马斯克给出了实现愿景的五个具体步骤：第一步，用可再生能源驱动现有电网；第二步，彻底转向纯电动汽车；第三步，让家庭、企业，甚至整个工业都转向热泵；第四步，在工业过程中实施电气化高温输热和氢气；第五步，实现可持续的船舶和飞机的燃料。按照马斯克的规划，通过这五大步骤全球有望在 2050 年实现宏伟的 100% 可持续能源计划。

宏图计划第四篇章。2024 年 6 月 18 日，马斯克在社交平台 X 上宣布，将推出特斯拉“史诗级”宏图计划的第四篇章。目前虽未明确第四篇章的具体内容，但分析人士有诸多猜测。有观点认为可能会涉及五大方面：平民化战略升级，推出售价 1.5 万 ~2 万美元的入门级电动车；自动驾驶方面，实现 L4 级自动驾驶；能源方面，推出更先进的储能技术或新型发电方式；智能化方面，在智能座舱和车载系统应用等方面有所突破；制造方面，马斯克一直在推广“超级工厂”计划，未来可能会实现更为疯狂的制造技术。

伍

治理篇

第17章 全球视野下的数字经济治理挑战

当前，我们正在见证数字经济的兴起，它正以前所未有的速度向全球经济的每一个角落蔓延，改变着人们的工作方式、商业模式和日常生活，也对全球治理提出了新的问题和挑战。

17.1 群雄逐鹿：全球数字治理的话语权争夺

历史经验告诉我们，技术革命会导致经济政治格局的调整。当前的科技和产业变革正是推动这种调整的核心力量。数字经济具有全球性，涉及数据跨境流动和互联网平台的跨境运营，美国、欧盟、中国等国家和地区相继提出了各自的数字经济治理理念，并努力将其转化为国际规则，以期在数字经济中占据优势。

17.1.1 美国：全球布局与重点遏制

在全球数字经济版图中，美国通过系列战略性布局来巩固其领导地位并维护其高科技产业的竞争优势。通过设立专业机构加强数字政策的协调与领导力，推广以美国价值观为基础的数字自由理念，积极开辟国际数字市场，以及在关键技术领域对我国持续遏制。

1. 设立专业机构，加强数字政策协调与领导力

为增强在全球数字治理中的领导地位，美国国务院于 2022 年 3 月设立了网络空间和数字政策局（Bureau of Cyberspace and Digital Policy，CDP）。该机构致力于推动美国数字治理理念和方案的国际化，并协调对外数字政策，确保其全球范围内的统一性和连贯性。CDP 的设立标志着美国对外数字政策协调的正式化与专业化，为美国在全球数字治理中发挥领导作用提供了有力支撑。

2. 推广数字自由价值观，构建全球数字治理秩序

美国强调“数字自由”和“基于价值观的技术治理”，旨在建立以美国

价值观为主导的全球数字治理秩序。为加强数字技术、产业发展与数字自由价值观的融合，CDP 任命了数字自由问题特使兼协调员，以推动相关工作的开展，意图巩固美国在数字领域的领导地位，维护其全球范围内的战略利益。

3. 积极开辟国际数字市场，维护高科技产业顶端优势

美国将数字领域视为与中国博弈的前沿阵地，积极开辟国际数字市场，并极力维护其在高科技产业的顶端优势。为此，美国通过签订如《美墨加三国协议》和《美日数字贸易协定》等一系列数字贸易协定，向外输出规则模板，引领新一代贸易规则制定。此外，美国还试图利用“科技民主联盟”等方式整合盟友资源，构筑“数字同盟圈”，以加大对华的制衡力度①。

4. 数字对抗新常态化，持续遏制中国关键技术领域发展

为应对中国在关键技术领域的快速发展，美国采取了一系列措施来遏制中国，包括对半导体等信息通信技术（ICT）货物加征关税、将科技企业列入出口管制实体清单、加强与中国相关的关键技术投资审查等。

综上所述，美国在全球数字政策布局中展现出明确的战略企图和行动方向，旨在巩固其在全球数字治理中的核心地位，并维护其在高科技产业中的顶端优势。

17.1.2 欧盟：统一市场与规则输出

欧盟已展现对构建统一、协调、前瞻性数字政策的坚定决心和有效行动，通过法规与机构建设强化政策一致性，提升成员国内部的协同效应和全球数字治理的领导力、影响力。

1. 强化法规与机构建设

欧盟在数字治理领域采取了系统性的法规和机构建设措施，旨在加强成员国之间的政策一致性。2022 年，欧盟通过了《数据治理法》，并成立欧洲数据创新委员会（EDIB）。该委员会由成员国数据保护机构、欧洲数据保护委员会（EDPB）、欧洲数据保护监督机构（EDPS）等利益相关方共同组成，为欧盟委员会在数据隐私保护、数据共享和数据跨境流动等关键治理问题上提供专业建议。

---

① 张蕴洁，冯莉媛，李铮，等. 中美欧国际数字治理格局比较研究及建议［J］. 中国科学院院刊，2022，37（10）：1386-1399.

2. 深化数据政策一致性

2023 年 9 月，欧盟《数据治理法》正式生效，进一步规范了数据的使用和管理，促进了数据共享和跨境流动，为欧盟数字经济的发展提供了有力支撑。此外，欧盟还通过发布数字外交结论文件等方式，明确了成员国在国际多边场合下统一对外数字立场的具体要求。

3. 人工智能治理领域的突破

面对通用人工智能技术的迅速发展，2024 年 3 月 13 日，欧洲议会正式通过了《人工智能法案》，意图在人工智能新技术治理领域重现“布鲁塞尔效应”，此举体现了欧盟在应对新技术挑战时的敏捷性和前瞻性，同时深刻影响了欧盟乃至全球的人工智能治理范式。

专栏 17.1　布鲁塞尔效应

“布鲁塞尔效应”这一概念，最初由阿努·布拉德福德（Anu Bradford）教授于 2012 年提出，并以欧盟立法机构所在地布鲁塞尔命名，指的是欧盟凭借其庞大的市场规模和跨国公司的力量，在全球范围内推行其严格的法规标准，从而实现对全球市场的单边监管能力。这种效应体现在欧盟规则通过市场机制向欧盟外的市场主体和监管机构传播的过程中，其表现形式在于单边监管全球化。具体而言，即一个国家通过市场机制的运作，将其法律法规扩展到境外，进而推动标准在全球范围内的统一。通过数据治理和人工智能治理等领域的“布鲁塞尔效应”，欧洲已经成功崛起为全球数字监管领域的霸主，其地位甚至连地缘政治上的对手都无法匹敌。这一效应背后所展现的，正是欧盟在规则制定和塑造方面的卓越能力和独特优势。

4. 软数字实力与数字柔术外交

欧盟的软数字实力体现在其将劣势转化为优势的数字柔术外交策略上。尽管欧盟没有大型互联网公司，但这也为欧盟提供了更多自由来促进和保护公共利益。欧盟在不需要保护本国互联网行业经济利益的情况下，成为“互联网用户”的守护者以及全球互联网产业发展有利环境的推动者，实现了其道德和战略目标的双重追求。

5. 完备的数字规制体系与对外输出

欧盟拥有完备的数字规制体系，并将其视为对外输出数字治理模板的重要工具。面对国际竞争，欧盟通过隐私保护政策、竞争法及数字税等手段，有效限制了美国科技巨头对欧盟数据市场的侵蚀①。同时，欧盟在对外合作方面也积极寻求与多国开展电子商务合作，但在数字贸易合作方面相对滞后，有待进一步拓展和深化。

17.1.3 中国：优化治理与合作扩圈

在推进数字治理体系优化和拓展全球参与方案方面，我国正积极采取行动，以加强国内政策统一性和国际议程设置能力，同时努力构建数字经济伙伴关系，以应对外部技术封锁并拓展区域合作范围。

1. 成立国家数据局，提升数字治理体系弹性

我国在提升数字治理体系弹性方面迈出重要步伐。2023 年 3 月，我国成立国家数据局这一新机构，致力于统筹推进数据基础制度建设，协调数据资源整合共享和开发利用。此举有利于国内各部门政策的统一性和协调性，也为数字经济的健康发展提供了保障。

2. 发布数据跨境流动规定，增强全球参与方案吸引力

为进一步明确产业数据出境条件并提升在全球数字治理中的影响力，2024 年 3 月 22 日，我国出台《促进和规范数据跨境流动规定》，在维护数据安全的同时，积极促进数据跨境流动，提升在全球数字治理中的话语权和影响力。

3. 拓展合作渠道，构建数字经济伙伴关系

为应对美国的技术封锁，我国积极拓展合作渠道，通过一系列数字经济发展与合作倡议赢得广泛共识。同时，我国积极参与数字贸易协定的谈判和签署，以加强与其他国家在数字经济领域的合作，并通过《二十国集团数字经济发展与合作倡议》《“一带一路”数字经济国际合作倡议》《全球数据安全倡议》等一系列数字经济发展与合作倡议，助力中国在全球数字经济中占据更加有利位置。

---

① 张蕴洁，冯莉媛，李铮，等. 中美欧国际数字治理格局比较研究及建议［J］. 中国科学院院刊，2022，37（10）：1386–1399.

4. 面临挑战与机遇，寻求区域合作新突破

在参与区域合作的过程中，我国将面临来自美国在隐私保护、跨境数据流动、开放政府数据等议题上的压力。然而，这也为我国提供了寻求区域合作新突破的机会。通过加入 DEPA 和 CPTPP 等协定，我国有望与更多国家搭建数字贸易合作关系，拓展区域合作范围，推动全球数字经济共同发展。

17.2 相辅相成：全球化与数字经济的互动

全球化与数字经济密不可分、相辅相成，全球化通过促进跨国界的交流与合作，为数字经济的发展提供了广阔的舞台；数字经济的兴起也为全球化注入了新的活力，推动了全球经济的进一步融合。

17.2.1 全球化对数字经济的推动作用

全球化降低了贸易壁垒，促进了资本流动和国际合作，激发了数字技术在商业、通信和数据交换中的创新应用，为全球数字经济的发展提供了条件和环境。

1. 跨境电子商务的兴起与发展

跨境电子商务是全球化与数字经济结合的典型代表。随着互联网技术的普及和物流网络的完善，越来越多的企业和消费者参与到跨境电子商务中来。根据 ecommerceBD 数据，2023 年全球零售电子商务销售额 6.3 万亿美元，到 2026 年预计达到 8.1 万亿美元。跨境电子商务不仅为消费者提供了更多的商品选择和更低的价格，也为中小企业打开了国际市场的大门。然而，跨境电子商务的发展也面临着诸多挑战，如不同国家法律法规的差异、物流配送的复杂性、支付和结算的难题等。

2. 全球数字服务的自由化

全球数字服务的自由化是全球化进程中的重要一环。随着数字技术的发展，服务的提供和消费不再受地理位置的限制。云计算、在线教育、远程医疗、数字娱乐等服务在全球范围内得到普及。全球数字服务的自由化不仅促进了服务贸易的增长，也加速了服务行业的创新和竞争。然而，全球数字服务的自由化也带来了监管上的挑战，尤其是在数据治理、隐私保护和市场监管等方面。

3. 国际数字支付系统的创新

随着电子商务和数字服务的兴起，传统的支付方式已经无法满足市场的

需求。创新的数字支付系统，如移动支付、加密货币和区块链技术，正在推动国际支付和金融交易方式的重大变化。这些系统提供了更快、更便宜、更安全的支付解决方案，极大地促进了全球贸易和投资的便利性。然而，不同国家的监管环境差异较大，这对跨境支付系统的互操作性构成了障碍。此外，数字支付系统的安全性和稳定性也引起了监管机构的关注。

17.2.2 数字经济对全球化的新要求

数字经济的蓬勃发展对全球化提出了一系列新的要求，涉及网络基础设施建设、数据治理和隐私保护以及国际合作与协调机制等多个层面。

1. 对全球网络基础设施的需求

全球网络基础设施是数字经济的物理基础，其完善程度直接影响数字经济的发展。随着数字技术的普及，对高速、稳定、安全的网络连接需求日益增长。根据国际电信联盟数据，截至 2024 年，全球互联网用户数量已增至 55 亿，占世界总人口的 68%。尽管如此，全球网络接入的不平等现象依然显著，特别是在低收入国家和偏远地区。在高收入国家，有 93% 的人口能够接入互联网，相比之下，低收入国家的这一比例仅为 27%。此外，在 5G 网络覆盖方面，高收入国家的覆盖率达到 84%，而低收入国家的覆盖率仅为 4%。为了满足数字经济的需求，全球需要加强网络基础设施建设，提高网络覆盖率和接入速度，降低上网成本。而全球网络基础设施的建设需要巨额投资，这不仅包括硬件设备的投入，还包括软件和人才的培养。

2. 数据治理和隐私保护的国际标准

数据是数字经济的核心资源，数据治理和隐私保护是数字经济健康发展的基石。随着数字技术的发展，数据的产生、收集、处理和应用日益广泛，但同时也带来了隐私泄露、数据滥用等风险。因此，建立国际统一的数据治理和隐私保护标准显得尤为重要。欧盟的 GDPR 是全球数据保护立法的典范，其严格的数据保护要求对全球数字经济产生了深远影响。然而，不同国家和地区在数据治理和隐私保护方面仍存在较大差异，这给跨境数据流动和数字经济的全球化带来了障碍。

3. 数字经济的国际合作与协调机制

数字经济的全球化特征要求各国加强合作，建立有效的国际合作与协调机制。随着数字经济的深入发展，跨境电子商务、数字服务贸易、数据流动等新问题不断涌现，这些问题的解决需要国际社会的共同努力。世界贸易组织（WTO）、经济合作与发展组织（OECD）、二十国集团（G20）等国际组织在数字经济的国际合作中发挥着重要作用。国际合作与协调机制的建立需要各国政府的积极参与，同时也需要私营部门、民间组织和国际组织的共同推动。国际合作已开始关注数字鸿沟问题，以技术援助、资金支持等方式，帮助发展中国家提升数字经济的发展水平。

17.2.3 全球化背景下的数字经济治理

在全球化的大背景下，数字经济的治理变得尤为复杂和重要。随着数字技术的发展和应用，数据流动、电子商务、网络安全等新兴问题对传统的治理模式提出了挑战。

1. 全球数字经济监管的挑战与机遇

全球数字经济的快速发展带来了一系列监管挑战，同时也为各国提供了新的机遇。在挑战方面，数字经济的跨境特性使得传统的国家监管模式难以适应。例如，数据流动的自由化要求各国在保护个人隐私的同时，允许数据的跨境传输；数字平台的崛起也对传统的市场监管提出了新的要求。在机遇方面，数字经济的发展为各国提供了新的经济增长点，促进了就业和创新。通过加强国际合作，各国可以共享数字经济的红利，实现互利共赢。同时，数字技术的应用也为监管提供了新的工具和手段。例如，利用大数据分析、人工智能等技术，可以提高监管的效率和精准度。为了应对全球数字经济监管的挑战，各国需要加强合作，共同制定国际规则和标准。同时，也需要加强国内的监管能力建设，提高监管的适应性和有效性。此外，保护消费者权益、促进公平竞争、保护数据隐私等原则应该成为全球数字经济监管的共同目标。

2. 多边数字经济协议的重要性

多边数字经济协议为协议签署国提供了一个共同的框架，以解决跨境数据流动、电子商务、知识产权保护等问题，有助于降低贸易壁垒，促进技术交流，加强国际合作，从而推动全球数字经济的健康发展。然而，制定多边数字经济协议面临着诸多挑战。首先，各国在数字经济的发展水平、监管政策、文化等方面存在差异，增加了谈判的复杂性。其次，数字经济的快速发展要求协议内容具有很强的适应性和前瞻性。此外，保护消费者权益、促进公平竞争、保护数据隐私等也是协议需要考虑的重要因素。

3. 国际组织在数字经济治理中扮演的角色

国际组织在数字经济治理中扮演着重要角色。其为各国提供了一个交流、协商、合作的平台，有助于推动全球数字经济的健康发展。例如，世界贸易组织在制定国际贸易规则、促进贸易自由化方面发挥着关键作用。国际货币基金组织（IMF）和世界银行则在提供宏观经济政策咨询、促进全球金融稳定方面扮演着重要角色。然而，随着数字经济的发展，国际组织也面临着新的挑战。首先，数字经济的快速发展要求国际组织不断更新其政策框架和工具。其次，国际组织需要协调各国的利益，推动多边协议的制定。最后，国际组织还需要加强与私营部门、民间组织等其他利益相关者的合作，形成多元共治的格局。

17.3 规则重塑：数字经济对国际贸易体系的深度影响

数字经济的崛起带来了数字化服务与产品的贸易增长，传统贸易壁垒的转变，以及国际贸易规则的重塑，共同推动了全球贸易新格局的形成和发展。

17.3.1 数字经济对国际贸易的影响

数字经济以其特性，对国际贸易产生了革命性的影响，数字化服务与产品的贸易增长，改变了传统的贸易模式，促进了全球市场的一体化。值得注意的是，数字技术的应用加速重塑国际贸易规则。

1. 数字化服务与产品的贸易增长

随着数字技术的发展，越来越多的服务和产品实现了数字化，如软件、在线内容、云计算服务等。这些数字化服务和产品具有易于传输、边际成本低廉等特点，极大地促进了国际贸易的增长。数字化服务贸易的增长，不仅为发达国家的高科技企业提供了新的市场机会，也为发展中国家的中小企业打开了国际市场的大门。然而，数字化服务贸易的增长也带来了监管上的挑战。不同国家在数据流动、知识产权保护、市场准入等方面的法律法规差异，构成了数字化服务贸易的障碍。

2. 传统贸易壁垒在数字经济中的转变

传统贸易壁垒，如关税和配额，正在逐渐被新的壁垒取代，如数据流动限制、网络安全要求、本地化要求等。这些新的壁垒，虽然在一定程度上保护了国内市场，但也限制了国际贸易的自由化。例如，数据本地化要求迫使外国企业将数据中心设在本国境内，增加了企业的运营成本，限制了数据的自由流动。此外，一些国家以网络安全为由，限制外国数字产品和服务的进入，在一定程度上构成了新的贸易壁垒。

3. 数字经济对国际贸易规则的重塑

传统的国际贸易规则，主要针对货物贸易，而在服务贸易特别是数字化服务贸易方面，现有的规则已经难以适应数字经济的需要。例如，现有的国际贸易规则在数据流动、知识产权保护、市场准入等方面，难以为数字化服务贸易提供有效的指导。此外，数字经济的快速发展，也要求国际贸易规则具有适应性和灵活性。为了重塑国际贸易规则，适应数字经济的需要，各国需要合作共建新的规则和标准，并相应调整各自国内的法律和监管框架。

17.3.2 数字贸易壁垒与国际合作

数字贸易壁垒，如数据本地化要求和跨境数据流动限制，对国际贸易自由化构成了新的障碍。国际合作在消除这些壁垒中显得尤为重要。

1. 数据本地化要求对国际贸易的影响

数据本地化要求是政府强制要求企业将数据存储在本国境内的法律或政策。这种要求的初衷往往是为了保护个人隐私、维护国家安全或支持本国企业发展。然而，数据本地化要求也阻碍了国际贸易的发展，主要体现在以下几个方面：第一，数据本地化要求增加了跨国企业的技术和管理成本，因为企业需要在不同的国家建立和维护多个数据中心。第二，数据本地化要求限制了数据的自由流动，影响了电子商务、云计算等依赖数据流动的业务开展。第三，数据本地化要求还可能导致数据保护标准的碎片化，增加企业合规的难度。

2. 跨境数据流动的限制与自由化

跨境数据流动是数字经济国际化的必然要求。允许企业在全球范围内传输、存储和处理数据，将进一步促进电子商务、云计算、远程工作等业务的发展。然而，跨境数据流动也面临着一些限制，如数据隐私保护、网络安全、知识产权保护等问题，对国际贸易构成了障碍，限制了企业在全球范围内优化资源配置的能力，增加了企业运营成本，影响国际贸易效率。

3. 国际合作在消除数字贸易壁垒中的作用

在全球化的数字经济中，单边行动往往难以解决跨境问题，而国际合作能够集合多国的力量，共同应对挑战。国际组织、区域经济集团、双边协议等都在促进合作方面发挥着重要作用。首先，国际组织如 WTO、OECD、联合国贸易和发展会议（UNCTAD）可以通过制定国际标准和协议，推动成员国之间的政策一致性和透明度。例如，WTO 的贸易便利化协议（TFA）通过简化海关程序，降低贸易成本，对数字化产品和跨境服务贸易具有积极影响。其次，区域经济集团如欧盟、东盟和非洲联盟通过内部协议，促进了成员国之间的数据流动和电子商务合作。这些区域性合作有助于建立区域内的数字经济一体化，减少不必要的数据流动限制。最后，双边和多边自由贸易协定（FTA）也包含了关于数字贸易的条款，这些协定通过降低关税壁垒、规范电子签名和认证、保护知识产权等措施，促进了数字商品和服务的国际贸易。

17.3.3 数字经济对税收政策的挑战

数字经济的快速扩张对传统税收体系提出了严峻挑战，尤其是在税收归属、税收征管以及对税制本身的冲击方面，随着企业运营和交易活动的虚拟化，传统基于实体存在的税收架构难以适应这种新型经济活动的特点。

1. 跨国公司的税收问题

跨国公司在数字经济中通过复杂的业务结构和财务安排，利用各国税制的差异进行利润转移和避税，给全球税收治理带来了巨大挑战。例如，一个企业可能在国家 A 拥有服务器，在国家 B 拥有用户，而在国家 C 实现利润。这种情况下，每个国家如何合理分配税收权利便成为一个复杂问题。此外，数字企业的价值往往在于无形资产，如专利和品牌，这些无形资产的评估和税收归属也极具挑战。这种情况要求国际社会加强合作，通过统一的监管框架来应对这些挑战，缩小跨国公司利用税收筹划逃避税务的空间，确保全球税收资源的合理分配和公平性。

（1）跨国公司的利润转移与避税。跨国公司常通过设立子公司或分支机构在低税率国家或地区进行利润转移，以降低整体税负。这种做法虽然在某些国家法律允许的范围内，但往往导致税基侵蚀，影响国家税收的公平性和效率。例如，一家公司在高税率国家产生大量利润，但通过版权费用、服务费、利息等方式转移至税率较低国家的关联公司，从而减少在高税率国家的应税收入。这种策略不仅涉及税法的合规问题，也引发了广泛的道德和公平性争议。为应对这一问题，许多国家和地区开始采取反避税法规，如 BEPS（Base Erosion and Profit Shifting）行动计划，防止利润转移和税基侵蚀。

专栏 17.2 BEPS 行动计划

BEPS（利润侵蚀和利润转移）行动计划是由经济合作与发展组织开发并得到 G20 认可的一项旨在打击跨国公司避税策略的举措。这些策略利用税法规则中的漏洞和不匹配之处，人为地将利润转移到税率低或无税的地区，以最小化整体税负。该行动计划首次在 2013 年提出，概述了 15 项具体行动，旨在增强透明度，改善国际税收规则的协调性，并确保在产生利润的经济活动所在地征税。该行动计划包括应对数字经济挑战、防止条约滥用、中和混合错配安排以及改进争议解决等措施，标志着全球税收改革向恢复国际税制的公平性和完整性迈出了重要一步。

（2）国际社会对跨国公司税收的监管。随着数字经济的发展，国际社会越来越意识到需要加强对跨国公司税收的监管。国际组织如 OECD、WTO 和 IMF 都在积极推动国际税收合作和信息共享。这些机构提供了平台和机制，帮助不同国家共同研讨和制定跨国税收政策，以及实施跨国税收信息自动交换协议，加强透明度和监管能力。这种国际合作有助于缩小国际税收法规的执行差距，确保跨国公司在全球范围内公平纳税。

（3）数字经济下的国际税收合作。数字经济的全球性特征和快速发展使得国际税收合作变得更加紧迫。数字服务的跨境性质、虚拟产品的交易特点和数字平台的运营模式，都对传统的税收体系提出了新的挑战。例如，如何对在一国提供服务但在另一国消费的数字产品征税，成为一个复杂问题。为此，各国政府和国际组织正在探索如何建立包括数字服务税在内的新型税收模式，并寻求在全球范围内对这些新模式达成共识。这种合作不仅涉及税收政策的制定，还包括技术和信息的共享，以及监管实践的协调。

2. 数字服务税的国际协调

随着数字服务在全球经济中的快速增长，数字服务税成为国际税收政策讨论的热点。数字服务税旨在公平地从增长迅猛的数字部门获取税收，解决传统税制在应对数字经济时面临的挑战。然而，数字服务税的引入和实施涉及复杂的国际协调问题，包括如何定义税收对象、设定税率，以及如何在不同国家间实现政策的一致性。国际间的合作与协调对于解决这些问题至关重要，不仅可以避免税收冲突和贸易摩擦，还可以保证税收的公平性和效率。

（1）数字服务税的国际讨论与实施。国际上对数字服务税的讨论主要集中在如何确保大型数字公司，如谷歌、亚马逊、脸书等，为其在各国市场中的收入支付公平的税费。不同国家对于数字服务税的看法和策略有所不同，欧盟、英国、法国等已经或正在考虑引入或已经实施了此类税种。这些税种通常针对广告收入、用户数据的利用以及其他数字服务收入。实施过程中，各国需要解决的关键问题包括税收的适用范围、税率的确定以及如何处理跨境交易问题。国际组织如 OECD 正在努力推动国际共识，以避免单边税收措施引发的贸易和税收冲突。

（2）数字服务税对国际贸易的影响。数字服务税的实施对国际贸易有着直接和间接的影响。直接影响包括可能引起的跨境服务贸易成本增加，这可能导致服务价格上升，影响全球市场的竞争力。间接影响包括税收措施可能引发的国际贸易争端，尤其是在没有国际协调的情况下各国单边实施税收时。例如，美国对法国等国家因实施数字服务税而威胁加征关税，显示了税收政策如何影响贸易关系。

（3）数字服务税的公平性与合理性。数字服务税的公平性和合理性是国际社会关注的焦点。支持者认为，数字服务税能够使原本因优化税务结构而少缴税款的大型多国数字公司贡献更多的税收。反对者则认为，这种税种可能对创新产生抑制作用，特别是对初创企业和中小企业可能构成较大负担。此外，还存在对此类税收可能违反国际税收原则，如无差别原则和公平原则的担忧。因此，设计和实施数字服务税时，需要综合考虑税收的效率、公平和中立性，避免对数字经济的长期发展产生不利影响。

3. 促进公平的数字经济税收制度

为了应对数字经济中日益显著的税收挑战，建立一个公平的税收制度至关重要。这样的制度不仅需要确保税收的公正征收，还应促进不同市场主体之间的公平竞争。

（1）建立公平的数字经济税收框架。创建公平的数字经济税收框架需要对现有的税制进行适应性改革，以反映数字交易的特性和跨国公司的经营模式。必须对税基定义、税收归属以及征税权分配进行清晰和现代化的调整，例如，考虑到数字产品和服务可以跨境提供，税收框架需要明确这些服务的税收归属，确保税收与经济活动发生地相匹配。此外，这种框架应强调透明和一致的国际税率，避免导致税收竞争和优化行为，同时提供足够的灵活性，以适应快速变化的技术和市场环境。

（2）国际合作在税收制度设计中的作用。国际合作是设计和实施公平的数字经济税收制度的关键。通过国际机构如OECD的领导和协调，各国可以共同开发和统一国际税收原则和标准，特别是优先形成处理跨国数字服务税共识，减少税收避难地和利润转移的机会。国际合作也包括技术和信息的共享，帮助各国税务机关有效识别和应对跨境税务挑战，以及确保税收政策的全球一致性和公平实施。

（3）税收政策对数字经济公平竞争的潜在影响。适当的税收政策可以激励企业创新和投资，而不恰当的政策可能造成市场扭曲。例如，高税负可能抑制小企业和创业公司的创新动力，而低税负可能导致公共资源的不足，影响政府提供必要的公共服务和基础设施建设。因此，设计税收政策时应综合考虑激励与公平之间的平衡，确保所有企业都在公平的竞争环境中运营，从而推动整个数字经济的健康和可持续发展。

17.4 数字鸿沟：推动技术普及的治理障碍

数字经济的兴起为全球经济带来了前所未有的增长机遇，但同时也可能带来数字鸿沟问题，加剧全球化时代全球发展的不平衡。

17.4.1 数字鸿沟问题及其对全球发展的影响

数字化时代不平等的数字接入、技能差距的扩大以及数字经济对贫困影响的双重性质，共同勾勒出了这个时代的数字鸿沟关键议题。

1. 全球数字接入的不平等问题

全球数字接入的不平等首先体现在互联网普及率上，发达国家的互联网普及率显著高于发展中国家。此外，城市与农村地区、不同社会经济群体之间也存在显著差异。缺乏必要的数字基础设施，如宽带网络和移动通信，是造成这种不平等的主要原因。数字接入的不平等导致了信息获取、教育资源、医疗服务等方面的差异，进而加剧了社会不平等。例如，远程教育和电子政务等服务在数字接入水平较低的地区难以实现，限制了这些地区的发展潜力。此外，鉴于众多新兴的就业机会和商业活动都高度依赖数字技术，数字接入的不平等还直接影响了经济机会的公平分配。

2. 数字技能与教育的全球差异

数字技能和教育是数字经济时代不可或缺的资源。然而，全球在数字技能和教育方面的差异，进一步加剧了数字鸿沟。在发达国家，数字技能的教育和培训普及率较高，而在发展中国家，由于资源有限，许多人无法获得必要的数字技能。数字技能的缺乏限制了个人和社区参与数字经济的能力，影响了他们的经济机会和社会流动性。

3. 数字经济给减少贫困带来的挑战

数字经济为减少贫困提供了机遇，但也使其面临种种限制。首先，数字鸿沟限制了低收入群体参与数字经济的机会。其次，数字经济的发展可能导致劳动力市场的分化，对低技能劳动者产生负面影响。最后，数字经济的监管和政策环境尚不完善，可能加剧不平等。因此，要确保所有人特别是弱势群体，都能获得数字基础设施和教育机会，方可发挥数字经济在减少贫困方面的潜力。

17.4.2 发展中国家在数字经济中的机遇与挑战

数字经济为发展中国家提供了跨越式发展的可能，利用数字技术可以加速工业化进程，提升经济结构，实现包容性增长，同时也必须面对和积极克服基础设施不足、人才短缺、监管薄弱等挑战。

1. 利用数字经济促进包容性增长

数字经济为发展中国家提供了促进包容性增长的新途径。例如，随着互联网和移动设备的普及，边远地区的农民能够直接接触到更广阔的市场，将农产品销售到全国各地乃至全球，增加了他们的收入并改善了生活水平。数字化金融服务，如移动支付和网络银行，为未银行化人群提供了便捷的金融服务，有助于金融包容性的提升，促进了社会各阶层的经济发展。通过远程教育和在线培训，为不同背景的人们提供了接受高质量教育和技能提升的机会，这对于缩小城乡差距、性别差距具有重要意义。然而，要实现包容性增长，发展中国家需要加大对数字基础设施的投资力度，提高互联网的普及率和接入质量，同时制定相应的政策以确保数字经济的红利能够惠及社会各阶层。

2. 数字经济中的创业与创新机遇

数字经济为发展中国家的创业者和创新者提供了广阔的舞台。互联网的低成本接入和广泛的覆盖范围使得创业者能够以较低的成本接触到大量潜在客户。电子商务、在线内容创作、数字服务等新兴领域为创业者提供了多样化的商业机会。同时，数字技术的应用也推动了传统产业的创新，如制造业通过引入智能制造和物联网技术提高生产效率。发展中国家需要培育一个支持创新和创业的生态系统，包括提供创业培训、风险投资、法律咨询等服务，同时加强知识产权保护，激励创新发展，培育有竞争力的数字经济企业。

3. 发展中国家在数字经济中的竞争力提升

在数字经济时代，发展中国家有机会通过利用数字技术提升其全球竞争力。通过数字化转型，传统产业可以提高效率、降低成本、创新产品和服务，从而在国际市场上更具竞争力。同时，发展中国家可以利用其在人力资源、市场潜力等方面的优势，发展软件开发、游戏开发、在线教育等特定领域数字经济。当然，发展中国家还需要制定全面的数字经济发展战略，加大对数字基础设施和人才培训的投资力度，逐步缩小与发达国家在数字经济领域的差距。

17.4.3 国际社会在缩小数字鸿沟中的作用

国际社会在缩小全球数字鸿沟中扮演着至关重要的角色，国际援助、合作项目以及多边机构支持，可以有效地提升发展中国家的数字基础设施，加强数字技能培训，保障数字经济的公平性。

1. 国际援助在提升数字基础设施中的作用

发达国家和国际组织通过资金支持、技术援助和政策咨询，帮助发展中国家建设必要的通信基础设施，如宽带网络和移动通信基站。这些援助项目不仅提高了受援国的互联网普及率，也为当地社区提供了接触全球信息和市场的途径。此外，国际援助还支持了可再生能源技术的应用，对于解决偏远地区电力短缺问题至关重要。例如，太阳能和风能技术的应用可以为数字基础设施提供稳定的能源供应，从而降低运营成本并提高服务的可持续性。

2. 国际合作项目在数字技能培训中的角色

数字技能培训是提升发展中国家数字经济竞争力的关键。可由国际组织、非政府组织（NGO）和私营部门共同实施，在国际合作中提供培训资源、分享最佳实践和促进知识交流，帮助发展中国家建立和完善数字技能教育体系。例如，信息通信技术培训项目可以帮助教师和学生掌握必要的数字技能，而创业培训项目则可以激发年轻人的创新精神和创业能力。

3. 多边机构在推动数字经济公平性中的策略

多边机构在全球数字经济治理中扮演着重要角色。通过为成员国提供关于数字经济发展的洞见和建议，发起各种倡议和伙伴关系，制定国际规则，提供政策指导等举措，推动国际合作，促进全球数字经济的可持续发展。例如，WTO 的电子商务谈判致力于降低数字贸易壁垒，促进跨境数据流动。此外，多边开发银行（MDBs）通过提供贷款和信贷担保，支持数字基础设施项目，助力缩小数字鸿沟。

第18章 数字经济治理框架构建

在数字化转型的大潮中，经济活动经历着前所未有的变革，需要有一个前瞻性、协调性和适应性强的数字经济治理框架。

18.1 我国数字经济治理新趋势

我国数字经济治理呈现了体系化、多元化态势，不仅要强化法律和政策支撑，还要创新治理方式和机制，以适应数字时代的新要求和新挑战。

18.1.1 数字经济监管体系的现代化升级

鉴于数字经济在海量数据膨胀、线上线下融合等方面展现出的新特点，传统的监管方式已难以满足需求，全面升级数字经济监管体系，提升治理能力，成为我国当前亟待解决的重要课题。

（1）技术层面：利用大数据和人工智能技术优化政府决策。通过收集、整理和分析海量数据，政府可以更加精准地把握数字经济的运行态势和发展趋势，为制定科学、合理的监管政策提供有力支撑。同时，人工智能技术的应用可辅助政府进行智能决策，提高决策效率和准确性。

（2）制度层面：建立更为灵活的监管机制应对数字经济快速变化。建立更为灵活的监管机制，明确数字经济的法律边界和监管要求；加强跨部门协作，形成合力共同推进数字经济监管工作；同时，鼓励行业自律和社会监督，构建多元化、立体化的监管体系。

（3）结构层面：优化监管组织架构，提升治理效果。通过整合现有监管资源，建立统一、高效的监管平台，实现对数字经济的全面覆盖和有效监管。同时，注重加强监管人员的培训和教育，提高其专业素养和监管能力，确保监管工作的质量和效率。

18.1.2 法律法规与政策制度的完善

在数字经济的法治化建设中，我国正不断强化和完善相关的法律法规，包括对数据权益、数据交易、数据安全等关键问题的法律制定和更新，确保数字经济发展在法治轨道上健康运行。

1. 加强数据权益保护的法律法规建设

在数字经济法治化建设的进程中，我国高度重视数据权益保护，通过完善法律法规体系，确保数据在收集、使用、处理等环节得到充分的法律保障。同时，注重加强数据权益保护的宣传教育，提升公众对数据权益的认知和重视程度。在数据参与生产、交换、消费、分配的过程中，产权作为核心问题，因涉及多方主体而显得尤为复杂，我国的“数据二十条”强调了使用权的重要性，提出了数据产权结构性分置制度，构建了包括数据资源持有权、数据加工使用权和数据产品经营权在内的“三权分置”数据产权制度框架，符合现实需求的同时，为未来探索预留了空间。

2. 推进数据交易市场的规范化发展

为推动数字经济的健康发展，我国致力于数据交易市场的规范化发展。为此，已制定并不断完善数据交易的相关法律法规，进一步明确数据交易的规则和标准，确保交易的公平、公正和透明。同时，强化对数据交易市场的监管力度，以遏制数据垄断和滥用行为的发生，从而保障市场的健康有序运行。在数据交易方式方面，当前市场既存在以数据交易所为平台的场内交易，也有企业间直接进行数据交互的场外交易。尽管场内交易在一定程度上便于监管，但随之而来的是额外的成本投入；而场外交易虽然灵活多变，但更容易滋生违规行为。针对此现状，“数据二十条”提出了“完善和规范数据流通规则，构建促进使用和流通、场内场外相结合的交易制度体系，规范引导场外交易，培育壮大场内交易”的指导思想。此外，还就完善数据全流程合规与监管规则体系、统筹构建规范高效的数据交易场所、培育数据要素流通和交易服务生态等方面提出了具体指导意见。

3. 强化数据安全保护的法律措施

我国对数据安全予以高度重视并采取了一系列措施。首先，国家通过制定和完善一系列关于数据安全保护的法律法规，明确了数据安全的责任主体，并加强了保障措施，提高了对数据安全违法行为的监管和处罚力度。其次，推动数据安全技术的研发和应用也是提升数据保护能力的重要方向，确保数字经济在一个安全可靠的环境中持续健康发展。最后，处理好数据共享与数据安全的平衡关系也是治理工作的一个重要方面。国家鼓励在保护个人隐私和公共安全的前提下，通过法规如“数据二十条”，推进公共数据的开放共享，主张公共数据在“原始数据不出域、数据可用不可见”的原则下，通过模型和核验等形式向社会提供服务，从而释放数据的潜在价值。对于含敏感信息的数据，如未经法律规定公开的原始公共数据，将不会被开放，以此确保数据的供应和使用不损害公共利益。

4. 推动社会治理向网络空间延伸

随着数字经济的迅猛发展，网络空间已成为社会治理不可或缺的重要领域。为顺应这一趋势，我国积极推动社会治理向网络空间延伸，加强监管和管理，以维护网络空间的公共秩序和公共利益。不断完善网络空间治理的法律法规体系，明确网络行为规范和秩序要求，遏制不良信息的传播，营造清朗的网络环境。

18.1.3 构建多元化治理体系

推动数字经济治理体系的多元化是我国治理现代化的重要方向之一，涉及政府、市场、社会等多方的共同参与和协同治理。

1. 加强政府监管与发展双重职能

在构建数字经济多元化治理体系的过程中，政府不仅需要履行监管职责，确保数字经济的规范运行，还要积极促进数字经济的发展，提供政策支持与引导。通过强化监管与发展双重职能，政府能够确保数字经济在法治轨道上健康、有序发展。

2. 优化主管部门与监管机构的职责划分

为了更好地推进数字经济的治理，主管部门负责制定和执行相关政策法规，引导数字经济的发展方向；监管机构则负责对数字经济活动进行监督和检查，确保市场公平竞争和消费者权益。以职责的明确和优化提高治理效率和效果。

3. 发挥行业协会在规范行业行为中的作用

行业协会作为行业内的自律组织，在数字经济治理中扮演着重要角色。行业协会制定行业自律准则，规范企业行为，提高行业自律水平。同时，行业协会积极参与政策制定和实施过程，为政府提供行业意见和建议，推动数字经济健康、有序发展。

18.2 优化数字经济时代政府与市场关系

数字经济对新型治理提出更高的要求，政府的角色和作用从传统的市场监管者和公共服务提供者，转变为数字经济的促进者、市场公平与数据安全的守护者、私营部门创新发展的合作者，以及政府数据开放共享的提供者等多重身份的叠加统一。

18.2.1 政府在数字经济中扮演的角色

政府通过制定有效的政策、投资关键基础设施、推动技术创新，可以为数字经济的健康发展提供坚实的基础，同时，在监管、合作和数据开放等方面可以促进数字经济创新和公平竞争。

1. 数字经济发展促进者

通过制定前瞻性政策、投资基础设施和推动技术研发，政府可以为数字经济的繁荣奠定基础。

（1）制定前瞻性的数字经济政策。政府制定一系列前瞻性的数字经济政策，引导和支持数字经济的发展。为创造一个稳定、可预测且有利于创新的商业环境，政府可以引导设立包括但不限于电子商务法律框架、数据保护法规、知识产权保护以及数字支付和金融科技的监管政策，还可考虑制定激励措施，如税收优惠、资金补贴和财政刺激，鼓励企业和个人投资于数字技术。此外，政府还要推动本国政策与全球标准接轨，促进跨境电子商务和数字贸易的发展。

（2）投资数字基础设施建设。政府投资于高速互联网、移动通信网络、数据中心和云计算设施的建设，用来提高数字服务的质量并扩大覆盖范围，同时促进偏远地区的数字化，缩小城乡数字鸿沟。此外，政府应考虑投资于智慧城市和物联网技术，以提高城市管理效率和居民生活质量。投资基础设施的同时，政府还需制定相应的政策，鼓励私营部门参与，形成公私合作的良好局面。

（3）加速数字技术研发与应用。政府通过资金支持、政策引导和公私合作，推动人工智能、大数据分析、区块链、云计算和物联网等前沿数字技术的研发和应用。政府可以设立研发专项资金、创投引导基金，支持大学和研究机构进行基础研究，同时鼓励其进行商业化应用开发。政府还可支持数字技术的试点项目和示范应用，加速技术的市场化步伐。同时要关注技术伦理和潜在的社会影响，确保技术发展与社会价值观相协调。

2. 市场公平与数据安全的守护者

数字市场特有的快速创新、网络效应和规模经济等特点，对现有的法律和监管体系提出了新的要求。政府必须更新其固化的法规和政策，适应数字经济的快速发展，确保市场能够维持公平竞争，防止垄断行为，保护消费者权益，激励持续的创新。

（1）维护市场公平竞争与促进创新发展。为了适应数字市场的特点，竞争法规需要进行相应的更新和完善。政策制定者必须重新评估市场力量的构成，特别是考虑到数据控制和算法协调对市场影响力的作用。法规还应明确界定不正当竞争行为，如掠夺性定价、不公平的合同条款和排他性协议。另外，在知识产权保护方面，政府需要通过立法保护专利、版权、商标等，确保创新者的成果得到合法保护。

（2）防止市场支配地位滥用。数字市场往往容易出现“赢者通吃”的局面，这就要求监管机构评估市场主导者的市场份额、市场进入壁垒和对竞争的潜在影响，在必要时，采取措施限制市场主导者的权力，如分拆垄断企业、禁止不公平的商业行为。同时，鼓励新进入者发展，增加市场竞争，打破市场垄断。

（3）保障消费者权益与加强数据隐私保护。首先，政府要制定消费者保护法规，确保消费者在数字交易中的知情权、选择权和安全权。其次，政府应建立数据隐私保护框架，要求企业在收集、处理和存储个人数据时遵循最小化、透明化和安全化的原则。最后，政府还应提供消费者教育，提高公众对数据隐私保护的意识。

（4）强化网络安全与提升数据安全。政府需要制定全面的网络安全政策和数据保护法规，以防范网络攻击、数据泄露和其他安全威胁。政府应投资于网络安全基础设施的建设，如安全监控系统、应急响应机制和安全技术研发。同时，政府还应与私营部门合作，共享安全信息，提高整个社会的网络安全意识和防御能力。

3. 私营部门创新发展合作者

政府可以与私营部门共同投资数字项目，共同开展创新协作、共同开发标准规范，实现资源的最优配置、技术的迭代升级和行业的高效发展。

（1）公私合作模式（PPP）在数字项目中的应用。在数字经济领域，PPP

模式可以应用于宽带网络基础设施建设、智慧城市项目，以及数字公共服务供给等多个方面。政府通过 PPP 模式能够吸引私营部门的资金和技术，加快数字项目的实施进度，提高项目的效率和质量。同时，私营部门通过参与 PPP 项目，能够获得稳定的投资回报和市场机会。

（2）政府与企业在数字创新中的协作。政府与企业在数字创新中的协作，可以通过多种方式实现，如共同研发项目、技术交流平台、创新基金和税收优惠等。政府可以设立创新基金，支持企业在人工智能、大数据、云计算等前沿技术领域的创新创业活动。同时，政府还可以搭建技术交流平台，促进企业与研究机构、高等院校之间的合作，加速科技成果的转化；制定税收优惠政策，鼓励企业增加研发投入，推动数字经济的创新发展。

（3）共同创设数字经济的标准与规范。政府与私营部门共同参与数据交换格式、网络安全协议、电子商务交易规则等数字经济标准与规范的开发，可以确保标准的科学性、合理性和适用性，提高整个行业的运行效率，促进市场的公平竞争。

4. 政府数据开放共享提供者

政府数据开放不仅可以提高自身的透明度，增加公众对政府工作的了解和信任，更重要的是能够激发新的创意和解决方案，为创业和创新提供丰富的原材料，推动知识发现和技术创新。

（1）政府数据资源的开放与共享。政府所收集的数据，如人口统计、公共健康、交通流量、气候变化等，对于研究人员、政策分析师、企业和公众都具有重要价值。可以通过建立在线数据门户，提供数据的免费访问和下载，确保数据的可发现性和可访问性。当然，还要确保数据的质量和准确性，提供必要的元数据和用户指南，帮助用户理解和使用数据。

（2）数据开放对促进创新与创业的作用。对于创业者而言，政府开放的数据可以作为开发新产品和服务的基础。例如，交通数据可以帮助创业者开发交通管理应用，健康数据可以用于开发健康管理工具。对于研究人员而言，政府数据是进行社会科学、环境科学等领域研究的宝贵资源。此外，开放数据还能够促进教育和培训，帮助学生和专业人士学习数据分析和数据科学技能。

（3）数据开放政策的设计与实施。数据开放政策需要明确的标准和规范，如数据格式、许可协议、隐私保护措施等，最大限度地发挥数据开放的潜力和价值，同时也需要数据开放的监督和评估机制，还需要确保数据开放工作的透明性和可持续性。

5. 社会公平发展维护者

政府是数字经济发展良好的财税制度、人才体系、国际环境和社会氛围的维护主体，对激发数字经济国内市场活力、提高数字经济全球竞争力发挥重要作用。

（1）提供支持数字经济发展财税制度。对数字技术研发、数字基础设施建设和数字服务创新提供税收减免和财政补贴，设立专项基金支持数字经济创新创业项目。例如，政府可以为投资云计算中心、大数据中心或物联网项目的企业提供税收优惠，以降低企业的投资和运营成本。

（2）构建数字经济人才培养发展体系。加强数字技能和信息技术的教育，提高学生的数字素养。制定培训项目和职业发展计划，激励在职人员提升数字技能。对于高端人才和紧缺人才，可以提供特殊的工作签证和居住权，吸引数字经济高技能人才集聚。促进企业、高校和研究机构合作，建立人才交流和合作平台，促进人才的流动和知识的传播。

（3）推动数字经济法规与国际接轨。加强与其他国家和国际组织合作，共同制定数据保护、网络安全、电子商务和知识产权等数字经济国际规则和标准。完善国内法律体系，为外国投资者提供稳定、透明和可预测的法律环境。加强与其他国家在数字经济监管方面的合作和协调，共同应对跨境数字经济的挑战。

（4）缩小数字鸿沟与推动社会公平。加大农村和偏远地区的网络接入，降低互联网服务的成本，确保所有人都能享受到数字经济的便利。投资数字技能教育和培训，提高公众尤其是老年人、残疾人和低收入群体的数字素养。

18.2.2 数字经济对传统市场机制的冲击

平台经济的模式、数据驱动的个性化定价策略，以及市场主导地位的快速形成，均在重新定义竞争和价值创造方面给传统市场机制带来了巨大冲击。

1. 消费者行为转变：消费者权益保护的三大难题

随着数字经济的兴起，消费者行为从实体购物逐渐转变为在线消费，带来了市场效率的极大提升，但同时也带来了消费者保护的新问题，法律滞后、市场乱象和维权难度的增加成为消费者权益保护的三大障碍。

（1）法律滞后与监管盲区。数字经济的快速发展导致现有法律体系难以覆盖智能合约、虚拟货币等新的交易模式和行为。监管机构在面对技术迭代和创新商业模式时，往往缺乏足够的专业知识和工具，导致监管盲区的出现。跨境电子商务使得不同国家的法律差异问题凸显，消费者在跨国交易中难以获得有效的法律保护。

（2）市场乱象与诚信缺失。数字经济中的信息不对称问题导致假冒伪劣产品和虚假宣传行为更加隐蔽，消费者难以识别。大型平台企业使得市场集中度提高，部分大型平台可能滥用市场优势地位，损害消费者利益。数字环境中的匿名性为不诚信行为提供了便利。

（3）维权难度与教育不足。数字经济的复杂性增加了消费者在维权时的难度，复杂的技术问题和证据收集使得消费者难以维护自己的权益。高昂的维权成本和不确定的维权结果使得消费者在面对权益受损时往往选择忍让。消费者对于数字经济中的新风险缺乏足够的认识，如网络诈骗、个人数据泄露等。

2. 价格机制的变革：动态定价与市场透明度“双刃剑”

在数字经济中，大数据分析和算法定价使得企业能够更精准地了解市场需求和消费者偏好，实现动态定价和个性化定价。这种定价方式及其海量信息也引发了对价格歧视和消费者权益保护的担忧。

（1）价格歧视问题。企业通过收集和分析大量用户数据，能够对不同消费者实施差异化定价策略。这种做法虽然可以提高市场效率，但也可能导致同样的商品或服务针对不同消费者显示不同的价格。

（2）大数据杀熟现象。企业利用消费者的历史购买数据和行为模式，对老客户或高频消费者实施更高的价格策略。这种现象在数字经济中尤为突出，因为企业可以轻易地通过算法分析消费者的购买习惯和支付意愿。

（3）市场透明度的双重效应。数字经济提高了市场信息的可获得性，消费者可以通过网络获取更多关于商品价格和质量的信息，理论上增强了市场的透明度。但同时，信息过载和信息不对称的现象可能随之加剧，消费者在海量信息中可能难以做出明智的选择。一些企业可能利用信息优势进行不透明的定价策略，如隐藏费用或误导性宣传。

3. 市场竞争格局的重塑：平台经济的崛起

平台经济是数字经济的一个显著特征，它通过连接不同的用户群体，创造了新的价值创造和交换方式。平台企业如亚马逊、谷歌、阿里巴巴和腾讯，通过提供中介服务，极大地降低了交易成本，提高了市场效率。然而，平台经济的崛起也对传统商业模式构成了挑战，导致许多传统行业面临压力甚至衰退。

（1）市场集中度提高。平台经济往往因其跨边网络效应而具有“滚雪球”式的自我加强特性，可能导致市场中的参与者数量减少，市场集中度提高。领先的平台企业通过规模经济和数据优势，能够提供更低成本、更高效率的服务，吸引大量用户，从而在市场中占据主导地位。这种集中化趋势可能会限制新进入者的机会，减少市场竞争。

（2）竞争规则的变化。平台经济改变了传统的竞争规则。平台不仅是交易的中介，也是多方参与者互动的场所。这要求平台制定公平的交易规则，确保平台上的商家和消费者都能在公平的环境中竞争和交易。然而，平台自身的商业利益可能与其作为中立中介的角色发生冲突，即平台具有了裁判员与运动员的双重身份，这引发了利益冲突和不公平竞争的问题。

（3）创新与垄断的双重效应。平台经济对创新具有双重效应。一方面，平台提供了新的商业模式和创新机会，促进了技术和服务的创新；另一方面，大型平台可能通过收购小型创新企业或利用数据优势限制竞争，抑制市场的创新活力。这种潜在的垄断行为可能会阻碍新兴企业的发展空间，影响市场的长期健康和可持续发展。

18.2.3 政府与市场之间关系重塑

解决数字经济对传统市场机制带来的诸多挑战，需要处理好政府角色、公共治理、政企互动等问题，使数字经济更加包容地增长和发展。

1. 政府角色

（1）政府作为数字经济监管者，承担着维护市场秩序、保障公平竞争的职责。政府需要制定并执行数字经济相关法律法规，对不公平竞争和欺诈行为进行有力打击。例如，政府可以通过反垄断政策，防止大型数字企业利用市场支配地位进行不正当竞争；同时，政府还可以加强对数字产品的知识产权保护，鼓励创新和创造。

（2）政府作为公共服务提供者，在数字经济中扮演着重要的角色。政府需要提供必要的公共数据服务，支持数字基础设施的建设。例如，政府可以推动公共数据资源的开放共享，为创业者提供数据支持；同时，政府还可以加大投入力度，推动下一代互联网、物联网等新型基础设施的建设，为数字经济的发展奠定坚实的基础。

（3）政府作为不同主体协调者，促进不同利益相关者之间的合作与共赢。在数字经济中，数据是核心资源，而数据的共享和开放是提高资源配置效率的关键。政府可以推动政府、企业和社会之间的数据流通与合作，促成国际间的合作与交流，打破数据壁垒，优化资源配置，促进全球数字经济的繁荣与发展。

2. 公共治理

数字经济的公共治理应遵循效率、公平、可持续性、适应性和透明度等基本原则，在保障数字经济健康发展的同时，提升政府的治理能力和公众的参与度。

（1）效率原则。以提高市场效率为目标，避免不必要的行政干预。在数字经济领域，政府的着力点是优化政策环境，为市场主体提供公平、开放、透明的竞争环境。同时，政府应加强对市场的监管，防止市场失灵和垄断现象的发生，确保市场的健康有序发展。

（2）公平原则。促进市场公平竞争，保护消费者和中小企业的权益。由于信息不对称和技术门槛高，中小企业和消费者往往处于弱势地位，需要政府保障中小企业和消费者的合法权益，支持不同技术与模式竞争，防止大企业和平台滥用市场支配地位，维护市场的公平竞争秩序。

（3）可持续性原则。数字技术的快速迭代和创新是推动行业发展的重要动力。政府应鼓励企业开展技术创新和研发，引导数字经济与社会、环境和文化等方面和谐共生，推动数字经济的高质量发展。

（4）适应性原则。数字经济公共治理要具备灵活性，能够适应数字经济的快速变化。政府需要密切关注数字经济的发展趋势和市场需求，及时调整和完善相关政策措施，加强与其他国家和地区的合作与交流，共同应对数字经济领域的挑战和问题。

（5）透明度原则。数字经济涉及众多领域和主体，其治理必然需要公众的参与和更高程度的公开透明，接受社会监督和舆论评价，积极回应公众关切和诉求，增强公共治理的公信力和满意度，提高公共治理的针对性和有效性。

3. 政企互动

构建有效市场与有为政府互动机制，探索能够适应数字经济快速变化的灵活监管和自律框架，平衡政府监管与市场自主性。

（1）界定政府与市场边界。政府在数字经济中的职能范围应专注于提供公共产品和服务，避免过度干预市场自身的调节机制，而在保护消费者权益、鼓励竞争、防止垄断和不公平竞争等方面，则可发挥积极作用。对公共治理规则和政策可建立对话机制和咨询平台，与市场参与者开展有效沟通。

（2）构建监管和自律框架。坚持包容审慎监管，支持数字经济相关企业正常合理的创新经营行为。平台企业兼具企业与市场双重属性，其既有管理平台内市场有序运行的内部激励，也有追求企业最大化的强烈动机。要充分发挥数字平台企业自治自律正面作用，鼓励平台内部自我净化，分担社会治理成本，也要监督其合规经营，防止平台优势的滥用，减损平台内商家与消费者的利益。构建监管部门、数字企业、相关用户、社会组织等多元参与、各负其责的合作监管与治理机制。

18.3 构建数字经济公共政策体系

数字经济公共政策目标就是耦合多元价值，平衡多元变量，鼓励多主体参与，实现社会整体福利的最大化、创新动力的持续激发、市场竞争的有效维护以及技术安全的严格把控。

18.3.1 多元价值耦合

1. 整体社会福利

在数字经济中，政策制定的核心是提升整体社会福利、提高民众的生活质量、促进就业、保障数据安全和保护隐私。同时要致力于缩小数字鸿沟，确保所有群体都能从数字经济发展中获益。这需要通过立法和监管确保数字技术的应用不会损害消费者权益，促进社会公正和包容性增长。

2. 动态创新能力

创新是数字经济的驱动力，政策制定需要为创新活动提供充足的空间和支持，建立一个有利于研发投入、技术转移和知识产权保护的环境。应鼓励企业投入研发，支持创新型初创企业的成长，并为创新人才提供激励。

3. 市场可竞争性

保持市场的可竞争性对于防止市场垄断、促进公平交易和保护消费者权益至关重要。数字经济政策应避免过度集中的市场结构，以公平竞争政策和反垄断规则，确保新企业有机会进入市场。

4. 技术安全可控

数字经济政策需要确保技术的发展不会对社会安全造成威胁，要推动建立技术安全标准，提高公众的安全意识和自我保护能力，加强对关键信息基础设施的保护、对网络攻击和数据泄露的防范，以及对人工智能和大数据等技术的伦理和法律问题进行规范。

18.3.2 多元变量平衡

数字经济政策必须在促进经济增长、保障社会公平、鼓励创新、保护消费者权益和技术安全等多个目标之间寻找均衡。

1. 实现多目标间平衡

数字经济政策需要体现对经济、社会和技术发展趋势的深刻理解，预见不同政策选择的长远影响。例如，在鼓励技术创新的同时，还需考虑到可能带来的就业影响和社会不平等问题。在政策制定过程中，应通过跨部门协作和多方利益相关者的参与，确保政策的综合性和协调性，避免对单一目标的过度追求而损害其他重要目标。

2. 追求过程动态优化

数字经济政策制定不应是一次性的行为，而应是一个持续的过程，需要不断地评估、调整和优化。政策制定需建立有效的反馈机制，及时收集和分析政策执行的数据和信息。此外，政策制定还应鼓励创新的试验和试点项目，通过实践检验政策的有效性。

3. 促进工具灵活转化

数字经济政策需要根据政策目标和执行环境的变化，灵活选择和调整从直接的法规管制到经济激励措施，再到提供公共服务和平台等政策工具。例如，为了促进技术创新，政府可以提供研发补贴、税收优惠或建立创新基金。同时，政策还应考虑如何利用数字技术，如大数据分析和人工智能，来提高政策制定和执行的效率和效果。

18.3.3 多元主体参与

在数字经济公共政策形成的过程中，政府部门、私营企业、科研机构、社会组织以及公众和消费者各自扮演着独特而重要的角色，他们形成了一种复杂的互动和协作网络，推动了政策的动态调整优化，保障了政策的公平、包容和可持续。

1. 政府部门：政策制定的核心力量

政府部门作为政策的主要制定者，负责确立规范和标准，监管市场，保护公众利益，同时激励技术创新和投资，直接影响着数字经济的方向和健康发展。例如，通过提供税收优惠、资助研发项目以及设立创新孵化平台，政府可以促进新技术的开发和商业化。

2. 私营企业：数字创新引擎

私营企业在开发新技术、推动产品商业化以及探索新的商业模式方面具有先发优势和灵活性。私营企业通过投资研发，不仅推动了技术进步，也为市场提供多样化的服务和产品，满足消费者需求。然而，随着数字经济的扩张，私营企业在收集和使用数据时面临越来越多的伦理和法律问题，如何在创新与用户隐私保护之间找到平衡，是私营企业需要解决的关键问题。

3. 科研机构：前沿技术与政策研究的智囊团

科研机构在数字经济中扮演着知识提供者和创新催化剂的角色，通过基础研究和应用研究，不断拓宽数字技术的边界，帮助政府和企业理解技术发展趋势。科研机构承担着培养数字经济所需人才的任务，持续为各行各业提供技术和管理的专业人才。通过与企业和政府的合作项目，科研机构能够将理论研究转化为实际应用，同时反馈实践中的问题和挑战，进一步推动政策和技术的进步。

4. 社会组织：民间监督与倡导的力量

社会组织通常聚焦特定的社会问题，如数据保护、消费者权利和工作权益等，通过倡导和监督等方式，确保这些问题在政策制定中得到足够的关注和妥善处理。社会组织通过公众教育、政策建议以及法律诉讼等手段，提升公众对数字经济相关问题的认识和参与度。社会组织的存在增强了政策制定的透明度和公正性，推动政策更好地反映和服务于公众的利益。

5. 公众和消费者：政策影响的最终承受者

公众和消费者作为数字经济政策的直接受益者或受影响方，在数字经济迅猛发展的当下，其对技术的接纳程度及使用习惯对市场趋势具有决定性作用。通过社交平台、在线调查和公共论坛等渠道，公众可以直接表达他们的需求和担忧，甚至影响政策的制定。公众和消费者群体的参与不仅可以增强政策的目标适应性和实效性，而且有助于提升社会整体的数字素养及技术接纳度。

第19章
要素治理：数据安全与个人信息保护

随着数据的爆炸性增长和应用领域的不断扩展，如何确保数据的安全和个人隐私的保护成为全球性的挑战，需要从战略层面重视数据安全，通过法规与标准的完善来规范数据处理行为，并采用先进的技术手段来加强防护和应对可能的安全事件。

19.1 强化数据安全防护：构建数字经济的坚实防线

数据安全是数字经济健康可持续发展的前提，在全球化背景下，确保数据安全不仅是技术问题，更是法律、管理和战略问题。

19.1.1 数据安全法规与标准的完善

法规与标准的完善是实现数据安全治理的关键，在既有法律制度的基础上，应建立一套全面的法律框架，明确数据的所有权、使用权和保护义务，同时制定统一的数据安全标准，为企业数据处理活动提供规范和指导。

专栏19.1 我国数据安全制度的重要进展与挑战

《数据安全法》于2021年6月10日发布，标志着我国在数据安全法律框架方面迈出了重要一步。《数据安全法》与《网络安全法》共同构成了中国数据与网络安全的法律基础，强调了国家数据安全的战略地位，并明确了数据安全的广泛定义及其在国家安全中的核心角色。

（1）《数据安全法》的核心内容。《数据安全法》设立了全面的数据治理框架，包括数据分类分级保护制度、重要数据的定义及保护措施，以及针对违规行为的法律责任。《数据安全法》还特别强调了对于在中国境外实施的可能损害中国国家安全、公共利益或公民、组织合法权益的数据活动的管制。

（2）跨境数据传输与国际合作。《数据安全法》对跨境数据传输设定了严格的规范，要求关键信息基础设施运营商的重要数据必须存储于中国境内，并且其跨境传输需接受安全评估。此外，《数据安全法》强化了对境外司法或执法机构获取中国境内数据的限制，要求严格遵循国家规定和国际协议。

（3）挑战与展望。尽管《数据安全法》为中国的数据安全治理奠定了坚实的法律基础，但在具体实施过程中仍面临挑战，包括如何平衡开放与控制、保护个人隐私与支持数字经济发展需要。此外，如何与国际数据治理标准接轨，也是中国未来需要积极探索和解决的重要问题。

19.1.2 数据安全治理要点

1. 构建以数据为中心的安全策略

在数据驱动的经济形态下，建立一个以数据为中心的安全治理体系尤为重要。这种体系需覆盖数据的全生命周期，从采集、传输、存储到使用、共享甚至销毁的每个环节。根据数据处理的不同阶段和特性，精准识别并应对各种数据安全威胁和风险。此外，有效的数据治理不仅需要技术支持，还应依赖明确的政策指导和严格的法律遵从，确保所有数据活动都符合行业标准和法规要求，保护数据不受侵犯。

2. 打造多元参与的协同治理体系

数据安全不是单一主体的责任，而是需要政府、企业、行业组织及公众等多方共同参与、协同。每个参与方都应承担起自己的责任，通过紧密合作，形成有效的治理机制。政府可以制定规范和提供指导，企业和行业组织负责实施具体的安全措施，公众则需要提升自身的数据安全意识。

3. 建立技术防护与应急响应机制

随着数字技术的发展，包括加密技术、访问控制、入侵检测系统、数据备份与恢复等在内的多种先进技术被广泛应用以防止数据的未授权访问和损害。同时，企业和组织需制定周密的应急预案，并定期进行演练，以确保在数据安全事件发生时能够迅速反应，减少损失。

4. 兼顾发展与安全的平衡

在追求数字化发展的同时，必须高度重视数据的安全保护。《数据安全法》提出的理念是，数据的开发利用和产业发展应当促进数据安全，反之，数据安全也应支持数据的开发利用和产业发展。这要求在制定数据安全政策时，不仅要防范风险和解决问题，也要为数据的合理使用和流动创造条件，确保数据资产能够在安全的前提下发挥最大的经济和社会价值。

19.2　促进数据合理流动：数据跨境流动治理

在全球经济中，数据流动性是推动创新和增长的关键因素。然而，随着数据量的爆炸性增长和跨境数据流动的加速，各国政府在保护国家安全和个人隐私的同时，面临着如何平衡数据本地化要求与全球数据流动的挑战。为了解决这一问题，需要建立国际协作框架、制定全球统一的数据保护标准，并在监管政策中寻求灵活性，以便在支持数据跨境流动的同时确保数据安全和合规。

19.2.1　数据跨境流动对数字贸易的影响

在贸易数字化的时代大背景下，数据已跃升为企业最为核心的战略资源与竞争资本。数据跨境流动不仅构成了推动新一轮全球化浪潮的核心动力，而且成为数字贸易领域新型比较优势的关键来源之一。同时，数据跨境流动也在贸易成本、贸易流量、贸易结构以及贸易效率等多个维度上，对国际贸易进行全面而深入的重塑（高疆，盛斌，2024）。

1. 数字订购环节，数据跨境流动受限将影响数字贸易顺利进行

在数字贸易的数字订购、营销、电子合同的构建、支付以及售后等各个环节，均伴随着显著的数据跨境流动。这些数据的跨境流动不仅构成了数字贸易顺畅进行的基础，而且是支撑整个数字贸易流程完成的必要条件。尤其对于平台主导型的国内数字贸易而言，消费者即便通过外国数字平台或外资控股的本国数字平台购买本国商品或服务，尽管交易双方及数字平台均位于同一国家境内，但由于数字平台数据异地存储、算法中心控制等因素，交易的完成往往需依赖跨境数据流动的有效支持。

2. 数字交付环节，数据跨境流动受限将直接导致数字贸易的中断

随着计算能力、通信网络带宽以及信息处理能力的显著提升，数据跨境传输、复制、分享的成本已大幅降低，数字交付已成为数字贸易时代服务与货物交付的重要模式，跨境数据流动成为其不可或缺的载体。特别是 3D 打印等新型数字技术的兴起，实现了直接从互联网下载的数据文件在本地生成物理对象，进一步推动了“数字传输、本地生产”这一新业态的发展，形成了完全基于跨境数据传输的新型贸易形态。另外，区块链、人工智能、物联网等众多新型数字技术的服务高度依赖海量的原始数据，且其服务质量的提升与市场规模的扩大呈正相关关系。大型云基础设施作为数字服务交付、应用软件及商业模式运行的基础，其相关的数据传输一旦受限，将直接限制第三方数字服务的交付能力。

3. 数字交易环节，数据跨境流动将有效推动数字贸易便捷性的发展，从而加速交易过程并提升交易效率

在数字贸易企业内部运营优化方面，尤其是跨国企业配置全球资源方面，数据跨境共享与传输扮演了至关重要的角色。首先，借助数据共享和数据传输的优势，跨国公司能够迅速在全球范围内统筹资源，实现资源的优化配置，进而推动产品的细分与企业的专业化生产，构建起全球供应链网络。其次，数据自由流动作为数字贸易企业内部运营的核心基础，对于提升企业内部运营效率具有显著作用。例如，云计算服务的广泛应用，将进一步促进跨国企业不同区域部门之间的协调与配合，提高运营效率，并有助于对产品运营进行一体化全面监督管理，从而在国际市场中进一步增强企业的竞争力。

19.2.2 数据跨境流动治理规则比较

随着信息技术的迅猛发展，数据跨境流动已深度融入全球经济体系之中。然而，这一趋势亦引发了国际社会对数据安全和隐私保护的广泛关注。鉴于各国法律体系与经济需求的差异性，不同国家针对数据跨境流动制定了多元化的监管框架。联合国贸易和发展会议的相关统计显示，在 194 个成员国中，已有 137 个国家或地区出台了数据与隐私保护相关的立法，其中绝大多数涵盖了跨境数据流动的法律、法规或政策指导[①]。

① UNCTAD.Data Protection and Privacy Legislation Worldwide［EB/OL］.（2024-06-24）. https：//unctad.org/page/data-protection-and-privacy-legislation-worldwide.

1. 欧盟："内松外严"的数据跨境流动政策

就数据传输的规范而言，欧盟在境内与境外实施了差异化的规制策略。在欧盟境内，其致力于推动数据的自由流通，明确禁止成员国以数据保护之名限制数据在欧盟范围内的自由流动。然而，在涉及数据跨境传输时，欧盟则采取了更为审慎的态度，规定除非目标国家或地区能够提供"充分"的数据保护，否则禁止将数据传输至欧盟以外的地理区域。

针对个人数据的跨境流动，欧盟自 1981 年起即通过《有关个人数据自动化处理之个人保护公约》确立了相关规范，允许缔约国间数据的自由传输，同时限制向非缔约方传输特定类型的数据，并要求非缔约方提供同等保护。1995 年的《个人数据保护指令》规定，数据跨境流动限于欧盟成员国间，对第三国数据传输要求"充分性认定"，即要求第三国在个人数据隐私保护方面达到足够的水平方可进行数据传输。此后，GDPR 细化了该标准，并考虑特定区域和组织的评估。在评估时，GDPR 考虑多项因素，如人权保护、监管机构运作及国家责任履行。这些举措凸显了欧盟在维护境内个人数据安全方面的坚定立场，对个人数据跨境传输采取了一种相对保守的管理策略。

在非个人数据的跨境流动监管领域，欧盟同样采取"内外有别"的差异化监管策略[①]。在欧盟成员国内部，依据《非个人数据自由流动框架条例》的规定，非个人数据在成员国之间需实现自由流通，以减少欧盟内部数据驱动型经济的壁垒，增强数据的可访问性与再利用性。然而，当数据涉及向域外流动时，则主要依据《数据治理法案》和《数据法案》进行明确规范，采取了审慎的立场。通过扩大监管区域范围、设定严格的审查标准以及设立多元化的数据审核评估机构等措施，为数据的跨境流动设置了较高的门槛[②]。

2. 美国：从推动数据自由流动到逐步收紧

相较于欧盟的立法模式，美国采纳了一种以市场为导向、强调行业自我规范的分散式立法策略。在数据跨境流动方面，美国更加侧重数据自由流动及其所带来的经济利益，通过推动数据跨境流动来维护其信息优势，并在与各国的贸易谈判中积极倡导纳入数字跨境自由流动的相关条款。2004 年，美国主导构建了《APEC 隐私保护框架》，该框架成为亚太地区首个关于跨境数

---

① 来小鹏，马诗雅．我国商业数据跨境流动合规治理的问题与完善［J］．行政管理改革，2024（4）：43-53.

② 黄钰．欧盟非个人数据跨境流动监管模式研究［J］．情报杂志，2022，41（12）：111-118.

据流动规制的法律指导文件。该框架着重强调数据的自由流动，要求各成员国采取适当、合理的方法和措施，以最大限度地减少甚至消除数据流动的障碍。随后，美国在与韩国签订的自由贸易协定以及 TPP 谈判中，均纳入了数据跨境流动的相关条款。2019 年，美国与墨西哥、加拿大签订了《美墨加协定》（USMCA），其中有旨在进一步推动国际间的数据自由流动条款。

值得特别关注的是，尽管美国与欧盟在数据跨境问题上持有不同的基本立场，但美国始终展现出与欧盟进行积极谈判的意愿，致力于实现数据的跨境互联互通。鉴于双方对数据跨境流动的迫切需求，美国与欧盟在 2000 年签署了《安全港协议》，该协议规定，美国企业仅需向美国商务部证明其符合欧盟所设定的七项原则，包括向用户明确数据使用目的等，即可进行数据的跨境传输。随后，在 2016 年，美国与欧盟签订了《隐私盾协议》，该协议对美国的数据保护标准提出了更高的要求，包括设立数据监察专岗、建立欧美联合审查机制等措施。2022 年 3 月，美国与欧盟达成《跨大西洋数据隐私框架》，该框架对美国与欧盟之间的商业数据跨境传输进行了全面重构，为促进跨大西洋的数据传输奠定了基础。

然而，近年来美国的数据“自由”流通政策显示出更多的限制性措施，主要出于泛化“国家安全”和“数据主权”的考虑。尽管美国历来支持数据自由流动，但最近的政策变化，如放弃在 WTO 中推动的自由数据流动议案，表明美国在国内外数据政策上趋向更加谨慎和保护主义的方向。此外，美国还通过出口控制法规和外国投资审查来限制敏感数据的跨境流动，以及通过立法加强对海外数据获取的控制，如在 2024 年 2 月 28 日，美国一反常态，发布第 14117 号行政命令①，限制其与特定国家的数据交易。

3. 中国：以数据安全为核心，鼓励数据依法有序自由跨境流动

近年来，我国在数据治理领域显著加强了立法工作，特别是通过实施《数据安全法》和《个人信息保护法》，确立了对数据跨境流动的严格监管机制。目前，国家已发布了一系列关于数据跨境流动的规范性法律文件，这些文件主要涵盖数据跨境流动统筹立法和个人信息跨境流动专项立法两大核心领域。

① 《关于防止受关注国家获取美国人大量敏感个人数据和美国政府相关数据的行政命令》（*Executive Order on Preventing Access to Americans' Bulk Sensitive Personal Data and United States Government-Related Data by Countries of Concern*）。

（1）以国家安全为导向的数据跨境流动统筹立法。

在构建数据跨境流动的统筹立法框架时，我国显著强化了确保国内数据规范跨境流动的机制，维护国家安全。此立法体系明确规定，企业必须将其在生产经营活动中产生的关键数据存储在境内。若因业务需求确实需要跨境传输数据，企业必须严格遵守相关规定，执行风险预测与安全评估流程。2017 年 6 月，《网络安全法》正式实施，其中第三十七条特别强调关键信息基础设施运营者须遵循数据本地化的要求，并在因业务需要向境外提供数据时，承担安全评估的责任。2021 年 9 月，《数据安全法》作为我国数据安全领域的专项立法正式实施。在数据跨境方面，《数据安全法》采取了“参照”立法的方式，即关键信息基础设施运营者在我国境内运营中收集和产生的重要数据的出境，需适用《网络安全法》相关规定。随后的《网络数据安全管理条例》和《数据出境安全评估办法》等法规，作为对《网络安全法》《数据安全法》《个人信息保护法》的补充，明确了数据处理者对外提供数据时需申报数据出境安全评估，并规定了重点评估的具体情形，为规范数据跨境流动活动提供了法律依据。2024 年 3 月，国家互联网信息办公室正式颁布《促进和规范数据跨境流动规定》，对数据出境安全评估、个人信息出境标准合同以及个人信息保护认证等关键数据出境制度进行了全面优化调整，进一步完善我国的数据跨境治理机制，从而为我国数据跨境流动的安全与规范提供了制度保障。

专栏 19.2 《促进和规范数据跨境流动规定》解读

2024 年 3 月 22 日，我国出台了《促进和规范数据跨境流动规定》（以下简称《数据出境新规》），掷地有声地明确数据跨境流动要以促进为主要立法价值取向，为数据全球流动和合理利用提供了稳固的支撑。

一、“外联内融”：《数据出境新规》出台的背景

（一）对外，积极对接联通。一是顺应全球化发展与数字化转型的大趋势。随着全球化进程的加速和技术革新的不断推进，数据已成为推动经济发展、社会进步的关键生产要素。数据跨境流动对于促进国际贸易、投资、科技创新和文化交流具有重要意义。在此背景下，出台《数据出境新规》，旨在适应全球数据流动的趋势，通过明确数据出境的规范和要求，既保障数据流动的自由化，又确保数据安全和个人信息权益得到有效保护。二是推动国际合作与规则对接的战略考量。《数据出境新规》的出台，展示了我国与国际社会接轨、参与国际数据治理的积极姿态。《数据出境新规》不仅有助于我国企业更好地适应国际市场，也有助于吸引外资企业在我国进行数据相关的业务活动。

（二）对内，推动规则融合。一是平衡数据安全与数据跨境流动的价值矛盾。在全球化和信息技术迅猛发展的当代，数据跨境流动已成为推动经济发展和文化交流的关键动力。然而，这一过程中的数据泄露和非法利用等风险因素，对国家安全、公共利益及个人隐私权构成了不容忽视的挑战。《数据出境新规》进一步加强对数据安全管理的规范，完善个人信息保护的法律框架，确保在数据跨境流通的过程中重要数据和个人信息得到有效保护，从而在促进数据自由流动的同时，维护国家和社会的整体利益。二是总结完善既有规则体系与法律实践的立法需求。自2017年《网络安全法》实施以来，我国逐步构建并完善了数据出境监管的法律体系，相继出台了《数据安全法》和《个人信息保护法》等重要法律法规，为《促进和规范数据跨境流动规定》的制定奠定了坚实的法律基础。在实施数据出境安全评估、个人信息出境标准合同备案以及个人信息保护认证等工作中，监管部门积累了宝贵的实践经验，为《数据出境新规》的具体内容和实施细则提供了实际依据。

二、《数据出境新规》出台的重要意义

（一）明确规则，促进数据跨境流动规范化和透明化。《数据出境新规》颁布实施，为数据跨境流动提供了一套明确的法律框架和操作指南，确立了数据出境活动的基本规则和要求。这一举措有助于统一企业和组织在处理数据跨境传输时的行为标准，降低了因规则不明而产生的合规风险，同时提高了监管的透明度，确保了数据流动的合规性和安全性。

（二）扩大开放，促进数字经济高质量发展。《数据出境新规》通过优化数据出境的条件和流程，展现了我国进一步扩大开放的决心，为数字经济的高质量发展创造了有利条件。通过简化数据跨境流动的管理程序，进一步降低了企业的运营成本，为企业利用国际资源、拓展全球市场提供了便利。打造更为开放的数据治理政策环境，不仅有利于国内企业的创新发展，也有助于吸引外资企业在我国进行数据相关的业务活动，从而推动数字经济的创新和增长，提升国家在全球数字经济中的竞争力。

（三）参与全球治理，推动形成公平竞争的国际化市场环境。《数据出境新规》的出台是我国参与全球数据治理、推动构建开放型世界经济的重要举措。通过确立统一的数据跨境流动规则，为国内外企业提供平等的市场准入条件，有助于构建一个公平、开放的国际商业环境。不仅促进了国际贸易和投资的自由化，也为全球数字经济的健康发展提供中国方案，展现我国在全球治理中的责任和贡献，推动了国际社会在数据跨境流动领域的合作与共赢。

（2）强调个人隐私保护的个人信息跨境流动专项立法。

我国在个人信息跨境管理方面采取审慎的立法策略，实施严格的法律限制。根据相关法律要求，个人数据需在境内进行存储和处理，如需出境，则必须通过网信部门的安全评估。2019 年 6 月，国家网信办发布了《个人信息出境安全评估办法征求意见稿》，明确规定网络运营者若需向境外提供其在中国境内运营过程中收集的个人信息，必须申报个人信息出境安全评估，并对评估流程和要求进行了详尽的阐述。2021 年 11 月，我国正式实施了首部专门针对个人信息的立法——《个人信息保护法》。《个人信息保护法》明确规定，个人信息处理者在向境外提供存储于我国的个人信息前，需事先向主管机关报批。若确因业务需要向境外提供个人信息，则应通过安全评估、经专业机构进行个人信息保护认证或签订标准合同等方式确保信息安全。2023 年 2 月，国家网信办公布了《个人信息出境标准合同办法》。依据《个人信息出境标准合同办法》，当个人信息处理者需向境外提供个人信息，且未达到数据安全评估标准时，可以通过签订标准合同的方式，确保个人信息的安全出境。

通过参与国际协商的方式，我国在保障国家信息安全和数据安全的前提下，适度让渡部分数据保护自主权，以达成广泛共识和互利协议（黄宁、李杨，2017）。截至目前，我国已与 26 个国家和地区签署了共计 19 个自贸协定，自贸伙伴广泛分布于亚洲、大洋洲、拉丁美洲、欧洲和非洲等区域。此外，我国还积极推动《区域全面经济伙伴关系协定》（RCEP）的实施，并持续致力于加入《全面与进步跨太平洋伙伴关系协定》（CPTPP）和《数字经济伙伴关系协定》（DEPA），以进一步拓展国际合作，促进全球数字经济的繁荣发展。

19.2.3 构建数据跨境流动综合治理体系

在全球化浪潮下，数据跨境流动已呈常态化趋势。有效监管与自由流动并非相互排斥，而是相辅相成，可以协调统一在数据跨境流动的综合治理体系之中。

1. 设计灵活高效的制度框架

构建兼具灵活性与高效性的法规体系，必须全面审视数据滥用和泄露的潜在风险，同时积极支持数据驱动的经济活动。针对现有规范，相关监管部门需进行系统性的梳理与整合，确保行政法规之间以及行政法规与各行业主管部门颁布的部门规章之间的逻辑连贯性和协调性，从而为数据跨境流动的合规性提供清晰、明确的法律指导。内容设计上，要在数据本地化要求与全球流动需求之间寻求平衡，需在确保数据主权和国家安全的基础上，适度放宽数据本地化限制，以促进数据的跨境流动。此外，应设定跨境数据传输的合规标准，确立明确的数据出境条件、程序及责任归属规则。

2. 探索设立数据跨境监督机构

为确保数据跨境流动的有效监管，可适时在国家数据局下设立一个专业、独立且权责清晰的数据跨境监管内设机构。该机构应被授予审核权、调查权、处罚权等必要权能，以全面统筹国家层面的数据跨境监管工作，从而解决当前“多头管理”的困境。地方数据跨境监管部门需向国家数据局负责，并接受其监督，以确保数据监管职责的统一履行，避免执法重叠和权责模糊的问题，为数据跨境流动的监管提供坚实的制度保障。同时，企业内部应设立数据合规官，专注于企业商业数据的合规性监管工作，并积极响应数据跨境监管的需求。此外，企业应高度重视数据信息安全技术的应用，聘请专业的安全技术团队，从技术层面对企业数据跨境活动进行全过程的跟踪与监管，定期对企业数据安全隐患进行排查，以最大限度地降低数据泄露的风险。

3. 积极促进国际数据跨境流动治理合作

为了消解不同国家及地区在数据跨境流动上存在的限制和壁垒，缓解企业数据跨境双向合规的压力，并为企业的合规工作提供标准化的规范指南，各国应当积极寻求合作，推动全球数据治理的友好对话与协商，争取达成统一的数据治理国际规则，构建共建、共赢、共享的新格局。在此过程中，我国应积极与其他国家和地区建立双边对话机制，在现有的数据治理制度基础上，坚持彼此尊重、充分协商的原则，力求在最大限度上形成国家间的共识，构建出互惠共赢的商业数据跨境传输制度体系。

19.3 守护个人信息：构建信任基础的保护机制

个人信息保护已经成为构建用户信任和维护社会稳定的关键环节，也是数据治理的重要组成部分。有效的个人信息保护机制不仅需要明确的法律定义和透明的信息处理流程，还要涵盖数据泄露的防范与补救措施。

19.3.1 个人信息界定与保护意义

1. 个人信息的内涵，个人信息的法律界定

个人信息，即能够单独或与其他信息结合以识别特定个体的任何数据。在大数据时代的浪潮下，个人信息的种类和数量均呈现出显著的增长趋势，其中不仅涵盖基本的身份识别信息，如姓名、身份证号码、电话号码、电子邮件地址、居住地址、银行账户等，还涉及个人的兴趣爱好、消费习惯、健康状况等敏感内容。

对于我国而言，个人信息的法律界定已在《个人信息保护法》中得到了全面而明确的规范。《个人信息保护法》将个人信息定义为与已识别或可识别的自然人相关的所有信息（匿名化信息除外），并对个人信息的处理活动提出了广泛的要求，这些活动包括但不限于收集、存储、使用、处理、传输、提供、公开和删除等。《个人信息保护法》强调，个人信息的处理必须遵循合法、正当、必要和诚信的原则，确保处理活动的公开透明，同时保障个人信息的完整性和准确性。此外，《个人信息保护法》还明确要求处理者采取必要措施以保障个人信息安全，确保信息处理的目的、方式和范围明确，并要求个人信息处理者对其处理行为承担直接的法律责任。

2. 保护个人信息，防止个人信息泄露的重要意义

个人信息泄露带来的危害是多方面且深远的。特别是在大数据时代，随着信息技术的高速发展和智能化应用的广泛普及，个人信息已经成为社会经济活动中不可或缺的资源，同时也成为黑客、网络犯罪分子等攻击的目标。因此，加强个人信息的保护尤为重要，需要个人、企业和政府共同努力，确保个人信息安全，维护社会的稳定和发展。

（1）引发身份盗窃与欺诈行为。个人信息泄露易导致身份盗窃和欺诈行为的发生。当个人的敏感信息、隐私内容被第三方有意或无意地获取、公开或使用时，不法分子可利用这些信息进行非法活动，如冒用他人身份进行金融诈骗、网络欺诈等。这不仅损害了个人的财产利益，也对社会的信任关系造成了破坏。

（2）个人隐私严重曝光。在大数据时代，个人信息频繁地被收集、存储和分析。一旦泄露，这些个人信息将面临被滥用、操纵和侵犯的风险，个人隐私也将暴露在公众面前，给个人带来极大的困扰和不安。

（3）个人声誉受损。随着网络社交平台的普及，个人信息的公开程度与社会认同密切相关。个人信息泄露可能导致个人形象和声誉受到负面评价和攻击，进而对个人的社交关系和职业发展产生不良影响。

（4）威胁国家安全与社会稳定。个人信息泄露对国家安全和社会稳定构成严重威胁。在信息化时代，个人在网上的注册信息、所发评论、所转文章和活动轨迹等，通过大数据分析，可推测出个人的政治倾向、个人爱好、职业等。这些庞大的数据经过云计算和专业分析，可成为外交政策、军事斗争和对外宣传的重要参考。如果这些数据被非法获取和利用，将对国家的安全和社会的稳定造成极大的威胁。

19.3.2 透明合法的信息处理流程

在处理个人信息时，确保透明性和合法性不仅涉及收集数据的初衷和方式，还包括数据如何存储、使用和分享的不同细节。通过建立标准化的信息处理流程，公众可以更清晰地了解其数据如何被处理，以及如何行使与自己数据相关的权利，这对于增强用户信任、防范数据滥用具有重要意义。

1. 信息收集的透明化

在收集用户信息时，必须明确告知用户数据收集的目的、范围和使用方式，确保用户在提供个人信息前能够充分了解并给予明确的同意。这要求企业和机构在设计用户界面和服务协议时，将隐私政策表述清晰，避免使用难以理解的术语。

2. 数据处理的合法性

所有个人信息的处理活动都必须建立在法律授权的基础上。这包括遵守相关的数据保护法规，如《个人信息保护法》等，确保数据处理活动符合法律的规定和道德的要求。

3. 用户权利的保障

用户对其个人信息享有广泛的权利，包括访问权、更正权、删除权和反对权等。相关信息收集和处理组织应提供便捷的途径，使用户可以轻易行使这些权利，并对用户的请求做出快速响应。

19.3.3 个人信息泄露的防范与补救

在信息爆炸的时代，数据安全日益成为公众关注的焦点。尤其是个人信息泄露事件频发，不仅给个人带来极大的风险和损失，也严重损害了数据主体的信任。加强数据安全防范、及时应对泄露事件并提供有效的补救措施尤为重要。

1. 强化数据安全防范措施，预防泄露风险

为了有效预防个人信息泄露事件的发生，相关组织可以采取系列数据安全措施。例如，加强数据加密技术的应用，确保存储和传输中的个人数据始终处于高度保护状态，防止被非法获取或篡改。定期进行安全审计，对组织的信息系统进行全面的风险评估和漏洞排查，及时发现并解决潜在的安全隐患。此外，加强员工的数据保护培训，提升员工对数据安全重要性的认识，增强他们在日常工作中保护个人信息的意识和能力。

2. 迅速启动应急响应计划，应对泄露事件

一旦个人信息泄露事件发生，相关组织必须迅速启动应急响应计划，以最大限度地减少损害。应立即通知受影响的个人，告知他们泄露情况，并提供必要的指导和建议，帮助他们防范可能的风险。还应及时通知相关监管机构，配合其进行调查和处理。此外，必须采取措施限制损害的扩散，例如暂停泄露数据的访问权限，防止数据被进一步滥用。

3. 提供补救措施，减轻泄露后果

为了减轻个人信息泄露对受影响个人造成损失，相关组织应提供必要的补救措施。例如，为受影响的个人提供身份盗窃监控服务，帮助他们及时发现并应对可能发生的身份盗窃行为。提供法律咨询和法律援助服务，帮助受影响的个人维护自己的合法权益。

4. 总结经验教训，持续改进数据安全工作

在个人信息泄露事件处理完毕后，相关组织应认真总结经验教训，对现有的数据安全措施进行反思和改进。通过对事件的深入剖析，及时发现存在的不足之处，并制定相应的改进措施。同时，应持续关注数据安全领域的新技术和新标准，及时更新和优化自身的数据安全体系，确保个人信息的长期安全。

第20章 技术治理：人工智能引发的伦理与监管挑战

人工智能技术的发展为人类带来了前所未有的机遇，同时也引发了一系列伦理和监管问题。如何确保人工智能的发展符合人类价值观、不侵犯个人权利、不造成社会不公和偏见，是当前技术治理的重要议题。

20.1 人工智能发展的三大外在风险

人工智能作为推动现代社会变革的关键技术，其发展速度之快、影响范围之广，已引起全球范围内的广泛关注。然而，AI 技术的迅猛发展也伴随着一系列不容忽视的风险，这些风险横跨伦理、社会和政治等多个维度，对人类社会的价值观念、经济结构、组织形态和治理体系提出了前所未有的挑战。

20.1.1 伦理层面风险：AI 伦理的边界与挑战

人工智能技术的伦理风险是多方面的，其中最突出的是算法决策的透明度和公平性问题。AI 系统在处理大量数据时可能会无意中放大或延续现有的社会偏见，导致歧视性结果，尤其是在招聘、信贷审批和司法判决等敏感领域。此外，随着 AI 技术的自主性增强，机器的道德责任和法律责任成为新的议题。例如，自动驾驶汽车在紧急情况下的决策问题，引发了广泛的伦理讨论。此外，利用AI技术“复活”[①]已故亲人的视频内容，更是挑战了公众对技术应用边界的道德认知。确保技术、法律、伦理和社会心理之间形成良性互动，已成为当前亟须解决的重要问题。

---

① 通过生成式人工智能技术，将逝者的相关个人信息输入AI算法模型，模拟生成一个相应的数字形象。

20.1.2 社会层面风险：AI 与社会分化及隐私保护

人工智能技术的普及可能加剧社会分化，包括数字鸿沟和社会不平等问题。技术优势可能集中在少数企业和个人手中，导致信息不对称和社会权力结构的变化，必须考虑大量群体难以享受技术进步红利所引发的社会问题。随着 AI 系统对个人数据的依赖性增强，如何保护个人隐私和数据安全日益成为社会关注的热点问题。

20.1.3 政治层面风险：AI 与国家治理及国际竞争

人工智能的发展正在对国家治理、国家安全和国际竞争等政治领域产生深刻影响，AI 技术可能被用于军事和情报领域，引发新的安全挑战；AI 在选举和公共决策中的应用可能影响民主过程和政治稳定；跨国数据流动和 AI 技术的全球治理也是国际政治博弈的重要议题。

20.2 人工智能伦理与监管框架构建

随着 AI 技术的广泛应用，其伦理与监管问题日益受到全球关注。AI 技术的发展带来了巨大的社会和经济效益，但同时也引发了诸多关于隐私、安全性、责任归属以及决策透明度等伦理问题。因此，构建一个全面的 AI 伦理与监管框架显得尤为重要，这不仅涉及技术的合理使用，还关系到如何确保技术发展与人类价值观和社会法规的协调一致。该框架需明确 AI 技术的应用原则，设计相应的监管措施，并与国际社会进行广泛的合作与标准制定，以促进 AI 技术的健康发展和伦理应用。

20.2.1 我国人工智能治理相关立法举措梳理

1. 法律层面

在人工智能相关的顶层法律层面，我国已形成了“1+3”的规范架构。其中，“1”指的是《民法典》，特别是其第四编人格权编中的第六章，明确了对隐私与个人信息保护的规范，从而为人工智能的健康发展奠定了坚实基础。随后，《网络安全法》《数据安全法》《个人信息保护法》三部重要法律，犹如“三驾马车”并行，进一步夯实了人工智能发展的法治底座。

2. 部门规章层面

在部门规章层面，系列具体规定如《互联网信息服务深度合成管理规定》《互联网信息服务算法推荐管理规定》《生成式人工智能服务管理暂行办法》等，已经开始触及人工智能的实体问题，并对其进行规范。这些规章的出台，无疑为人工智能的合规发展提供了更加具体、明确的指导。中央各部委层面人工智能治理相关文件见表 20.1。

表 20.1　中央各部委层面人工智能治理相关文件

发布部门	文件名	发布时间
网信办、发改委、教育部、科技部、工信部、公安部、广电总局	《生成式人工智能服务管理暂行办法》	2023 年 7 月 10 日
最高人民法院	《关于规范和加强人工智能司法应用的意见》	2022 年 12 月 8 日
网信办、工信部、公安部	《互联网信息服务深度合成管理规定》	2022 年 11 月 25 日
科技部、教育部、工信部、交通运输部、农业农村部、卫生健康委	《关于加快场景创新以人工智能高水平应用促进经济高质量发展的指导意见》	2022 年 7 月 29 日
教育部	《人工智能领域研究生指导性培养方案（试行）》	2022 年 7 月 27 日
网信办、工信部、公安部、市场监管总局	《互联网信息服务算法推荐管理规定》	2021 年 12 月 31 日
科技部	《关于支持郑州建设国家新一代人工智能创新发展试验区的函》	2021 年 11 月 13 日
科技部	《关于支持哈尔滨建设国家新一代人工智能创新发展试验区的函》	2021 年 11 月 13 日
科技部	《关于支持沈阳建设国家新一代人工智能创新发展试验区的函》	2021 年 11 月 13 日
科技部	《国家新一代人工智能创新发展试验区建设工作指引（修订版）》	2020 年 9 月 29 日
网信办	《关于做好个人信息保护利用大数据支撑联防联控工作的通知》	2020 年 2 月 4 日
教育部、发改委、财政部	《关于“双一流”建设高校促进学科融合加快人工智能领域研究生培养的若干意见》	2020 年 1 月 21 日

续表

发布部门	文件名	发布时间
林业和草原局	《关于促进林业和草原人工智能发展的指导意见》	2019 年 11 月 8 日
科技部	《国家新一代人工智能开放创新平台建设工作指引》	2019 年 8 月 1 日
教育部	《高等学校人工智能创新行动计划》	2018 年 4 月 2 日
工信部	《促进新一代人工智能产业发展三年行动计划（2018—2020 年）》	2017 年 12 月 13 日
卫生部	《人工智能辅助治疗技术管理规范（试行）》	2009 年 11 月 13 日
卫生部	《人工智能辅助诊断技术管理规范（试行）》	2009 年 11 月 13 日

此外，2024 年我国中央政府工作报告中明确提出了“深化大数据、人工智能等研发应用，开展‘人工智能 +’行动”的战略部署，彰显了国家对人工智能发展的高度重视，也预示着未来我国人工智能将在更多领域得到广泛应用和深度融合。

20.2.2　人工智能发展的伦理原则

1. 公正性

公正性原则要求 AI 系统在设计和操作过程中避免偏见和歧视，确保所有用户都能平等地受益于 AI 技术。这意味着 AI 算法的训练数据必须广泛、多样化，以避免反映或放大现有的不平等现象。监管机构和开发者应采取措施，如定期审查和更新算法，以识别和纠正可能导致不公平结果的偏差。公正性还涉及算法决策的透明性和可解释性，用户应能理解 AI 如何做出特定决策及其背后的逻辑。

2. 透明度

透明度原则要求 AI 系统的设计和决策过程对用户和利益相关者开放和可访问。这包括提供足够的信息，使外部监督者能够审查 AI 系统的行为并评估其公正性和效能。透明度不仅有助于建立公众对 AI 系统的信任，也是监控和纠正错误决策的基础。实现透明度可能需要开发新的工具和方法，如可解释的人工智能（XAI），以使非技术用户能够理解复杂算法的决策过程。

3. 责任归属

随着AI系统越来越多地参与重要决策，明确责任归属成为必须考虑的问题，当AI系统出现故障或导致损害时，要明确应由谁承担责任，并确保受害者能获得适当的补救。AI参与决策的前提是需要有清晰的法规，定义AI系统开发者、部署者和操作者的责任，以及他们在设计、测试和维护AI系统中的具体义务。

4. 隐私保护

AI系统常常处理大量的个人数据，这就要求高标准的隐私保护措施。隐私保护原则确保个人信息在收集、存储和处理过程中的安全和保密性，防止数据泄露或被不当使用。应允许用户控制其个人信息的使用，包括对其数据被AI系统如何使用有充分的知情权和同意权。此外，隐私保护的实施会用到数据加密技术、数据访问控制和透明数据处理政策等必要手段。

5. 安全性

安全性原则要求AI系统在其整个生命周期中保持高度的安全性，防止被恶意利用，不仅涉及技术层面的保护措施，如抵抗外部攻击和内部错误的能力，还包括防止AI技术被用于非法或不道德的目的。开发者和监管者应确保AI系统具备强大的安全防护措施，并定期进行安全评估和更新，以应对新兴的威胁和挑战。

20.2.3 人工智能监管的框架设计

以综合性监管框架确保人工智能的发展，既促进技术创新，又符合伦理标准，同时能够保护消费者和社会免受潜在负面冲击与影响。

1. 立法措施

重点针对人工智能相关数据保护、责任归属、透明度要求以及AI系统的安全性标准等关键领域设定法律界限和要求。应积极探索知识产权制度的创新设计，明确界定著作权“合理使用”的具体情形，并在保障知识产权独占性的前提下，适当放宽企业在数据利用和目的性方面的限制（杨建军等，2024）[①]，确保国内人工智能算法的训练能够获得充足且高质量的数据支持。

---

① 杨建军，张凌寒，周辉，等. 人工智能法：必要性与可行性［J］. 北京航空航天大学学报（社会科学版），2024，37（3）：162–174.

2. 技术标准

技术标准是确保 AI 系统安全、可靠和符合伦理要求的重要工具，涉及算法准确性、数据质量、系统的鲁棒性和安全性以及 AI 系统测试要求标准等方面。监管机构可以依托统一的技术标准，更有效地评估和认证 AI 产品和服务的合规性。

3. 行业指导原则

行业指导原则为 AI 的开发者和应用者提供了具体的行为准则，帮助他们在没有明确法律规定的领域中做出伦理和合理的决策。这些指导原则由行业协会或专业团体制定，反映了行业内的共识和最佳实践。指导原则包括如何设计无偏见的 AI 算法、如何确保 AI 系统的可解释性，以及如何在 AI 应用中尊重和保护用户的隐私。

20.3 知微见著：对生成式人工智能版权问题的探讨

生成式人工智能发展展现出巨大潜力，从能够撰写文章的聊天机器人，到可以绘制画作的智能程序，AI 创作已经成为现实，不仅摆脱了人类对于艺术美学领域的独占，更挑战着人类对于创作、作者和版权的传统认知。

20.3.1 版权法核心概念的再思考

1. 法律主体的新界定：AI 能否成为作者

版权法中的作者身份通常限定为自然人或法人。然而，随着 AI 作为创作工具或主体的出现，这一传统概念正面临挑战。AI 能否被视为作者，或者其背后的开发者、使用者是否具备作者身份，这些问题迫切需要版权法给出明确的回应。关于 AI 能否成为作者的问题，其实质触及了版权法的核心宗旨——激发创造性劳动。尽管 AI 的创作过程可能极其复杂，但由于缺乏人类的情感和意识，主流观点普遍认为 AI 不应被赋予作者身份。以美国为例，曾有一部由 AI 创作的漫画书 *Zarya of the Dawn* 试图申请版权注册。尽管初步获得了版权登记，但随后美国版权局发现该作品包含 AI 生成的内容，于是撤销了注册。其理由在于，版权法旨在保护"人类作者身份的作品"，而非 AI 创作的成果。可见，在现行版权法框架下，AI 尚不能被视为作者。然而，随着技术的不断进步和创作形式的多样化，这一立场可能会面临更多的挑战和讨论。

2. 独创性的新标准：AI 创作的艺术边界

在版权法中，独创性是作品获得法律保护的核心要素。然而，随着 AI 创作的兴起，如何界定和评估 AI 生成作品的独创性成为法律界亟待解决的新问题。传统的独创性标准通常要求作品必须是作者独立创作的。但 AI 创作过程往往基于对大量现有作品的深度学习和模仿，使得对其独创性的判断变得复杂且模糊。为了更准确地评估 AI 作品的独创性，需要超越传统的评估标准，综合考虑 AI 生成机制以及人类创作者在其中的贡献。这可能意味着需要制定全新的评估框架，用以区分 AI 的算法生成部分与人类的创造性努力。

3. 权利归属的新探索：AI 与人类作者的权利分配

AI 创作的作品权利归属问题同样复杂。目前，大多数法律体系倾向于将权利归属于 AI 的开发者或使用者，但这忽视了 AI 在创作过程中可能发挥的关键作用。如何平衡 AI 的贡献与人类作者的创造性劳动，可能需要新的法律机制来明确 AI 和人类作者之间的权利分配，确保公平和透明。如当 AI 被用作创作工具时，其生成的内容通常被视为工具的输出，而权利归属于使用该工具的人类作者。然而，这种归属方式在 AI 算法足够先进，能够自主生成具有独创性的作品时，可能会忽视 AI 在创作过程中的独立贡献。

4. 法律责任的新划分：AI 创作中的侵权责任

传统版权法体系中，侵权责任通常由直接侵权人承担。然而，当 AI 成为创作过程中的参与者或主导者时，如何界定和划分侵权责任，尤其是在 AI 创作的作品可能涉及对现有作品的模仿或变体时，成为一个新的法律挑战：一方面是侵权行为的界定，AI 创作的作品可能会无意中复制或模仿现有的受版权保护的作品，从而引发侵权问题；另一方面则是责任主体的确定，即在 AI 本身无法作为一个法律主体的前提下，侵权责任能否归属于与 AI 创作过程直接相关的人类个体或实体，比如 AI 系统的开发者或使用者，各方又应如何进行责任分配。

20.3.2 分道扬镳：中美 AI 作品版权法实践

在 AI 创作的可版权性问题上，美国和中国展现了各自独特的法律实现方式。尽管同样都基于保护人类创造性劳动的共同出发点，但两国在认定方式和结果上均存在显著差异。

1. 美国：严格保守，谨慎为 AI 作品赋权

美国在 AI 创作版权问题上采取了较为严格和保守的立场。美国版权法强调人类作者身份是版权保护的基本要求，非人类作者不是版权法的创作激励对象。在 *A Recent Entrance to Paradise* 案中，原告声称 AI 程序是作品的作者，并试图通过版权法上的雇佣作品规则来获得版权，法院则明确指出版权保护的基本要求是“人类作者身份”，进而原告无法通过“雇佣关系”取得作品版权。另外，美国对人类作者的创作性参与具有较高要求，即除非作品能够体现出足够的人类创造性贡献，否则由 AI 生成的作品通常不被认为具有可版权性。如在 *Théâtre D’opéra Spatial* 案中，申请者使用 AI 绘图工具生成了一幅艺术图像后，利用 Photoshop 等图像处理工具对该作品进行了调整，并试图注册版权。但美国版权局审查委员会最终以作品中人类创造性贡献有限，尚未达到可获得版权的标准拒绝了版权登记申请。

2. 中国：探索创新，肯定人类在 AI 作品中的创造性

中国在 AI 创作的可版权性问题上表现出更多的灵活性。中国法院在评估 AI 创作作品时，同样会考虑作品的独创性要求和人类作者的参与程度，但倾向于综合判断作品是否体现了人类的智力投入和个性化表达。例如，在“AI 文生图”案[①]中，北京互联网法院肯定了 AI 生成图像的可版权性，认为只要作品能够体现人类的智力投入和个性化表达，比如独创性的提示词、参数修改、最终图像选定等，即使使用了 AI 工具，也能被认定为受版权法保护的作品。又如，在“AI作品第一案”[②]中，深圳南山区法院认为尽管涉案文章是由智能写作助手软件“生成”，但其特定的表现形式和创作过程中的个性化选择与安排，已经满足了《中华人民共和国著作权法》对文字作品的保护条件，涉案文章属于受《中华人民共和国著作权法》保护的文字作品。

20.3.3 不同认定标准下或将产生的不同影响

中美在 AI 创作作品的版权认定上，共同目标都是在尊重版权法的基本原则与适应技术快速发展的现实之间，寻找最为恰当的平衡点。然而看似相同的路径，却在对待“人类创造性”的标准上南辕北辙，进而产生了截然不同

① 安平，王子钦. 破冰：首例人工智能文生图案生效［EB/OL］.（2024-02-05）. https：//www.chinacourt.org/article/detail/2024/02/id/7796864.shtml。

② 广东省深圳市南山区人民法院（2019）（粤 0305 民初 14010 号）。

的判断结果，或将产生如下影响。

1. 法律保护和创新激励

美国由于采取较为严格的立场，可能会限制AI创作作品获得版权保护的数量，导致AI创作相关企业或个人将无法获得足够的法律保护来回收其投资，或将影响到AI创作相关的企业和个人的创新激励，以及在音乐、绘画和影视等艺术作品中使用AI技术的积极性。相较而言，中国较为开放的认定方式，将会使AI创作者和相关企业获得一定程度上的版权保护，从而鼓励更多的AI创作活动，推进AI技术和相关产业的协同发展。但与此同时，中国也将面对在AI版权侵权纠纷领域的更大挑战，亟须形成更为精细化的AI作品版权认定标准体系。

2. 技术发展和创新应用

美国的严格标准可能会导致AI技术在创作领域的应用发展更为谨慎，企业和技术研发者可能会更加关注如何确保人类在创作过程中的主导地位，从而推动更加可控的AI技术产生与发展。中国的灵活态度可能会促进AI技术在创作领域的广泛应用，推动AI技术与文化产业的融合，加速AI相关技术的广泛应用和产品创新。

3. 文化产业和艺术表达

美国在版权法上的保守倾向，可能会加大对人类传统创作模式的保护，强调人类在艺术和文化表达中的核心作用。中国的灵活性认定将会对新的艺术形式和文化表达方式产生一定的促进作用。可遇见的未来，AI创作作品或将成为我国文化和艺术领域的重要组成部分。也因此，中国亟须在文化产业做好应对数字经济，尤其是来自生成式AI技术的冲击。比如，对传统艺术家创作动力的削弱，造成其艺术水平或创意探索意愿下降，以及由于AI生成作品大规模涌入市场后，将会挤占传统艺术作品的市场份额，导致文化市场竞争更为激烈等。

第21章

平台治理：市场竞争与公平规则的制定

平台经济以其独特的商业模式和快速的发展速度，已成为数字经济的重要组成部分。然而，平台企业的市场支配地位、数据集中和算法决策等问题，给传统监管体系带来了挑战。

21.1 平台经济模式对传统监管的挑战

21.1.1 市场集中度急剧增加

在平台经济中，市场集中度的增加表现得尤为明显。由于网络效应和规模经济，一旦平台建立了初步的市场优势，便能迅速扩大其市场份额，使竞争对手难以与之匹敌。这种集中不仅限于某一国家或区域，很多平台企业如亚马逊、谷歌和 Meta 等已在全球范围内形成了巨大的市场支配力。

21.1.2 算法透明性和责任归属模糊

平台经济的另一大挑战是算法透明性和责任归属的问题。平台使用复杂的算法来优化操作、定价、推荐内容和处理用户数据，这些算法往往是商业秘密，缺乏必要的透明度。这不仅使消费者难以理解平台为何做出某些决策，也使监管机构难以评估这些决策是否符合公平和非歧视的标准。此外，当算法出现错误或导致损害时，责任归属常常不明确，增加了消费者维权的难度。

21.1.3 消费者权益保护日趋复杂化

随着平台经济的扩展，消费者面临的风险日益增多。这些风险包括个人数据的滥用、欺诈行为以及服务质量的不确定性等。现有的消费者保护法律和规章可能不足以应对数字时代的新问题，特别是在数据保护和在线交易安全方面。

21.2 发达国家对平台经济监管的经验借鉴

近年来，欧美发达国家在平台经济监管领域积累了丰富的经验。然而，由于监管目的不同，欧美在监管策略上存在差异。欧洲因缺乏大型数字平台企业，对平台经济采取了相对严格的监管措施；而美国则出于对平台巨头可能进行政治干预的担忧，一改以往的宽松态度，连续颁布法案限制头部企业的“垄断行为”。总体而言，欧盟和美国对待平台经济的姿态就像“打别人的孩子”和“打自己的孩子”，前者以惩罚为主、内下重手，后者以教育为主、引导发展。

21.2.1 欧洲路径：依托严格监管意图抢占后发先至的机会

欧盟在平台经济监管方面采取了较为严格的方法，这反映了其对数字市场公平竞争和消费者保护的高度重视。欧盟的监管策略旨在确保数字市场的健康发展，防止市场垄断，保护用户隐私和数据安全。通过一系列立法和政策措施，欧盟试图在全球数字经济中发挥引领作用，为其他国家提供监管模式的借鉴。

1. 矛头直指大型数字平台巨头

欧盟对大型数字平台的监管尤为严格，特别是针对那些在市场上具有显著支配地位的企业。欧盟委员会通过《数字市场法案》（Digital Markets Act，DMA）和《数字服务法案》（Digital Services Act，DSA）等立法，对这些企业施加了新的义务，如公平和非歧视的市场准入规则、数据共享要求以及透明度报告等，其目的在于限制大型平台的反竞争行为，促进市场竞争，保护消费者利益。

2. 规定平台经济主体权责关系

欧盟通过立法明确了平台经济中各参与方的权利和责任。例如，平台需要对非法内容的传播负责，并采取措施防止其发生。同时，平台必须为消费者提供清晰的服务条款，保护消费者权益。此外，欧盟还强调了平台对数据保护的责任，要求平台遵守 GDPR 等数据保护法规，确保用户数据的安全和隐私。

3. 加大对平台企业不当行为的处罚

欧盟对平台企业的不当行为采取了严厉的处罚措施。违反欧盟法规的平台企业可能面临高额罚款，罚款额度可达企业全球年营业额的一定比例。比如“特大型互联网平台”如果违反《数字服务法案》，最高将被处以全球营业额 6% 的罚款。《数字市场法案》规定对违反规定的网站企业处以公司全球年营业总额 10% 的罚款，以及公司全球年营业额 5% 的定期罚款；对于那些 5 年内被罚款三次，依然系统性地违犯相关法律的企业，欧盟委员会将迫使企业出售或拆分旗下部分业务。

4. 实施多渠道组合式平台经济监管

欧盟采取了多渠道组合式的监管方法，包括立法、政策指导、经济激励和公众参与等。在数据保护方面，GDPR 的实施显著提高了企业对个人数据保护的重视，强化了用户对自己数据的控制权。此外，数字服务税的引入是欧盟在经济政策上对平台经济进行监管的另一项创新，确保数字企业公平地贡献税收。

21.2.2　美国路径：关注公平竞争着力保持开放创新的优势

自 2001 年美国政府起诉微软垄断案以和解告终以来，美国一直以保护创新、促进市场自由竞争、保护消费者福利为目标，采用行为主义和合理原则，对超大型平台监管较为宽松，很少对超大型平台企业开出巨额罚单，更多是以和解的方式结束反垄断审查。

1. 支持创新成为监管的重要价值取向

美国充分认识到互联网平台在推动技术创新中的核心作用，其焦点已从短期的静态效率转向长远的动态效率。因此，美国支持市场集中度的适度提升，认为这将对创新产生积极的推动作用，并鼓励加强知识产权保护，以激发创新活力。2010 年，美国司法部和联邦贸易委员会联合推出了新版《横向合并指南》，首次将可能损害创新竞争的单边效应纳入合并审查的考量范围。回顾 2001 年的微软捆绑案，法院最终选择撤销对微软的拆分决定，改为接受和解方案，这在一定程度上是因为当时的 IT 产业正迅速向互联网转型，个人电脑和操作系统的地位不再是产业创新的障碍。

专栏 21.1　拆还是不拆，美国在反垄断案件中的不同选择

过去 40 年间，虽然只有在 AT&T 和微软公司的垄断案中使用或提及过业务分离的手段，但案件进程和结果都对互联网领域反垄断监管的实施产生了重大影响。

AT&T 案：拆分成功，传统网络型产业反垄断管制手段。20 世纪 70 年代末，电信产业成为英美各国放松管制的对象。作为在位者的 AT&T 一直拒绝微波通信（MCI）等使用光纤技术的长话公司接入由其完全垄断的市话网络，并因此引起美国司法部反垄断局的介入。历经 8 年，AT&T 与司法部达成如下和解：剥离 AT&T 的 23 个贝尔运营公司，并重组成 7 个独立的地区贝尔公司且不可进入长话市场；AT&T 可以保留从事设备制造的西部电气公司和进行研发的贝尔实验室，并可继续提供长话服务。拆分 AT&T 旨在将其竞争性业务与自然垄断业务分开，瓦解或削弱其限制竞争对手的能力和动机。在拆分后，AT&T 市场份额从 1984 年的 90% 下降到 2000 年的 37%；长话市场中小运营商市场占有率从不到 3% 增加到 30%。此后美国电信产业很快形成了可竞争的市场结构，有 500 多家企业参与市话竞争，市话运营商每年的成本比之前至少节约 3%~5%；长话运营商增至 4 家。

微软公司案：拆分失败，互联网产业的“反垄断豁免”。1998 年 5 月，美国司法部和哥伦比亚特区政府联合其他 20 个州的检察官向地区法院提起诉讼，要求判令微软公司将操作系统和 IE 浏览器捆绑销售的行为违犯了美国《谢尔曼法》第 2 条的规定和它与司法部达成的协议，导致网景公司等独立浏览器公司被排挤出市场，请求法院对其进行结构性和行为性救济，以恢复浏览器市场的有效竞争。2000 年 6 月 7 日，哥伦比亚特区杰克逊法官认定了微软的违法行为并建议将其拆分为从事应用软件经营和专门提供操作系统的两家公司。然而，拆分提议最终被美国上诉法院推翻，并最终在 2000 年 8 月达成了以行为性救济为主的和解方案。不对微软进行拆分的理由如下：一是没有充分的理由可以证明拆分是停止和限制微软公司违法行为的唯一手段；二是反垄断执法的目的并不是创造“原子化市场”这种完美竞争结构，将微软拆分引起的规模收益损失和拆分本身成本都会造成巨大的社会净损失；三是微软公司并非依靠单纯的兼并重组而取得垄断地位，它的市场力量是自身产业的网络效应、内部发展和市场竞争的共同产物。

2. 注重对平台垄断行为的经济分析

美国在规范互联网超大型平台时，主要采纳了“行为主义”和“合理原则”两种策略。在处理反竞争行为时，需要全面考量经营者的主观垄断意图及其给竞争带来的损害后果。在这一过程中，经济学分析方法发挥了至关重要的作用，它不仅为明确竞争评估分析思路提供了指导，还有助于界定相关市场、确定竞争损害、揭示平台支配力的传导效应以及确定附条件的有效性等关键环节。面对平台经济中频繁出现的垄断行为，如捆绑销售、忠诚折扣、排挤竞争者、纵向固定价格、拒绝接入以及其他阻止竞争的行为，美国司法和竞争执法机构已经增加了对经济分析评估的依赖，以减少误判和错判的可能性。

3. 在反垄断调查中广泛运用和解制度

和解制度是反垄断机构在执法过程中，与被调查企业经过协商谈判达成的一种协议。当企业承诺停止或改变被指控的反竞争行为，并消除其对市场竞争造成的不利影响时，反垄断机构可决定中止对该企业的调查。在美国，联邦贸易委员会和司法部通过实施“同意命令”和提出“同意判决”的方式运用这一制度，不仅有效提升了执法效率，节约了执法资源，还增强了反垄断规制的灵活性。以 2011 年谷歌案为例，当时谷歌被指控在搜索结果中不公平地优先展示自身服务，对天气信息、地图、比较购物等领域的竞争对手造成了实质性损害。经过联邦贸易委员会的反垄断调查后，原告与谷歌达成了和解协议。虽然协议中认定谷歌并未人为操纵搜索结果，但要求其在本地搜索、广告业务以及向手机厂商授权专利等方面做出相应修改。

总而言之，美国在先前宽松的监管环境下，平台经济取得了显著的进步，并因此在全球市场中占据了显著的优势。目前，监管的收紧更多是基于政治和社会因素的考量，旨在限制大型平台企业在经济领域的市场力量。然而，这些监管措施能否有效实施，受到美国复杂政治环境和司法系统的制约。对于我国而言，我们需要深入理解美国严格监管的真正动机以及我国平台经济的发展阶段，避免盲目跟随并限制平台企业的成长空间。同时，我们应借鉴美国在具体案件中的司法经验，如市场界定和市场支配地位的判断，以更好地平衡政府行政与市场发展之间的关系。

21.3 推动平台经济健康有序发展

为确保平台经济的健康有序发展，我国需借鉴欧美经验，采取全面、系统的监管策略。这要求监管机构坚持高质量发展原则，采用包容审慎的监管方法，建立全面的数字平台监管体系和合作治理体制。通过这些措施，可以优化平台经济的市场结构和业务模式，确保其长远发展符合经济和社会的可持续发展目标。

21.3.1 坚持和完善平台经济包容审慎监管

我国平台经济的快速发展得益于一个包容审慎的监管环境。这种环境不仅为平台企业提供了广阔的发展空间，也促进了创新经营模式的不断涌现。监管机构在维护市场秩序的同时，给予了平台企业一定的自主权和灵活性，使得平台经济能够持续健康地发展。

1. 支持平台企业在监管框架内探索创新

为了进一步推动平台经济的发展，监管机构应继续支持平台企业在监管框架内探索创新的经营模式。这包括鼓励企业开展技术创新、模式创新和服务创新，同时确保这些创新活动符合法律法规的要求。通过这种方式，可以激发平台企业的创新活力，提升整个行业的竞争力。

2. 优化法治化平台企业监管权力的配置

为了实现有效监管，必须确保监管权力的配置法治化。这包括明确监管主体的权力范围和责任边界，以及监管执法的流程和方式。通过制定和完善相关法律法规，可以为监管机构提供明确的执法依据和标准，确保监管活动的合法性和公正性。

3. 遵循“法不溯及既往”原则，慎用“反垄断”措施

在监管过程中，应遵循“法不溯及既往”原则，即监管措施不应追溯既往的违法行为。同时，对于“反垄断”等重器和企业罚款措施，应谨慎使用，避免过度干预市场。给予违规平台企业合规整改的时间和机会，保障企业充分的司法辩解空间，有助于维护市场的稳定和健康发展。

21.3.2 系统性构建平台监管体系与治理体制

平台企业兼具企业与市场的双重属性，这一特性决定了其运营管理的复

杂性和多面性。在充分发挥平台自治优势的同时，必须对其合规经营进行有效监督，防止自治权力的滥用。因此，构建一个科学、合理、高效的监管体系至关重要，确保平台企业在维护市场秩序、保障消费者权益、促进经济发展等方面发挥积极作用。

1. 打造多元参与、各负其责的监管格局

监管体系的构建应体现多元参与、各负其责的原则。监管部门作为主导力量，负责制定和执行相关政策法规，对平台企业进行监督和指导。平台企业作为被监管对象，应自觉遵守法律法规，完善内部治理结构，提升履行规则的可问责性。此外，用户和社会组织也是监管体系的重要组成部分，应通过举报、监督、评价等方式积极参与平台治理，推动平台经济健康规范发展。

2. 强化规则监管，提升平台自治效能

监管重点应放在规则监管上，加强对平台内部规范的审查和监督。通过制定明确的规则和标准，引导平台企业建立健全内部管理制度，规范经营行为。同时，应加强对平台企业履行规则情况的监督和检查，对违规行为进行及时纠正和处罚，确保平台自治效能的充分发挥。

3. 建立信息披露机制，加强外部监督

建立平台企业信息披露机制是加强外部监督的重要手段。平台企业应定期向监管部门和社会公众披露经营信息、风险状况、治理情况等，增强信息透明度，便于监管部门和社会公众对平台企业进行监督和评价。通过信息披露机制的建设，可以有效促进平台企业的合规经营和健康发展。

4. 鼓励公众参与，提升治理效果

鼓励消费者和第三方机构积极参与平台治理是提升治理效果的重要途径。加强宣传教育，提高公众对平台经济的认知度和参与度；建立便捷的参与渠道和反馈机制，让公众能够方便地表达意见和诉求；对积极参与平台治理的公众给予适当的奖励和激励，激发其积极性和创造力。通过这些措施的实施，可以形成政府、企业、公众共同参与、共治共享的良好局面，推动平台经济健康规范发展。

21.3.3 动态评估市场支配地位和竞争状况

平台经济领域的竞争具有动态性，监管机构应从动态竞争视角出发，评估平台的市场支配地位和竞争状况。不能仅因高市场占有率就实施反垄断规制，而应关注平台企业是否滥用相对优势。

1. 明确高市场占有率并非反垄断唯一标准

在判断平台企业是否应受到反垄断规制时，监管机构应避免过度依赖高市场占有率这一单一指标。高市场占有率并不一定意味着市场支配地位的形成，更不应直接作为实施反垄断规制的依据。相反，监管机构应重点关注平台企业是否滥用其相对优势地位，通过不正当手段排除、限制竞争，损害消费者权益和社会公共利益。

2. 研究并应用“相对优势地位”原则性条款

为有效应对平台企业滥用相对优势地位的问题，监管机构应深入研究并应用“相对优势地位”原则性条款。这一条款旨在明确平台企业在市场中的相对优势地位，并规范其竞争行为。通过制定具体的标准和指导原则，监管机构可以更有效地评估平台企业是否存在滥用优势地位的行为，从而采取相应的监管措施。

3. 增加核心平台企业的竞争性义务

为了促进平台经济的健康发展，监管机构应要求核心平台企业承担更多的竞争性义务。这些义务包括但不限于公开透明地披露信息、保障用户权益、促进公平竞争等。通过明确并强化这些义务，监管机构可以推动平台企业积极履行社会责任，共同维护良好的市场竞争秩序。

4. 储备并运用结构性监管工具

针对平台经济领域的复杂性和多变性，监管机构应储备并灵活运用结构性监管工具。这些工具包括但不限于数据分析、市场准入审查、行业指导等。通过运用这些工具，监管机构可以更加精准地识别潜在的市场风险和问题，及时采取有针对性的监管措施，确保平台经济的健康发展。

5. 探索实施“守门人”制度

借鉴国际先进经验，监管机构可探索实施“守门人”制度。该制度旨在通过设定系列监管标准和要求，确保平台企业在提供关键服务时能够履行好“守门人”的职责。这包括保障用户数据安全、维护市场秩序、促进创新等。通过实施“守门人”制度，监管机构可以更有效地约束平台企业的行为，保护消费者权益和社会公共利益。

21.3.4 灵活监控平台经济的发展趋势

平台经济具有网络外部性、规模经济和范围经济等特性，监管应创新思维、升级模式。防止价格歧视和“扼杀式”并购的关键在于支持消费者维护权益和鼓励平台企业开放发展。

1. 支持消费者维护权益，防止价格歧视

在平台经济中，消费者是市场的重要参与者，其权益保护至关重要。监管部门应加大对平台企业的监管力度，防止其利用市场地位进行价格歧视。同时，应鼓励消费者提高维权意识，支持消费者组织发展，为消费者维护自身权益提供有力保障。

2. 鼓励平台企业开放发展，防止“扼杀式”并购

平台企业的开放发展是促进市场竞争、激发创新活力的重要途径。监管部门应鼓励平台企业加强开放合作，推动数据共享和互通，降低市场进入门槛。同时，应加强对并购行为的监管，防止企业通过并购手段扼杀竞争对手，维护市场公平竞争秩序。

3. 优化市场结构，促进平台经济可持续发展

在平台经济的发展过程中，市场结构的固化是一个重要问题。监管部门应通过制定合理的监管政策，促进市场结构的优化和稳定。同时，应加强对平台企业的合规性监管，确保其遵守法律法规和市场规则。通过构建良好的市场环境，推动平台经济实现可持续发展。